W0256212

Heinz Knoth

Software-Engineering für Programmierer

Aus dem Programm Management und EDV

Zielorientiertes Informationsmanagement
Ein Leitfaden zum Einsatz und Nutzen
des Produktionsfaktors Information
von H. Fickenscher, P. Hanke, K.-H. Kollmann

Produktivität durch Information Engineering
von D. T. Fisher

VM/CMS - Virtuelle Maschinen
herausgegeben von A. Kolacki

Software-Engineering für Programmierer
Eine praxisgerechte Anleitung
von H. Knoth

OfficeVision auf dem AS/400
Eine praxisorientierte Einführung
von D. Sieberichs

Sicherheitsaspekte netzgestützter Informationssysteme
Proceedings des gemeinsamen BIFOA- und BSI-Kongresses SECUNET '91
und 2. Deutsche Konferenz über Computersicherheit
herausgegeben von H. Lippold, P. Schmitz und H. Kersten

Management der Bürokommunikation
Strategische und konzeptionelle Gestaltung
von Bürokommunikationssystemen
von R. Voßbein

Kommunikationsanalyseverfahren
Theoretische Konzepte, Anwendungspraxis und Perspektiven
zur Gestaltung von Informationssystemen
von U. Frank und J. Kronen

Modernes Projektmanagement
Eine Anleitung zur effektiven Unterstützung der Planung,
Durchführung und Steuerung von Projekten
von E. Wischnewski

Vieweg

Heinz Knoth

Software-Engineering für Programmierer

Eine praxisgerechte Anleitung

Die Deutsche Bibliothek – CIP-Einheitsaufnahme

Knoth, Heinz:
Software-Engineering für Programmierer: eine praxisgerechte Anleitung / Heinz Knoth. – Braunschweig; Wiesbaden: Vieweg, 1992
ISBN 978-3-528-05103-7 ISBN 978-3-322-87795-6 (eBook)
DOI 10.1007/978-3-322-87795-6

Das in diesem Buch enthaltene Programm-Material ist mit keiner Verpflichtung oder Garantie irgendeiner Art verbunden. Der Autor und der Verlag übernehmen infolgedessen keine Verantwortung und werden keine daraus folgende oder sonstige Haftung übernehmen, die auf irgendeine Art aus der Benutzung dieses Programm-Materials oder Teilen davon entsteht.

Alle Rechte vorbehalten
© Friedr. Vieweg & Sohn Verlagsgesellschaft mbH, Braunschweig / Wiesbaden 1992
Softcover reprint of the hardcover 1st edition 1992

Der Verlag Vieweg ist ein Unternehmen der Verlagsgruppe Bertelsmann International.

Das Werk einschließlich aller seiner Teile ist urheberrechtlich geschützt. Jede Verwertung außerhalb der engen Grenzen des Urheberrechtsgesetzes ist ohne Zustimmung des Verlags unzulässig und strafbar. Das gilt insbesondere für Vervielfältigungen, Übersetzungen, Mikroverfilmungen und die Einspeicherung und Verarbeitung in elektronischen Systemen.

Gedruckt auf säurefreiem Papier

ISBN 978-3-528-05103-7

KURZCHARAKTERISTIK

Dieses Buch basiert auf mehrjähriger Erfahrung bei der Weiterentwicklung und Pflege eines dezentralen Warenwirtschaftssystems auf Rechnern der "mittleren Datentechnik". Dargestellt wird die Ablösung einer vorhandenen Anwendung durch eine verbesserte Version. Anhand dieses Projekts (Wareneingang/Rechnungseingang) wird die **Entwicklung eines Anwendungspaketes in Beispielen** dargestellt:

- Anwendungsentwurf
- Zerlegung in Programmpakete
- Entwurf von Programmen und Modulen
- spezielle Techniken:
  - Entscheidungstabellen
  - wechselseitiger Ausschluß
  - Reihenfolgesteuerung
  - Parsing und Backtracking
  - Rekursion und Iteration
- Testen, Fehlersuche und Wartung
- Programmierrichtlinien.

Grundlagenkapitel ergänzen die Beispiele durch die Erläuterung von **Prinzipien, Methoden und Techniken des Software Engineering**:

- Qualitätskriterien und Entwurfsprinzipien
- Strukturierung durch schrittweise Verfeinerung
- Modulbegriff
- Gestaltung von Dialoganwendungen
- Daten- und Kontrollstrukturen
- Methoden für den Prozedurentwurf
- Historischer Überblick.

Der Text wird durch zahlreiche **Tabellen** und **grafische Darstellungen** ergänzt. Alle Kapitel sind mit kurz kommentierten **Hinweisen zu weiterführender Literatur** versehen. Die Kapitelanordnung folgt dem Projektverlauf. Jedes Kapitel ist jedoch in sich abgeschlossen und kann auch separat zur Information über ein Thema gelesen werden.

Der Text ist **aus der Praxis** entstanden und **für Praktiker** geschrieben. Weder wird ein thematisch breiter und "vollständiger" Überblick angestrebt, noch werden einzelne Verfahren in erschöpfender Tiefe dargestellt. Ziel ist es vielmehr, die Realisierung einer Aufgabenstellung aus der Praxis möglichst vollständig darzustellen. Dabei wird gezeigt, daß sich auch ohne teure Softwarewerkzeuge Prinzipien und Methoden des Software Engineering sinnvoll einsetzen lassen. Auswahlkriterien sind dabei:

- die praktische Anwendbarkeit mit vorhandenen Mitteln,
- die leichte Darstellbarkeit für die Kommunikation mit Anwendern und zwischen Entwicklern.

Die dargestellten Verfahren werden an Problemstellungen aus dem Beispielprojekt erläutert. Soweit Beispiele in Quellcode angegeben sind, wird COBOL 85 oder Modula-2 zur Codierung verwandt; die Beispiele sollten aber für jeden Leser mit Grundkenntnissen einer höheren Programmiersprache verständlich sein.

Der Text versteht sich damit als Einführung in Software Engineering aus dem Blickwinkel der Praxis für

- Anwendungsprogrammierer
- Organisatoren
- Projekt- und Gruppenleiter.

Er soll zeigen, daß Software Engineering "in den Köpfen der Entwickler" beginnt und möglich ist, auch wenn kein 6-stelliges Budget für Werkzeuge zur Verfügung steht. Werkzeuge sind ein Hilfsmittel aber keine Garantie für gute Softwareentwicklung - der Kauf eines Hobels macht keinen Schreiner.

INHALTSVERZEICHNIS

Einleitung: Ziele und Prinzipien **1**
Literaturhinweise 13

1 **Das Prinzip der schrittweisen Verfeinerung** **15**
Literaturhinweise 22

2 **Anwendungsentwurf** **23**
2.1 Beschreibung des Ist- und Sollzustandes 27
2.2 Planung der Dateizugriffe 35
Literaturhinweise 43

3 **Der Modulbegriff** **45**
Literaturhinweise 62

4 **Entwurf der Programmpakete** **63**
Literaturhinweise 70

5 **Dialoggestaltung** **71**
5.1 Ziele und ergonomische Grundlagen 74
5.2 Maskengestaltung 78
5.3 Feldsteuerung 85
5.4 Tastensteuerung 90
5.5 Maskensteuerung 94
Literaturhinweise 99

6 **Entwurf der Programme** **103**
6.1 Ein- und Ausgabeentwurf 107
6.2 Programmstrukturentwurf 112

6.3 Modulspezifikation ... 120
Literaturhinweise ... 125

7 Daten- und Kontrollstrukturen ... 127
Literaturhinweise ... 150
Grafische Darstellungen ... 151

8 Entwurf der Prozeduren ... 165
8.1 Kontrollstrukturorientierung ... 169
8.2 Datenflußorientierung ... 176
8.3 Datenstrukturorientierung ... 180
8.4 Kontrollflußorientierung ... 189
Literaturhinweise ... 194

9 Spezielle Techniken ... 199
9.1 Entscheidungstabellen ... 201
9.2 Parallelität und wechselseitiger Ausschluß ... 214
9.3 Parallelität und Reihenfolgesteuerung ... 222
9.4 Erkennungsprobleme:
Parsing und Backtracking ... 226
9.5 Ersatz von Rekursion durch Iteration ... 236
Literaturhinweise ... 242

10 Testen, Fehlersuche, Wartung ... 245
Literaturhinweise ... 258

11 Programmierrichtlinien ... 261
Literaturhinweise ... 270

Schluß: Historischer Überblick ... 271
Literaturhinweise ... 278

Anhang ... 279
Abbildungsverzeichnis ... 281
Autorenverzeichnis ... 284
Sachwortverzeichnis ... 291

Einleitung:
Ziele und Prinzipien

Kapitelübersicht

Einleitung: Ziele und Prinzipien

Ideale und Wirklichkeit 3

Qualitätskriterien 5

Entwurfsprinzipien 7

Themenübersicht 11

Literaturhinweise 13

Stichworte

- Software Engineering in nicht-idealen Entwicklungsumgebungen
- Kriterien für **Qualität** und meßbare **Ziele**
- Verfahren: **Prinzipien, Methoden, Hilfsmittel**

EINLEITUNG

"We have already heard all the objections which are so traditional they could have been predicted: 'old programs' are good enough, 'new programs' are no better and are too difficult to design in realistic situations, correctnes of programs is much less important than correctness of specifications, the 'real world' does not care about proofs etc. Typically, these objections come from people that don't master the techniques they object to."

Edsger W. Dijkstra 1981 (S. V. in: Gries, David, 1989 [5. Auflage], The Science of Programming, Berlin)

"Was sei überhaupt heutzutage Kunst? ... Er für sein Teil habe es immer mit dem bloßen Handwerk gehalten, ihm genüge zu wissen, was Pfuscherei sei, die Unfähigkeit nämlich, mit den hergebrachten Mitteln etwas Neues zu sagen."

Waggerl, Karl Heinrich, 1988 (2. Auflage): Die Kunst des Müssiggangs (1956), München, dtv 2587, S. 46

Ideale ...

Manchen Praktiker wird angesichts des obigen Zitats von Dijkstra ein gewisses Unwohlsein beschleichen. Die Weltfremdheit aber, mit der Dijkstra von jedem Programmierer anscheinend ein Studium von Mathematik und Informatik erwartet, trägt kaum dazu bei, die angemahnten Kenntnisse zu verbreiten. Das Spannungsverhältnis zwischen den idealerweise zu beherrschenden Techniken und den hergebrachten Mitteln, mit denen man arbeiten muß, ist jedem Programmierer bekannt.

Aus Computerzeitschriften könnte man den Eindruck gewinnen, daß etwas anderes als "objektorientierte Programmierung" in "integrierten Entwicklungsumgebungen" für "grafische Endbenutzersysteme" gar nicht mehr existiert. In der Realität sitze ich als Programmierer vor einem nicht grafikfähigen Zeichenterminal; programmiert wird in COBOL oder RPG und zu 10 bis 20 % immer noch in Assembler. Wenn ich dann als Anfänger, betraut mit der Wartung von 100 COBOL-Programmen, Hilfe in der Literatur suche, finde ich

- viel Abstraktes (z. B. "algebraische Definition abstrakter Datentypen");
- immer die gleichen trivialen Miniroutinen (50mal "der Stack");
- Entwürfe "auf der grünen Wiese" mit High-End-Werkzeugen zu 100.000 DM pro Entwicklerarbeitsplatz.

... und Wirklichkeit

Meine Wirklichkeit besteht dagegen aus:

- konkreten Problemen in "Verkleidung", die analytische und designerische Fähigkeiten verlangen, um aus den "Textaufgaben" einen Programmentwurf zu konstruieren;
- Programmverbunden mit 10 und mehr Modulen, in denen einzelne Teile leicht 10 bis 100 mal so lang sind wie veröffentlichte Beispiele;
- einer historisch gewachsenen Softwarelandschaft, in der entwickelt werden muß. Mindestens 60 % der Tätigkeit ist "Wartung", auch die Neuentwicklung muß in existierende Systeme eingepaßt werden. Es existieren keine Werkzeuge: Editor, Compiler, Testsystem, Copybibliothek und Dateivergleicher sind alles, was an "Entwicklungsumgebung" zur Verfügung steht.

In dieser Situation entstand die erste Fassung dieses Manuskripts für die Ausbildung von Programmieranfängern. Alle Beispiele wurden einem Projekt entnommen: der Erweiterung und Neuentwicklung einer Anwendung ("Neuer Wareneingang"). Folgende Vorteile waren das Ergebnis:

Projektbeispiel

- Es wird eine produktive Anwendung besprochen. Der "neue Wareneingang" ersetzte und verbesserte eine aus den Zeiten der Pilotinstallation stammende ad hoc Lösung. Dies ist für Softwarentwicklung sicher typischer als eine vollständige Neuentwicklung.

- Das Projekt hat einen realistischen Umfang (ca. 46.000 Zeilen COBOL).
- Existierende Schnittstellen zur Datenfernübertragung, zur Finanzbuchhaltung (SAP) und zu vorhandenen lokalen Anwendung mußten berücksichtigt werden.

Ziele

Für die Verwirklichung des Projekts waren zwei Zielvorstellungen wesentlich:

- Anwenderinteresse:
  das bestehende Verfahren sollte durch eine bessere und flexiblere Lösung ersetzt werden,
- Entwicklerinteresse:
  vorhandene Verfahren (DFÜ, Batchverarbeitung im Zentralrechner) sollten so wenig wie möglich geändert werden und das neue Verfahren sollte leichter änderbar sein.

Diese übergeordneten Interessen von Anwendern (Akzeptanz) und Entwicklern (Ausbaufähigkeit) lassen sich hierarchisch verfeinern (s. Abbildung 0-1).

Indem für die Grob- und Feinziele Maßstäbe angegeben werden, lassen sie sich "operationalisieren" (= in Handlungsanweisungen umsetzen) und Softwarequalität kann "gemessen" werden. Wie können aber diese **Ziele** erreicht werden?

Verfahren

Zum einen müssen gewisse, aus der Erfahrung gewonnene, handlungsleitende **Prinzipien** beachtet werden. Die Erfahrung zeigt auch, daß z. B. die gewohnte Programmiersprache erheblichen Einfluß darauf hat, "wie man denkt". Das der Sprache zugrundeliegende **Modell der Maschine** auf das die Wirklichkeit abgebildet wird, beeinflußt den **Programierstil**

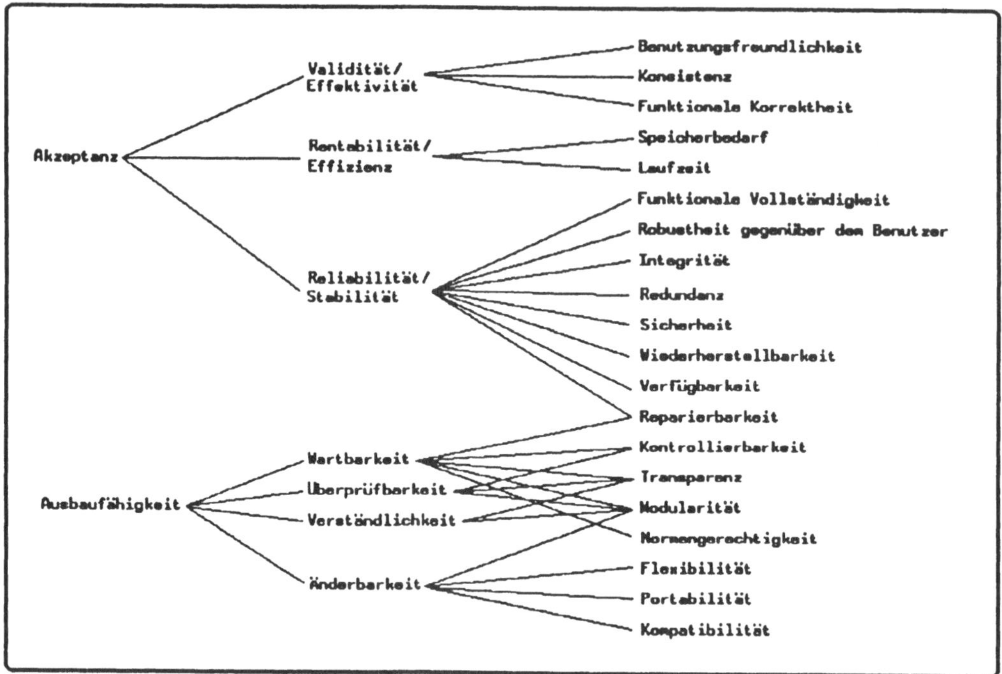

Abbildung 0-1: Qualitätskriterien für Software

und liefert eine grundlegende Orientierung. Schließlich steht hinter jeder Programmentwicklung ein (vielleicht unausgesprochenes) **Modell von Softwarentwicklung**: Werden Programme geschrieben, die irgendwann "fertig" sind oder wird ein Produkt (weiter-)entwickelt im Rahmen eines prinzipiell unabgeschlossenen Entwicklungsprozesses? **Methoden** (z. B. Jackson Design, Structured Analysis) und zur Verfügung stehende **Hilfsmittel** (sprachliche, grafische, technische, organisatorische) werden innerhalb dieses Rahmens als **Verfahren** eingesetzt.

Prinzipien

Dabei erscheinen Entwurfs**prinzipien** wichtiger als konkret gewählte Methoden. Schach (1982, S. 685) zeigt, daß die unterschiedlichsten Methoden für die verschiedensten Anwendungen wesentliche Gemeinsamkeiten aufweisen.

Verfahrensbegriff

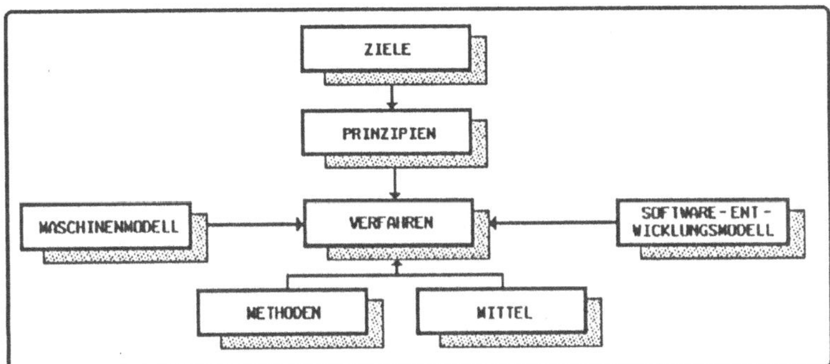

Abbildung 0-2: Bestimmungsfaktoren von Verfahren

Diese Gemeinsamkeiten bestehen in der Betonung von:

- Einheitlichkeit der Struktur der Komponenten
- Maximale Interaktion innerhalb jeder Komponente
- Minimale Interaktion zwischen Komponenten
- Hierarchische Anordnung der Komponenten.

Hierbei kann das Wort "Komponente" stehen für einen Programmierer, ein Modul oder eine Zeile Quellcode.

Balzert (1988, S. 50-67) hat eine Reihe solcher Prinzipien zusammengestellt. Sie seien im folgenden aufgeführt und kommentiert:

1. Allgemeine Prinzipien

Konstruktive Voraussicht und methodische Restriktion

Allgemein

Bereits bei der Erstentwicklung wird darauf geachtet:

- welche Teile evtl. häufigen Änderungen unterworfen sein werden,
- daß "defekte Teile" leicht "ausgetauscht und gewartet" werden können,

- daß keine "Tricks" und Techniken angewandt werden, die eine spätere Fehlersuche oder Portierung erschweren.

Strukturierung

Nachvollziehbare Gliederung durch hierarchische Komponenten und ausschließliche Anwendung linearer Kontrollstrukturen.

Modularisierung

Gliederung in Teilprodukte als funktionale Einheiten mit weitgehender Kontextunabhängigkeit und definierter Schnittstelle für externe Bezüge.

Lokalität

Die Informationen für die Lösung einer Aufgabe sind an einer Stelle verfügbar; Befehle bewirken dort etwas, wo sie stehen (fernwirkungsfreie Programmierung, keine Seiteneffekte).

Integrierte Dokumentation

Dokumentation **während** der Entwicklung statt "Nachdokumentation", da sonst:

- Begründungen für Entwicklungsentscheidungen nicht mehr nachvollziehbar sind
- Dokumentation als aufwendige und lästige Nacharbeit oft völlig entfällt.

Standardisierung

Einhaltung von DIN-Normen, firmenspezifischen Standards und Benutzung von standardsetzenden Werkzeugen um die Entwicklung personenunabhängig zu gestalten.

2. Entwurfsprinzipien

Entwurf

Modularisierung im engeren Sinn

Ein Modul i. e. S. (s. u. Kapitel 3) ist dadurch gekennzeichnet, daß es eine Funktion oder eine Zugriffsoperation (funktionale Abstraktion, funktionale Bindung) oder einen abstrakten Datentyp (Datenabstraktion, informale Bindung) zur Verfügung stellt (exportiert). Es kann analog Leistungen anderer Module in Anspruch nehmen (importieren). Das Modul wird durch die Schnittstellenbeschreibung (Import- und Exportliste, Aufrufbeispiel) vollständig spezifiziert, d. h. es muß anwendbar sein **ohne** Kenntnis seiner internen Realisierung (Geheimnisprinzip). Die Schnittstellen sollen möglichst **nur** Daten und möglichst **wenig** Daten übergeben (schmale Datenkopplung).

Funktionale und informale Bindung

Unter "funktionaler Bindung" ist zu verstehen: alle Teilelemente des Moduls dienen einer einzigen abgeschlossenen Funktion. Eine "informale Bindung" liegt vor, wenn alle Funktionen/Zugriffsoperationen eines Moduls auf einer einzigen Datenstruktur operieren. (s. u. Kapitel 3)

Schmale Datenkopplung

Die Modulkopplung (Verbindung zwischen zwei Modulen) ist zu minimieren durch die Wahl der schwächstmöglichen Kopplungskomponente:

Mechanismus	Aufruf (CALL) statt Verzweigung
Schnittstellen-breite	eher Einzelparameter im Format von Basisdatentypen als strukturierte Parameterelemente (da leichter änderbar)

Kommunikationsart	Übergabe von Daten statt von Steuerungsinformationen (da diese Kenntnisse über die interne Struktur voraussetzen und das Geheimnisprinzip verletzen)

Strukturierung im engeren Sinn

Implizite und explizite Verknüpfung von Moduln untereinander nach baum- oder schichtenorientierten Modellen (s. u. Kapitel 1).

Vollständige Schnittstellenspezifikation

Entsprechend dem Geheimhaltungsprinzip (Parnas) muß die Leistung eines Moduls in einer Schnittstellenspezifikation beschrieben werden, die keine Kenntnis der realen Implementierung voraussetzt (s. u. Kapitel 3).

3. Implementierungsprinzipien

Implementierung

Lineare Kontrollstrukturen

Durch ausschließliche Verwendung von Mitteln der strukturierten Programmierung (s. u. Kapitel 7) sind nur Blöcke mit genau einem Eingang und einem Ausgang erlaubt. Für jeden Block gilt das Lokalitätsprinzip (keine Sprünge in andere Blöcke, Abgabe der Kontrolle ausschließlich am statischen Ausgang).

Verbalisierung

Sprechende Namen verwenden und aussagekräftige Kommentare schreiben.

Abbildung 0-3 (erweitert nach Balzert 1988, S. 50, Tab. 1) faßt die Zusammenhänge zwischen Entwurfsprinzipien und Entwurfszielen/Qualitätsmerkmalen tabellarisch zusammen.

PRINZIPIEN \ ZIELE		Ausbaufähigkeit				Akzeptanz		
		wart bar	prüf bar	ver steh bar	änder bar	effek tiv	effi zient	sta bil
Allgemein	Konstruktive Voraussicht	X	X	X	X	X		X
	Strukturierung	X	X	X	X			X
	Modularisierung		X	X	X		X	X
	Lokalität	X	X	X			X	X
	integrierte Dokumentation	X	X		X	X		
	Standardisierung			X		X		X
Entwurf	Modularisierung i.e. Sinn	X	X	X	X	X		X
	funktionale und informale Bindung	X						X
	schmale Datenkopplung	X				X		X
	Strukturierung i. e. Sinn	X			X			X
	vollständige Schnittstellenspezifikation	X	X		X		X	X
Implemen-tierung	lineare Kontrollstrukturen		X					X
	Verbalisierung	X	X	X	X			X

Abbildung 0-3: Entwurfsziele und -prinzipien

In den folgenden Kapiteln wird anhand des Projekts "Neuer Wareneingang" die Entwicklung eines Anwendungspakets in Beispielen dargestellt (Kapitel 2, 4, 6, 9, 10, 11). Grundlagenkapitel ergänzen die Beispiele durch die Erläuterung von Prinzipien, Methoden und Techniken (Kapitel 1, 3, 5, 7, 8).

Themenübersicht

Kapitel 1 erläutert das Prinzip der Strukturierung durch schrittweise Verfeinerung.

Kapitel 2 behandelt den Anwendungsentwurf durch die Beschreibung von Ist- und Sollzustand.

Kapitel 3 erläutert den Begriff des Moduls.

Kapitel 4 zeigt die Aufteilung der Anwendung in Programmpakete.

Kapitel 5	beschäftigt sich mit der Gestaltung von Dialoganwendungen.
Kapitel 6	behandelt den Entwurf von Programmen und Modulen.
Kapitel 7	untersucht die Verwendung von Daten- und Kontrollstrukturen.
Kapitel 8	stellt Ansätze für den Entwurf von Prozeduren vor.
Kapitel 9	behandelt einige spezielle Techniken.
Kapitel 10	stellt Wartungsaufgaben (Fehlerbehebung und Weiterentwicklung) dar.
Kapitel 11	bringt ein Beispiel für Programmierrichtlinien.
Das letzte Kapitel	gibt einen historischen Überblick.

Danksagung

Ich bedanke mich

- bei meinem Arbeitgeber, der mich trotz fachfremden Studiums einstellte, meine Programmiererausbildung finanzierte, mir Gelegenheit zur Realisierung von Programmideen gab und der diese Arbeit durch großzügige Arbeitszeitregelungen unterstützte;
- bei meinen Kollegen, die mich in vielen Auseinandersetzungen zwangen, genau zu begründen, warum etwas sinnvollerweise "so und nicht anders" gemacht werden sollte;
- bei der Bibliothek der Fernuniversität Hagen, die mich schnell und zuverlässig mit großen Mengen von Aufsatzkopien aus Fachzeitschriften versorgte.

LITERATURHINWEISE

Die Hierarchie der Qualitätskriterien geht zurück auf:

Boehm, B. W.; Brown, J. R., Lipow, M., 1976: "Quantitative Evaluation of Software Quality", International Conference on Software Engineering, pp. 592-605

Veröffentlichungen, die komplette Projekte darstellen:

- *in einem Computerunternehmen:*

Willmer, H.; Balzert, H., 1984: Fallstudie einer industriellen Software-Entwicklung; Definition, Entwurf, Implementierung, Abnahme, Qualitätssicherung, Mannheim, Wien, Zürich, (Reihe Informatik 39)

- *in einem Softwarehaus:*

Denert, E., 1991: Software-Engineering. Methodische Projektabwicklung. Unter Mitwirkung von Johannes Siedersleben, Berlin, Heidelberg, New York

- *in einem Schulprojekt:*

Tschampel, L., 1988, Software-Entwicklung;
Band 1: Facetten der Software-Methodik
Band 2: Dokumentation eines Projekts
Bonn (Dümmlerbuch 4297/4298)

- *in einem Industriebetrieb:*

Spitta, T., 1989: Software Engineering und Prototyping, Eine Konstruktionslehre für administrative Softwaresysteme, Unter Mitarbeit von Irmela Spitta, Berlin, Heidelberg u. a., (Springer Compass)

- *auf einem PC mit einer Standarddatenbank:*

Rompel, H., 1988: Software Engineering für PCs. Planung und Realisierung eines praktischen Beispiels in dBase III plus, Vaterstetten

Für eine ausführliche Darstellung von "Prinzipien" siehe:

Balzert, H., 1982 (Nachdruck 1988): Die Entwicklung von Software-Systemen; Prinzipien, Methoden, Sprachen, Werkzeuge, Mannheim, Wien, Zürich, (Reihe Informatik 34), S. 24-67, 190-261, 371-392, 444-454, 461-468

Gemeinsamkeiten unterschiedlicher Methoden und Verfahren stellt dar:

Schach, S. R., 1982: "A unified Theory for Software Produktion", Software - Practice and Experience, 12, pp. 683-689

Kapitel 1
Das Prinzip der schrittweisen Verfeinerung

Kapitelübersicht

Das Prinzip der schrittweisen Verfeinerung

Systeme 17

Komponenten 19

Semantik, Struktur und Größe von Komponenten 19

Literaturhinweise 22

Stichworte

- Software-**Systeme** werden in **Komponenten** zerlegt.
- Die Zerlegung erfolgt durch **schrittweise Verfeinerung**.
- Zu entscheiden ist über:
  - die **Bedeutung** der Beziehungen zwischen Komponenten
  - die **Anordnung** der Komponenten
  - die **Größe** der Komponenten.

1 DAS PRINZIP DER SCHRITTWEISEN VERFEINERUNG

"Not all systems are complex, and not all parts of complex systems are complex. But some parts of most realistic systems are in fact complex, and that complexity must be represented to be made manageable."

Murphy/Balke, 1989: Software Diagramming, New York, p. 256

komplexe Anwendungspakete

Datenverarbeitung ist die maschinelle Umformung von Informationen, Zahlen, Buchstaben (**Daten**) nach Regeln und Algorithmen durch Programme (**Code**). Sie wird betrieben, um Aufgaben in der 'realen Welt' schneller, korrekter, einfacher bewältigen zu können. Dafür müssen die Abläufe und Ergebnisse den Benutzern in einer verständlichen Form zugänglich sein (**Benutzeroberfläche**). Programme sind dabei zu komplexen Anwendungspaketen mit einer Vielzahl von Abhängigkeiten untereinander zusammengefaßt, die große Mengen ebenfalls voneinander abhängiger Daten bearbeiten. Die entstandenen Anwendungssysteme sind zu groß, um von Einzelnen oder 'auf einen Blick' verstanden zu werden. Für den Entwurf und die Darstellung von Softwaresystemen sind deshalb Techniken zur Strukturierung in handhabbare und verstehbare Einheiten nötig.

Systeme

Systeme

Als **System** bezeichnen wir eine Gesamtheit von Elementen, die untereinander in Beziehungen stehen. Die Elemente können selbst wieder Systeme (Teilsysteme) sein.

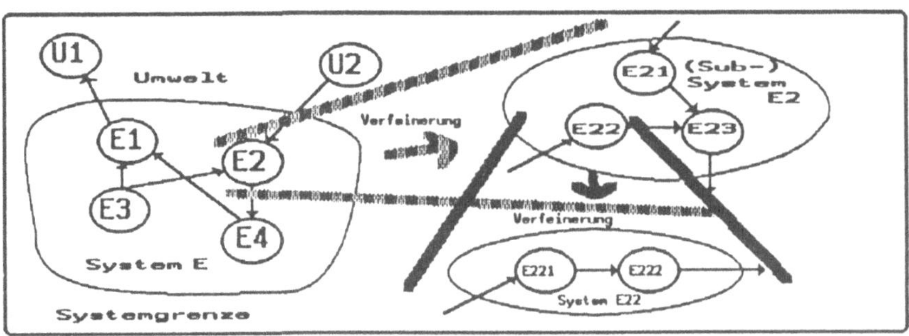

Abbildung 1-1: Systembegriff

Diese Darstellung macht einige wichtige Eigenschaften von Systemen deutlich:

Systemgrenzen

- Die Zusammenfassung von Elementen zu einer Gesamtheit definiert eine externe **Systemgrenze**. Das System als Teil wird abgegrenzt von der es umgebenden Umwelt. Damit wird festgelegt, welche Elemente zum System gehören und welche nicht.

Reduktion von Komplexität

- Die Betrachtung des Systems als Ganzes, das intern selbst wieder aus Komponenten zusammengesetzt ist, **reduziert die Komplexität** des Systems. Einzelne Komponenten können mit ihren Beziehungen zu anderen Komponenten für sich betrachtet werden unabhängig von weiteren Systembestandteilen und deren Beziehungen zueinander.

schrittweise Verfeinerung

- Diese Zerlegung von Komponenten kann bis zu jedem gewünschten Detaillierungsgrad fortgesetzt werden. Diese **schrittweise Verfeinerung** der Komponenten führt so schließlich zu separat betrachtbaren Systembestandteilen, die durch ihre geringe Größe und Komplexität leicht verstehbar sind.

Komponenten

hierarchische Ordnung

Die schrittweise Verfeinerung erzeugt so eine **hierarchische Ordnung** von Elementen, d. h. die betrachteten Elemente werden nach einer Rangordnung angeordnet und die Elemente gleichen Rangs bilden eine Stufe der Hierarchie.

Auf diese Weise lassen sich alle Komponenten von Anwendungssystemen auf verschiedenen Ebenen der Detailliertheit betrachten:

Komponente	Funktion	Daten	Benutzer-oberfläche
Ebene 1	Anwendungs-system	Anwendungs-daten	Benutzer-system
Ebene 11	Teilsystem	Datenhaltung	Dialogsystem
Ebene 111	Job	Gerät	Menu
Ebene 1111	Jobstep	Datenträger	Menuauswahl
Ebene 11111	Programm	Dateisystem	Maskenfolge
Ebene 111111	Modul	Datei	Maske
Ebene 1111111	Prozedur	Satz	Teilmaske
Ebene 11111111	Kontrollstruktur	Verbund	Feldgruppe
Ebene 111111111	Befehl	Feld	Eingabefeld

Semantik, Struktur und Größe von Komponenten

Zerlegung in Komponenten

Bei der Zerlegung eines Systems in Komponenten sind mehrere Entscheidungen zu treffen:

- Auf welcher Basis soll die Zerlegung erfolgen? Welche **Bedeutung** soll die Beziehung zwischen zwei Elementen haben? (Semantik)
- In welcher Art soll die **Anordnung** der Komponenten erfolgen? Welche (mathematischen) Eigenschaften sollen die Relationen zwischen Elementen haben? (Struktur)
- Bis zu welchem **Feinheitsgrad** soll die Zerlegung erfolgen? In wieviel Elemente einer Stufe und in wieviel Stufen soll ein System zerlegt werden? (Größe)

Semantik

Beispiele für die **Bedeutung** von Beziehungen sind:

Aufruf-hierarchie	A ruft B auf.
Ist-Teil-von-Hierarchie	Ein Positionssatz ist Teil eines Beleges.
Benutzbarkeits-Hierarchie	Modul A darf Modul B benutzen.

(Kapitel 3 zeigt, daß die Benutzbarkeits-Hierarchie die wichtigste Beziehung für den Entwurf modularer Systeme ist.)

Struktur

Für die **Anordnung** von Elementen lassen sich unterscheiden:

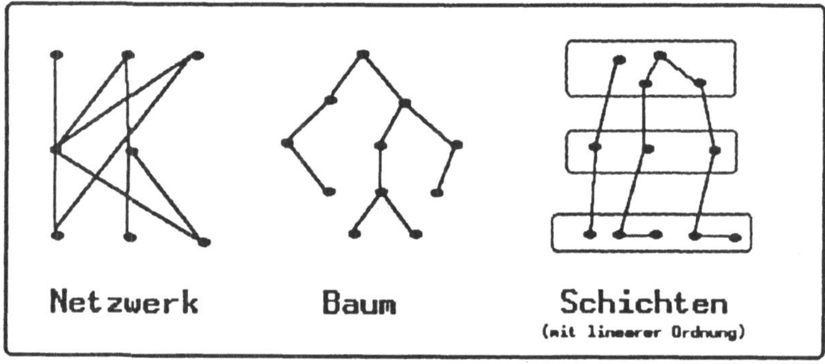

Abbildung 1-2: Hierarchische Strukturen

Netzstrukturen	Es können Beziehungen zwischen Objekten unterschiedlicher Zweige und Stufen bestehen. Ein Element kann zu mehr als einem übergeordneten Element in Beziehung stehen.
Baumstrukturen	Beziehungen können nur zwischen Objekten des gleichen Zweiges in benachbarten Stufen bestehen. Ein Element kann nur zu einem übergeordneten Element in Beziehung stehen.

Schichten

Die Elemente einer oder mehrerer Stufen werden zu Abstraktionsschichten zusammengefaßt und es wird eine Ordnung für die Beziehung zwischen den Schichten festgelegt. Dabei wird eine Schicht als ein Objekt angesehen.

(Baumstrukturen können in einer Vielzahl äquivalenter Darstellungen wiedergegeben werden: Baum-, Mengen- und Warnier-Diagramme, Strukturtext, Erreichbarkeitsmatrizen usw. Beispiele in folgenden Kapiteln).

Größe

Für den **Feinheitsgrad** der Zerlegung haben sowohl psychologische Experimente wie informationstheoretische Überlegungen gezeigt, daß es optimale Werte für die Anzahl von Elementen auf einer Stufe der Hierarchie und für die Größe der Elemente gibt:

- Die "magische Ziffer 7" (plus/minus 2) stellt anscheinend eine Grenze für die Anzahl gleichzeitig verarbeitbarer Gedächtnisinhalte dar.
- Dabei können aber Einzelelemente durch Gruppenbildung zu größeren bedeutungstragenden Einheiten ("Superzeichen") zusammengefaßt werden. Es lassen sich sowohl für Bäume mit gleicher wie mit verschiedener Anzahl Verzweigungen auf jeder Stufe die Anzahl Verzweigungen berechnen, die zu minimalen Suchzeiten führen (3 - 7).

LITERATURHINWEISE

Zum Systembegriff:

Daenzer, W. F. (Hg),1988 (6. Auflage): Systems Engineering. Leitfaden zur methodischen Durchführung umfangreicher Planungsvorhaben, Zürich, S. 10-25

Zur Klassifikation und den mathematischen Grundlagen von Hierarchien:

Balzert, H., 1988: Die Entwicklung von Software-Systemen. Prinzipien, Methoden, Sprachen, Werkzeuge, Zürich (Reihe Informatik 34), S. 31-43

Die klassische Untersuchung zur Gedächtniskapazität:

Miller, G. A., 1956: "The Magical Number Seven Plus or Minus Two: Some Limits on our Capacity for Processing Information", Psychological Review, pp. 81-97

Zur optimalen Anzahl von Verzweigungen bei Bäumen mit gleicher bzw. ungleicher Anzahl von Verzweigungen:

Dirlam, D. K., 1972: "Most Efficient Chunk Sizes", Cognitive Psychology, 3, pp. 355-359

Cube, F. v., 1971: "Eine informationsdidaktische Untersuchung zur Strukturierung von Lehrmaterial" in: ders., Was ist Kybernetik?, München, dtv 4079, S. 228-232

Kapitel 2
Anwendungsentwurf

Kapitelübersicht

Anwendungsentwurf

2.1 Beschreibung des Ist- und Soll-Zustandes 27

2.2 Planung der Dateizugriffe 35

Literaturhinweise 43

Stichworte

Das Beispielprojekt "Wareneingang" wird vorgestellt:

- **Ist- und Sollzustand** werden beschrieben.

- Die **Dateizugriffe** werden geplant.

Benutzte Verfahren und Hilfsmittel werden dargestellt:

- **Strukturierte Analyse** für die Beschreibung von Systemen
- **Entity-Relationship-Diagramme** für die Beziehungen zwischen Daten
- **Datenbankschemata** und **Normalformen** für stabile Datenstrukturen.

2 ANWENDUNGSENTWURF

"Instead of imagining that our main task is to instruct a computer what to do, let us concentrate rather on explaining to human beings what we want a computer to do."

Donald E. Knuth, "Literate Programming", The Computer Journal, 27(1984)2, p. 97

Fachproblem

DV-Anwendungsentwicklung beginnt damit, daß Anwender ein Problem mit Hilfe der EDV lösen wollen. Ein **Problem** ist eine wahrgenommene Differenz zwischen einem Ist-Zustand und einem möglichen/gewünschten Soll-Zustand.

Beispiel: Wareneingang

Als Beispiel betrachten wir die Verarbeitung von Wareneingängen in einem Warenwirtschaftssystem. In einem Groß- und Einzelhandelsunternehmen mit Filialbetrieben und einer zentralen Verwaltung gehen täglich Waren bei den dezentralen Stellen ein und werden wöchentlich fällige Lieferantenrechnungen von der Zentrale zur Zahlung angewiesen. Die dezentralen Stellen sind mit EDV-Anlagen ausgerüstet, auf denen Lagerbestandsführung, Lieferscheinschreibung und Rechnungsschreibung durchgeführt wird. Die für die zentrale Buchhaltung wichtigen Daten werden täglich per Datenfernübertragung an eine zentrale Datensammelstelle übertragen und von dort weiter auf einen Zentralrechner übermittelt, auf dem Finanzbuchhaltung und zentrale Warenwirtschaftsanwendungen abgewickelt werden. Für den Wareneingangsbereich wurde beim Ersteinsatz der Systeme nur eine Übergangslösung unter weitgehender Beibehaltung der alten Verfahren geschaffen. Diese soll nun durch ein verbessertes Verfahren ersetzt werden. Dabei soll die neue Lösung

Zielvorgaben

- in bestehende Verfahrensabläufe (vorhandene Dateien, Datenfernübertragung, Weiterverarbeitung am Zentralrechner) eingebunden werden,
- die bestehenden unterschiedlichen Vorgehensweisen der einzelnen Warenabteilungen vereinheitlichen (ein Verfahren für alle Abteilungen) und trotzdem Wahlmöglichkeiten offen lassen (zentrale oder dezentrale Buchung).

Die Abteilungen Organisation und EDV ermittelten gemeinsam mit den Fachabteilungen alle Varianten der bestehenden Abläufe und schlugen ein neues einheitliches Verfahren vor, das nach Abstimmung mit den betroffenen Fachabteilungen realisiert wurde. Aus dem Ablauf dieses Projekts stammen die Beispiele dieses Textes.

2.1 Beschreibung des Ist- und Soll-Zustandes

Strukturierte Analyse

Für die Beschreibung des "alten" und des "neuen" Wareneingangs wird das Darstellungsverfahren der strukturierten Analyse verwandt. Die dabei verwendeten "Blasendiagramme" (bubble charts) bieten folgende Vorteile:

- Die vorkommenden Symbole (Kreis, Rechteck, Pfeil) lassen sich leicht von Hand zeichnen.
- Entwürfe lassen sich mit Filzstift oder Papier und Stecknadeln einfach am Flipchart aufzeichnen und ändern.
- Es gibt preisgünstige Programme (auch Public Domain Software) zur Darstellung am PC.

Instanzennetz

Dabei wird zur Modellbildung ein Instanzennetz benutzt, das aus folgenden Komponenten gebildet wird:

- Instanz (aktive Einheit)
- Datenraum (Objekte, auf denen die Instanzen operieren)
- Zugriff (lesende, schreibende und modifizierende Operationen der Instanzen im Datenraum).

In der strukturierten Analyse wird bei Instanzen unterschieden zwischen

- externen Ereignissen/Ergebnissen und
- internen Aktivitäten.

Datenräume werden als allgemeiner Speicher dargestellt und Zugriffe durch Datenflußpfeile.

Elemente

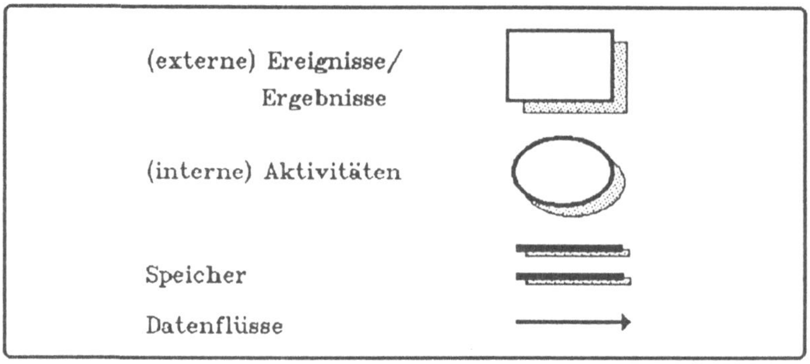

(externe) Ereignisse/ Ergebnisse

(interne) Aktivitäten

Speicher

Datenflüsse

Abbildung 2.1-1: Elemente strukturierter Analyse

Kommunikation nur über Speicher

Während in strukturierter Analyse Datenflüsse auch direkt zwischen Aktivitäten zugelassen sind, wollen wir hier vereinbaren, daß Aktivitäten **nur** über Speicher miteinander kommunizieren können.

Instanzen können nicht anders als über den Zugriff auf einen gemeinsamen Datenraum kommunizieren, von daher erscheint es wichtig, diese Daten auch explizit zu modellieren. Mathematisch handelt es sich also um einen bipartiten Graphen: keine Kante verbindet zwei Knoten vom gleichen Typ.

Ereignisse/ Ergebnisse

Ereignisse sind Anstöße der Außenwelt für Aktivitäten im System, **Ergebnisse** sind Folgen von Aktivitäten im System.

Aktivitäten

Aktivitäten sind Prozesse im System, die

- von Ereignissen angestoßen oder
- von anderen Aktivitäten initiiert werden, wobei sie
- Informationen nur aus **Speichern** erhalten und in Speicher liefern oder
- Ergebnisse in der Außenwelt bewirken.

Datenflüsse sind Kommunikationswege *Datenflüsse*

- in das System (Eingabekanal = Verbindung zwischen Ereignis und Aktivität)
- aus dem System (Ausgabekanal = Verbindung zwischen Aktivität und Ergebnis)
- im System (interne Kanäle = lesende und schreibende Zugriffe von Aktivitäten auf Speicher).

Die Ein-/Ausgabekanäle überbrücken die Grenze zwischen System und Umwelt und wir erhalten somit eine andere Darstellung für das klassische EDV-Modell von Eingabe-Verarbeitung-Ausgabe:

EVA-Modell

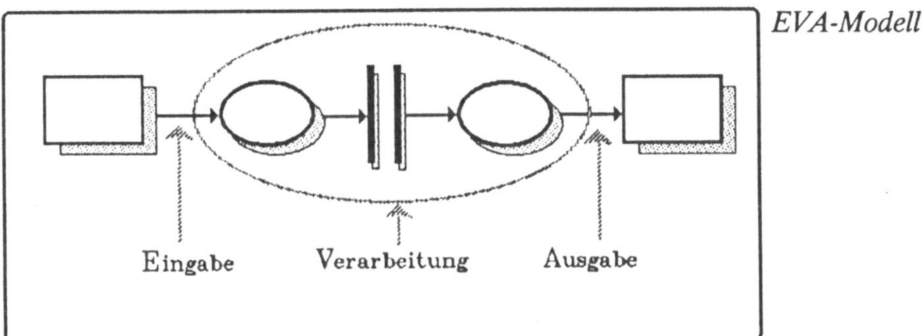

Abbildung 2.1-2: EVA-Modell in strukturierter Analyse

Beschreibung des Ist-Zustandes

Für die folgende Beschreibung wird zur Vereinfachung die Behandlung von internen Warenbewegungen (von einer Filiale zur anderen) und von Warenrückgaben (Stornobelege) ausgelassen. Auch die notwendigen Veränderungen in der Weiterverarbeitung im Datensammelsystem und in der zentralen Verarbeitung werden nicht dargestellt.

Ist-Zustand

Für die Wareneingänge aller Abteilungen wird der physische Wareneingang (dezentrale Mengenbuchung der Ware) dezentral erfaßt. Dabei wird nur der Bestand in der Artikeldatei erhöht und ein Protokoll als Beleg gedruckt. Die Daten werden sonst nicht abgespeichert. Eine Kopie des Protokolls geht an die zuständige Warenabteilung.

Zwei unterschiedliche Verfahren

Für die Gegenbuchung im Finanzbereich wird unterschiedlich verfahren:

- Ein Teil der Abteilungen prüft, bezahlt und verbucht die Rechnung (zentrale Wertbuchung der Zahlung) und schickt eine Kopie an die Filiale. Aufgrund dieser Daten wird dort ein Rechnungseingang (zentrale Mengen- und Wertbuchung der Ware) erstellt. Dieser Beleg wird per Datenfernübertragung in die Zentrale übertragen und läuft dort in die zentrale Waren- und Finanzbuchhaltung ein.
- Andere Abteilungen wollen verhindern, daß dezentral die echten Einstandspreise bekannt sind. In diesen Abteilungen wird für den Rechnungseingang ein maschinenlesbarer Beleg geschrieben, der in die zentrale Buchhaltung einläuft.

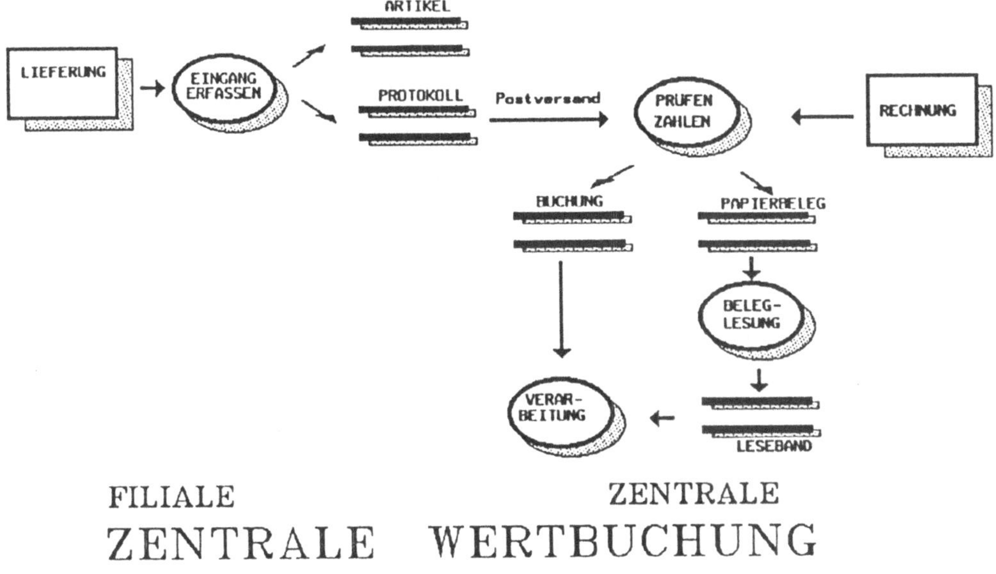

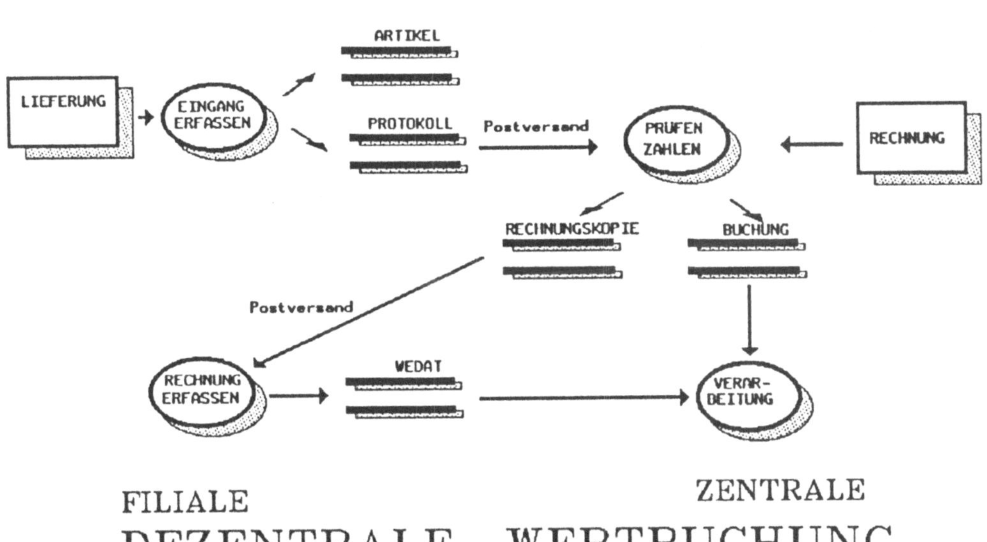

Abbildung 2.1-3: Ablauf "alter Wareneingang"

Probleme

Probleme

Beide Verfahrensweisen führen zu einer Doppelerfassung bereits bekannter Daten. Durch die Übermittlung der Protokolle über den physischen Wareneingang auf dem Postweg kommt es immer wieder zu Verzögerungen. Wenn Rechnungen bezahlt werden, ohne daß der Eingangsbericht vorliegt, werden sie oft in falscher Höhe bezahlt, weil sie nicht mit der Lieferung übereinstimmten. Wird andererseits auf den Eingangsbericht gewartet, droht Skontoverlust, weil die Rechnung zu spät gezahlt wird. Da die Buchung des physischen Wareneingangs nicht mit fortlaufenden Belegnummern abgespeichert wird, ist keine Kontrolle möglich (Belegverlust durch Druckerausfall, doppelt erfaßte Eingänge).

Ziele

Ziele eines geänderten Verfahrens sind:

- Beschleunigung des Ablaufs
- Vermeidung von Doppelerfassungen
- verbesserte Kontrollmöglichkeiten
- Wahlmöglichkeit zwischen dezentraler und zentraler Verbuchung des Rechnungseingangs.

Beschreibung des Soll-Zustandes

Soll-Zustand

Die physischen Eingänge werden als Zugangs-Bericht mit automatisch vergebener fortlaufender Belegnummer in einer Datei (ZBDAT) abgespeichert und dezentral gedruckt.

Die Zugangs-Berichte können mit einem Änderungsprogramm korrigiert werden. Bei Änderungen werden sie zwingend neu gedruckt.

Ein Verfahren ...

Zugangs-Berichte können **dezentral** mit Werten aus der Lieferanten-Rechnung zu Waren-Eingangs-Belegen komplettiert werden. Ein komplettierter Zugangsbericht wird aus der Zugangsberichts-Datei in die Wareneingangs-Datei (WEDAT) überspielt.

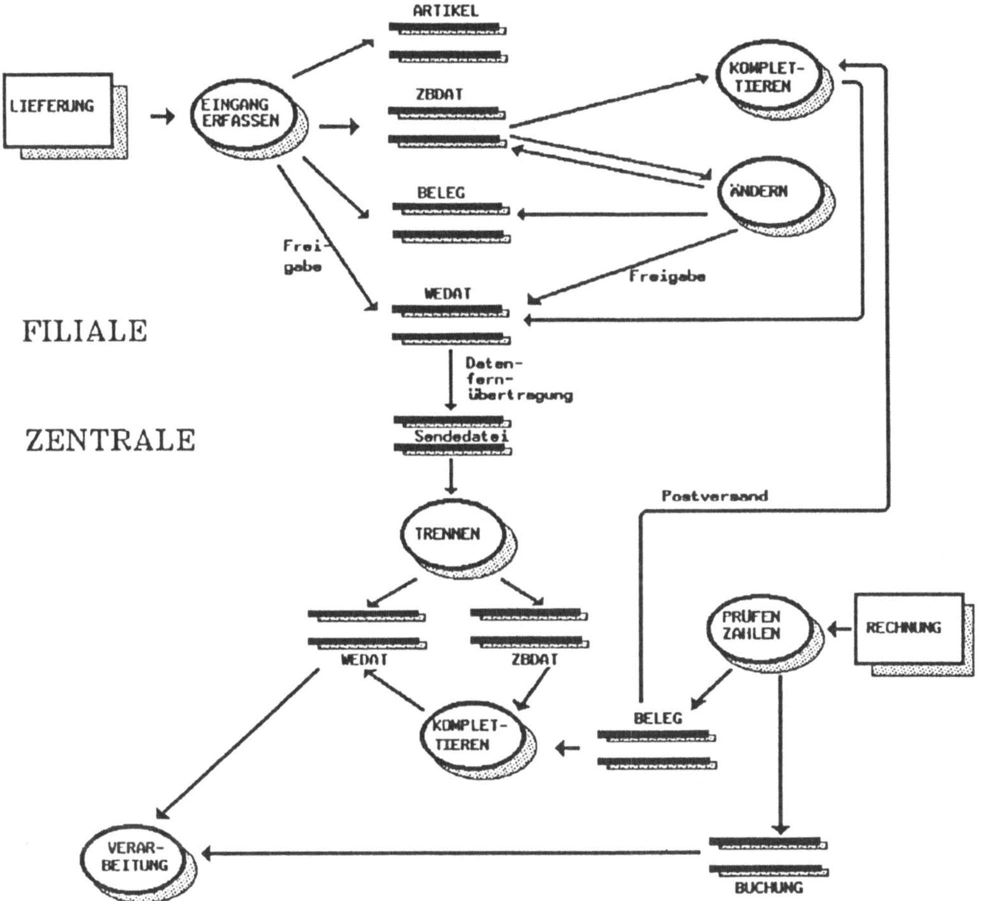

ZENTRALE ODER DEZENTRALE

WERTBUCHUNG

Abbildung 2.1-4: Ablauf "neuer Wareneingang"

... mit Wahlmöglichkeit ...

Wenn die Buchung des Rechnungseingangs **zentral** erfolgen soll, kann der Zugangs-Bericht beim Erfassen oder beim Ändern zur zentralen Buchung freigegeben werden. Freigegebene Belege werden ebenfalls in die Wareneingangs-Datei überspielt.

... und einheitlicher Verarbeitung

Die Wareneingangs-Datei wird täglich an das Datensammelsystem überspielt. Von dort werden die bereits komplettierten Wareneingänge an den Zentralrechner weitergeleitet. Die nicht komplettierten Zugangs-Berichte werden in eine zentrale Zugangs-Berichts-Datei überstellt und können dort wie an den Filialen komplettiert werden. Die zentral komplettierten Zugangs-Berichte werden ebenfalls als Wareneingänge an den Zentralrechner weitergeleitet.

2.2 Planung der Dateizugriffe

Art, Inhalt und Speicherungsform von Daten

Da die hier besprochene Anwendung eine vorhandene Lösung ersetzte, standen Art, Inhalt und Speicherungsform der zu verwendenden Daten von vornherein fest.

Die Verwendung von Dateien in Programmen wird in einer zentralen Tabelle festgehalten, um

- bei Programmänderungen die betroffenen Dateien und
- bei Änderungen von Dateistrukturen die betroffenen Programme

feststellen zu können.

Zugriffsart

Für jedes Programm wird für jede verwendete Datei eingetragen, welcher Zugriff erfolgt:

- Schreiben = **C** (reate)
- Lesen = **R** (ead)
- Ändern = **U** (pdate)
- Löschen = **D** (elete)

Die drei Programme

- Wareneingänge erfassen (E10)
- Wareneingänge ändern (E20)
- Wareneingänge komplettieren (E30)

benutzen folgende Dateien (Auszug aus dem systematischen Dateiverzeichnis):

Datei-Verzeichnis

1. Stammdaten, die in der Zentrale erfaßt werden	
AZDAT	Artikelstamm zentral
TXDAT	Texte
2. Stammdaten, die in der Filiale erfaßt werden	
NKDAT	Nicht-Kunden (Fuhrlohnkonten)
3. Bewegungsdaten	
WEDAT	komplettierte Wareneingänge
ZBDAT	Zugangs-Berichte
4. Stammdaten in Filialen, die von der Zentrale kommen	
ASDAT	Artikelstamm dezentral
KDDAT	Kunden (Fuhrlohnkonten)
PTDAT	Parameterdatei (Programmsteuerung)
5. EDV-technische Dateien	
FEDAT	Feldattribute der Dialogmasken
FXDAT	Fehlermeldungstexte
HTDAT	Hilfsfenstertexte
MADAT	Dialogmasken
6. Druckausgaben	
DRUCK	Belegdruck beim Erfassen und Ändern

Folgende Dateizugriffe werden durchgeführt:

Datei-Zugriffe

Zentrale	AZ	FE	FX	HT	KD	MA	NK	PT	TX	WE	ZB
E30	R	R	R	R	R	R	R	RU	R	C	RUD

Filiale	AS	FE	FX	HT	KD	MA	NK	PT	TX	WE	ZB	DRUCK
E10	U	R	R	R	R	R	R	RU	R	C	C	C
E20	U	R	R	R	R	R	R	RU	R	C	U	C
E30	R	R	R	R	R	R	R	RU	R	C	UD	-

Die Entwicklung vieler Anwendungssysteme begann zu einer Zeit, in der Datenbanken auf den verwendeten Rechnern noch nicht zur Verfügung standen. Das hat zur Folge, daß viele Daten redundant in mehreren Dateien gespeichert sind und bei der notwendigen Änderung der Struktur einer Datei viele Programme (unnötigerweise) geändert oder neu übersetzt werden müssen:

Wenn z. B. Postleitzahlen nicht nur in einer Ortsdatei vorkommen, sondern auch mit Kunden, Lieferscheinen, Rechnungen usw. abgespeichert werden, müssen alle Programme geändert werden, die diese Dateien verarbeiten.

Unternehmensdatenmodelle sind ein Ansatz, um bei Neuentwicklungen und größeren Wartungsaufgaben auf eine nach logischen Gesichtspunkten entworfene Datenbasis umstellen zu können.

Datenmodelle werden durch **Entity-Relationship-Diagramme** dargestellt, die eine logische Modellierung von Datenstrukturen unabhängig von der physikalischen Speicherung oder der zugrundeliegenden Datenbanktechnik erlauben. Es wird dabei unterschieden zwischen zwei Arten von Objekten: Einheiten (Entities) und Beziehungen (Relationships) zwischen ihnen.

ER-Diagramm

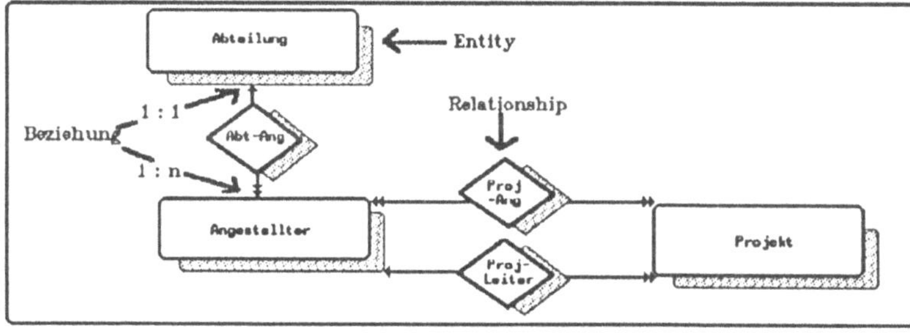

Abbildung 2.2-1: Entity-Relationship-Diagramm

Dabei haben sowohl Entities wie Relationships zugeordnete Eigenschaften (Attribute), die in Tabellen (Relationen) dargestellt werden.

Relationen

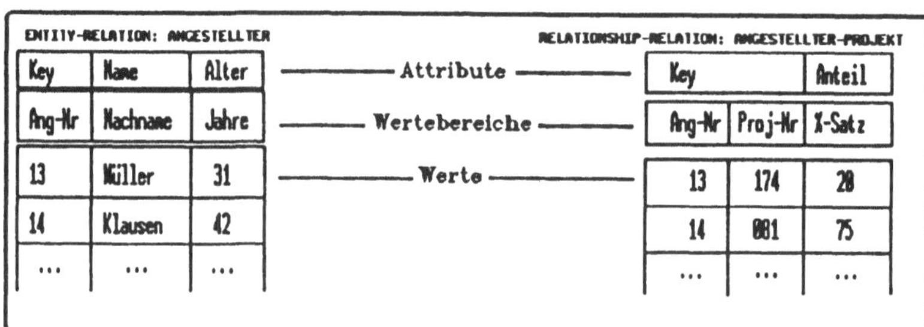

Abbildung 2.2-2: Relationen

Relationale Datenbanken wurden 1969 von Codd als Alternative zu den bis dahin bekannten hierarchischen und Netzwerk-Datenbanken entwickelt. Im gleichen Jahr wurden von Bayer bei Boeing die B-Bäume zur Verwaltung großer Indexbäume entwickelt, die Voraussetzung für eine effiziente Implementierung waren. Ziel des Einsatzes relationaler Datenbanken ist vor allem, eine größere Unabhängigkeit der Programme von den Daten zu erreichen.

DB-Schemata

Datenbankschemata dienen dazu, Daten durch die Trennung in Schichten möglichst änderungsstabil zu entwerfen:

- Das **konzeptionelle Schema** beschreibt die logische Struktur der Daten. Es isoliert die Sicht der Anwendung auf die Daten von der tatsächlichen physikalischen Speicherung.
- Das **externe Schema** beschreibt die unterschiedlichen Sichten der einzelnen Anwendungen auf die Daten.
- Das **physische Schema** beschreibt die tatsächliche physikalische Speicherung der Daten.

Die Schemata werden durch Transformationen aufeinander abgebildet. Jede Schicht ist der darüberliegenden nur durch die Ergebnisse der Transformationen bekannt. Eine Änderung einer tieferen Schicht sollte nur in einer Änderung der Transformationsregeln bestehen; die darüberliegende Schicht wird nicht berührt. Damit soll erreicht werden, daß Anwendungen unabhängig werden

- logisch: von den konzeptionellen Schemata;
- physisch: von der tatsächlichen Abspeicherung der Daten.

Normalisierung

Zu diesem Zweck werden Datenelemente so zu Datengruppen zusammengefaßt, daß sie möglichst stabil gegen Änderungen sind ("kanonische Strukturen"). Ziel ist es, Datenstrukturen soweit wie möglich logisch voneinander unabhängig zu machen und Datenelemente (außer Schlüsseln) redundanzfrei zu speichern (Ersparnis von Speicherplatz und Rechenzeit). Um dies zu erreichen, werden die ermittelten Relationen "normalisiert": Sie werden so verändert, daß bei Speicheroperationen (Einfügen, Ändern, Löschen) **keine Anomalien** auftreten können. In einem Satz mit dem Schlüssel "Personalnummer" sei z. B. eine Abteilungsnummer und ein Abteilungsname gespeichert , wobei zu jeder Abteilungsnummer genau ein Name gehören soll. Es kann nun nicht verhindert werden, daß unter einer noch nicht existierenden Personalnummer eine Abteilungsnummer mit einem zweiten Namen gespeichert wird (Einfügeanomalie).

1. Normalform

Eine Datenstruktur ist in der **ersten Normalform** (funktionale Abhängigkeit), wenn es keine Wiederholungen von Datenelementen oder Gruppen von Datenelementen gibt. Dies wird erreicht, indem jede Datengruppe durch einen eindeutigen Schlüssel (primary key) identifiziert wird und aus den Wiederholungen eine eigene Datenstruktur gebildet wird, auf die über den Schlüssel (und nicht durch physische Adressen wie z. B. Anordnung etc.) verwiesen wird. (Schlüssel sind in den folgenden Abbildungen <u>unterstrichen</u>.)

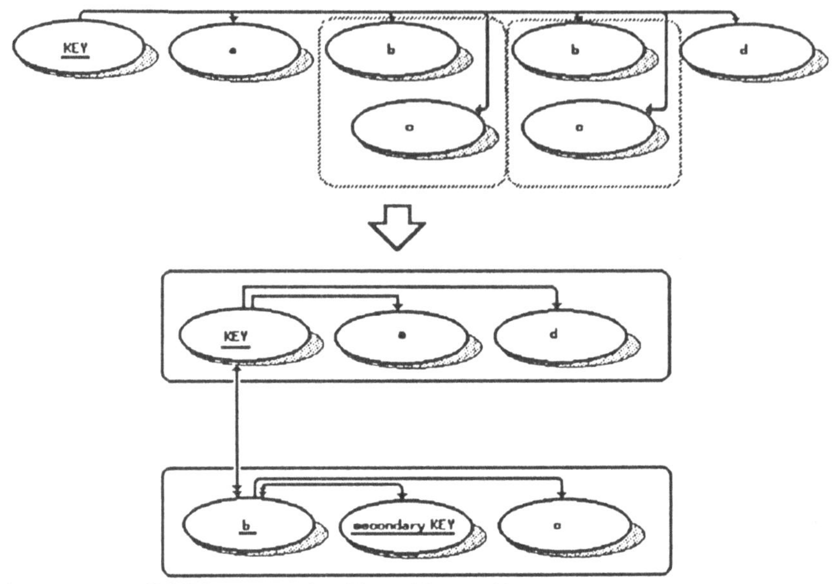

Abbildung 2.2-3: Erste Normalform

2. Normalform

Wenn dabei die Schlüssel zusammengesetzt sind (concatenated keys) kann es vorkommen, daß ein Teil der Datenelemente der Datenstruktur bereits durch einen Teil des Schlüssels identifiziert werden kann. Datenstrukturen sind in der **zweiten Normalform** (volle funktionale Abhängigkeit), wenn dieser Fall dadurch ausgeschlossen wird, daß alle Datenelemente einer Struktur voll funktional abhängig von den Schlüsseln sind.

Datenelemente sind **funktional abhängig** von einem Schlüssel, wenn es zu jedem Schlüssel genau ein Datenelement gibt (eindeutige Abbildung). Eine Menge von Datenelementen ist **voll funktional abhängig** von einer anderen Menge (den Bestandteilen des concatenated key), wenn die beiden Mengen keine gemeinsamen Elemente haben (die Schnittmenge ist leer) und jedes Datenelement funktional von der Gesamtmenge der Key-Elemente, nicht jedoch von einer Untermenge abhängt. Die Datenstruktur wird also zur Erreichung der zweiten Normalform in zwei Strukturen aufgespalten:

- in den Teil, der durch einen Teil des Keys identifiziert werden kann (wobei dieser Teilkey der primary key wird) und
- in den Teil, der nur durch den kompletten Key identifiziert werden kann (wobei dieser concatenated key der primary key wird).

Über den Teilkey wird dabei von der ersten auf die zweite Struktur verwiesen.

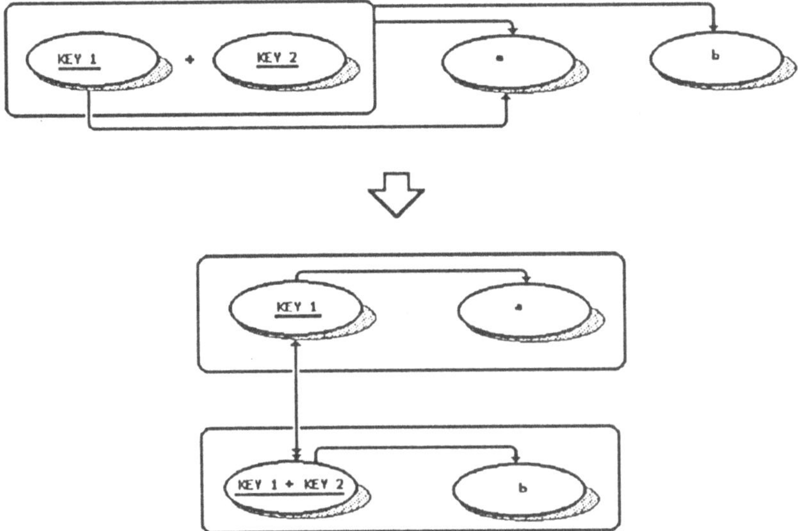

Abbildung 2.2-4: Zweite Normalform

3. Normalform

Lassen sich durch ein Datenelement, das nicht Bestandteil des primary keys ist, andere Datenelemente identifizieren, so besteht eine versteckte transitive Abhängigkeit: Das identifizierende Datenelement überträgt die Anhängigkeit zwischen dem Key und dem identifizierten Datenelement. Datenstrukturen sind in der **dritten Normalform** (keine transitive Abhängigkeit), wenn kein Datenelement transitiv vom primary key abhängt. Die Normalisierung erfolgt wiederum dadurch, daß das identifizierende Element (als key) mit den identifizierten Elementen eine eigene Struktur bildet, auf die über das identifizierende Element in der Ausgangsstruktur verwiesen wird.

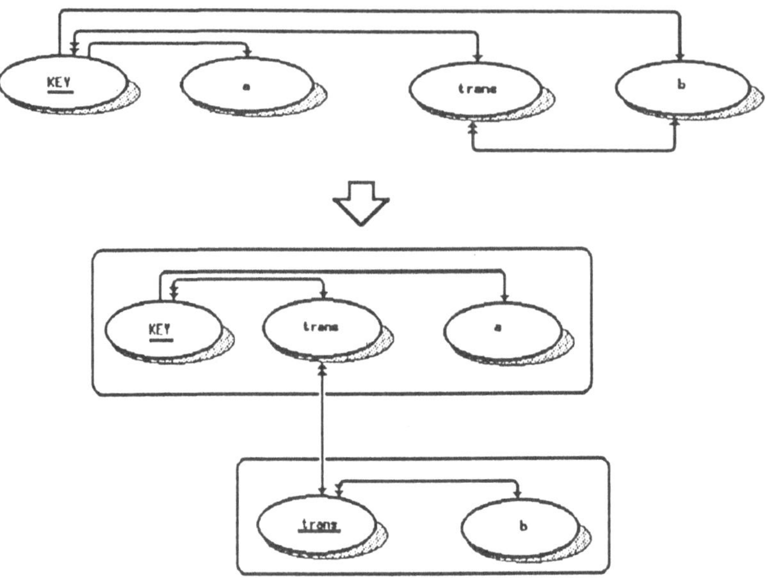

Abbildung 2.2-5: Dritte Normalform

Weitere Normalformen

Vierte (multivalued dependency - Fagin) und fünfte (join dependency - Nicolas) Normalform sind in der Praxis bedeutungslos.

Durch die Normalisierung wird erreicht, daß das Einfügen neuer Datenelemente so geschehen kann, daß das sich ergebende neue konzeptuelle Schema wiederum in der dritten Normalform steht ("kanonische Synthese", Grill 1987, S. 46-54).

LITERATURHINWEISE

2. Anwendungsentwurf

Als ausführliche traditionelle Übersichten über den Prozeß der Entwicklung von Anwendungssystemen in Projektphasen siehe:

Heinrich, L. J.; Burgholzer, P.: Systemplanung, Die Planung von Informations- und Kommunikationssystemen
1987 (3. Auflage), Band 1: Der Prozeß der Systemplanung, der Vorstudie und der Feinstudie
1988 (3. Auflage), Band 2: Der Prozeß der Grobprojektierung, der Feinprojektierung und der Implementierung

End, W.; Gotthardt, H.; Winkelmann, R., 1990 (7. Auflage): Softwareentwicklung, Leitfaden für Planung, Realisierung und Einführung von DV-Verfahren, Berlin, München

Eine neuere Darstellung, die insbesondere die Benutzung von Datenbanken einbezieht:

Vetter, M., 1988: Strategie der Anwendungssoftware-Entwicklung; Planung, Prinzipien, Konzepte, Stuttgart (Leitfäden der angewandten Informatik); bes. S. 62-93 (Systemdiagramme)

2.1 Beschreibung des Ist- und Soll-Zustandes

Als Einführungen in die Strukturierte Analyse liegen in deutscher Sprache vor:

McMenamin, S. M.; Palmer, J. F., 1988: Strukturierte Systemanalyse, mit einem Vorwort von Tom DeMarco, München, Wien, London

Ward, P. T., 1989, Systementwicklung mit System, Anleitung zur Erstellung von Organisationsmodellen, Altenkirchen, (EDV Projekt Management Vol. 1)

Der "Klassiker" ist immer noch nicht übersetzt:

DeMarco, T., 1978: Structured Analysis and System Specification, New York

Zur strukturellen Gleichwertigkeit grafischer Darstellungen vom Typ "Instanzennetz" siehe:

Straub, P., 1988: Die Symbolisierung diskreter Strukturen in Strukturplänen und Konzepte zu ihrer graphischen Edition, Heidelberg (Hochschultexte Informatik 6)

2.2 Planung der Dateizugriffe

Entitity-Relationship-Diagramme wurden eingeführt durch:

Chen, P. P., 1976: "The Entity-Relationship Model - Toward a Unified View of Data", ACM Transactions on Database Systems, 1, 1, pp. 9-36

Eine Einführung in die Relationenalgebra gibt:

Vetter, M., 1988: Strategie der Anwendungssoftware-Entwicklung, Planung, Prinzipien, Konzepte, Stuttgart, S. 361-378

Ein Überblick über die fünf Normalformen:

Kent, W., 1983: "A simple guide to five normal forms in relational database theory", Communications of the ACM, 26, 2, pp. 120-125

In den Systementwurf mit relationalen Datenbanken führen ein:

Grill, E., 1987 (3. Auflage): Relationale Datenbanken, Vom logischen Konzept zur physischen Realisierung, Ziele-Methoden-Fallstudie, Hallbergmoos

Vetter, M., 1989 (5. Auflage): Aufbau betrieblicher Informationssysteme mittels konzeptioneller Datenmodellierung, Stuttgart, (S. 115-180 zu Normalformen; S. 305-349 zur Abbildung auf physische Datenstrukturen)

Kapitel 3
Der Modulbegriff

Kapitelübersicht

Der Modulbegriff

Moduleigenschaften....47

Modularten....50

Maße für Modularität....52

Technische Realisierung....57

Literaturhinweise....62

Stichworte

- **Module** sind: **Daten + Code + definierte Schnittstellen**.
- Es gibt **Funktionsmodule** und **Datenmodule**.
- Gute Module haben **hohe Festigkeit** und **niedrige Bindung**.
- Module lassen sich in COBOL durch **Copy-Bibliotheken** realisieren.

3 DER MODULBEGRIFF

"Zum Beispiel besitzt der Ausdruck 'Modul' unter allen Ausdrükken der EDV wohl die meisten Bedeutungen. Er bezeichnet von Hardware-Einheiten bis zu ausführbaren Programmen fast alles, was es sonst noch gibt."

Sommerville, I., 1988: Software Engineering, Bonn, S. 11

Bausteine

Alle Entwicklungsmethoden sind sich darin einig, daß ein Kernprinzip des Software Engineering die Entwicklung von möglichst unabhängig voneinander einsetzbaren Bausteinen ist. In diesem Kapitel wird untersucht

- welche Eigenschaften solche Bausteine haben,
- welche Arten dieser Bausteine man unterscheiden kann,
- welche Kriterien für die Bewertung der Qualität solcher Bausteine existieren,
- wie sie technisch realisiert werden können.

Moduleigenschaften

Modul = Daten + Code + Schnittstellen

Ein **Modul** ist eine Einheit von Daten und Code, die mit ihrer Umgebung über Schnittstellen kommuniziert. Das Modul stellt seiner Umgebung Leistungen zur Verfügung (**Export**schnittstelle) und benutzt dazu evtl. die Dienste anderer Module (**Import**schnittstellen). Auf diese Weise können Module mit zueinander "passenden" Schnittstellen zu größeren Einheiten zusammengesetzt werden (Benutzbarkeit). Durch die Kommunikation über definierte **Schnittstellen** werden die zugrundeliegenden Datenstrukturen und internen Abläufe des Moduls soweit wie möglich vor der Umgebung verborgen (Geheimnisprinzip, information hiding). Außerhalb des Moduls soll weder der Ort noch die

Art der Speicherung von Daten noch der Ablauf des Codes bekannt sein. Die Schnittstelle definiert die Annahmen, die ein Aufrufer über das benutzte Modul machen darf. **Geheimnisse** sind die nicht erlaubten Annahmen über Dinge, die sich ändern könnten. Die Schnittstelle definiert die Dinge, die nicht geändert werden können, ohne daß benutztes und benutzendes Modul geändert werden. Durch **Abstraktion** verbirgt sie Details der Implementierung vor der benutzenden Umgebung. Diese Techniken werden am stärksten in modernen modularen Programmiersprachen wie Modula-2 oder ADA unterstützt.

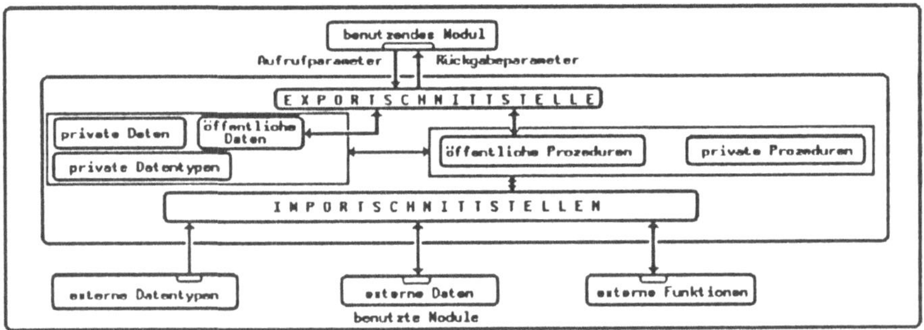

Abbildung 3-1: Zum Modulbegriff

Seiteneffekte

Die Kommunikation über definierte Schnittstellen vermeidet **Seiteneffekte**: Ein Seiteneffekt ist die Veränderung eines Wertes, der in einer Zuweisung oder einem Prozeduraufruf nicht vorhanden ist. Auf Cobol-Statementebene kann das z. B. ein MOVE eines Wertes in eine redefinierte Zielvariable sein. Auf Modulebene können z. B. globale Änderungen durch einen Aufruf mit Adressübergabe (call by reference, vgl. Kapitel 7) bewirkt werden: Eine Suchroutine soll einen Satz suchen, dessen Schlüssel als Adresse im I-O-Bereich übergeben wird. Wenn kein Satz mit dem angegebenen Schlüssel gefunden werden kann, wird nach dem erfolglosen Leseversuch ein anderer Schlüssel im I-O-Bereich stehen. Durch die Übergabe von Parametern über Zwischenspeicherfelder (Schnittstelle) können solche Seiteneffekte vermieden werden.

Durch Modularisierung kann **Kompatibilität** erreicht werden: *Kompatibilität*

Aufrufkompatibilität	Zwei Module mit gleicher Schnittstelle können unterschiedliche Varianten einer Funktion für unterschiedliche Benutzer realisieren.
Funktionskompatibilität	Ein Modul kann in einer anderen Sprache codiert werden (Portabilität) oder durch eine Optimierung der internen Abläufe verbessert werden (Änderbarkeit).
Aufwärtskompatibilität	Ein Modul kann für neue Benutzer um zusätzliche Funktionen ergänzt werden (Erweiterbarkeit).

Flexibilität

Soweit sich die vorhandene, den bisherigen Benutzern bekannte, Schnittstelle nicht verändert, kann der Austausch von kompatiblen Modulen erfolgen, ohne daß benutzende Umgebungen geändert werden müssen.

Lokalität

Wenn Änderungen oder Erweiterungen ein Modul kompatibel zu Vorversionen erhalten, können sie auf genau umgrenzte Programmbereiche beschränkt werden.

Mehrfachverwendung

Die Beschränkung von Modulen auf klar definierte Aufgaben macht sie mehrfach verwendbar. Module tragen damit erheblich zur Reduzierung des Codieraufwandes bei: Für ca. 150 Programme sind in unserer Anwendungsentwicklung ca. 60 Module im Einsatz, die in Einzelfällen bis zu vierzig Mal benutzt werden.

Modularten

Module entstehen durch Abstraktion: sie realisieren eine Aufgabe auf so allgemeine Weise, daß sie von verschiedenen Benutzern auf einheitliche Weise für die gleiche Aufgabe benutzt werden können. Abstraktion verbirgt unerwünschte Eigenschaften eines Moduls, indem sie vor der Umgebung verborgen werden. Abstrahiert werden kann in Bezug auf Funktionen oder in Bezug auf Daten:

> **Funktionsmodule** führen Transformationen von Eingabe- in Ausgabedaten durch; **Datenmodule** führen definierte Operationen auf von ihnen zur Verfügung gestellten Daten(typen) aus.

Funktionsmodule

Funktionsmodule stellen Leistungen durch Prozeduren bereit, sie speichern keine Werte und sind gedächtnislos. (Ausnahme: manche Funktionen benötigen ein Gedächtnis und wären dann als Datenmodul aufzufassen. Beispiel: ein Zufallszahlengenerator)

Datenmodule

Datenmodule lassen sich danach unterscheiden, wie die verwendeten Datentypen (vgl. Kapitel 7) zur Verfügung gestellt werden:

sichtbar — **Dateimodule** stellen lediglich Konstante und/oder Datentypen zur Benutzung zur Verfügung.

verborgen — **Datenkapseln** besitzen eine oder mehrere Datenstrukturen. Sie verbergen die Details ihrer Realisierung, indem sie den Zugriff auf diese Datenstrukturen nur über nach außen exportierte Prozeduren erlauben.

generisch	**abstrakte Datentypen** exportieren den Namen eines Datentyps und Prozeduren, um Objekte dieses Datentyps zu bearbeiten.

Die **Erzeugung** der Objekte von abstrakten Datentypen kann auf zwei Arten realisiert werden:

Variablen-semantik	Die Deklaration einer Variablen erzeugt sie auch. Beim Kopieren werden **Werte** kopiert.
Zeiger-semantik	Es werden Erzeugungsprozeduren zur Verfügung gestellt, die aufgerufen werden müssen, bevor die Variablen für Operationen zur Verfügung stehen. Diese liefern Zeiger auf die erzeugten Variablen zurück. Beim Kopieren werden **Verweise** kopiert.

Variablensemantik

Ein Beispiel für die Variablensemantik ist der Export opaquer Datentypen in Modula-2: Die Deklaration einer Variablen mit einem importierten Typ in einem benutzenden Modul definiert ihren Speicherplatz. Das ist gefährlich, da die Variable noch nicht mit einem korrekten typverträglichen Inhalt initialisiert ist. Ein sicheres Datenmodul muß deshalb die Korrektheit von Variablen vor Operationen prüfen (z. B. indem mit den Variablen Kennzeichen als "Guards" abgespeichert werden).

Zeigersemantik

In objektorientierten Sprachen mit Zeigersemantik müssen deshalb Datenmodule Konstruktur- und Destruktor-Operationen zur Verfügung stellen, die das korrekte Erzeugen und Vernichten von Variablen übernehmen. Damit ist sichergestellt, daß nur Variable verwendet werden können, die zuvor erzeugt wurden (z. B. "Create"). Ebenso können keine Variablen verwendet werden, die nicht mehr gültig sind (nach z. B. "Destroy").

Maße für Modularität

Qualitäts-kriterien

Stevens, Constantine und Myers haben Kriterien für die Beurteilung der Beziehungen innerhalb und zwischen Modulen angegeben, die allgemein als Qualitätskriterien für Modularität akzeptiert werden.

Betrachtet werden:

- "module strength" oder "cohesiveness" als Maß für die inneren Interaktionen eines Moduls (Festigkeit)
- "modul coupling" als Maß für die äußeren Interaktionen eines Moduls (Kopplung, Bindung).

Gute Modularisierung zeichnet sich dann aus durch **hohe Festigkeit und niedrige Bindung.**

Festigkeit

Festigkeit wird bewertet durch die Zuordnung zu einer der folgenden Klassen:

zufällig — Die Funktion des Moduls kann nicht definiert werden außer durch eine komplette Beschreibung der Verarbeitungslogik. Das Modul führt mehrere völlig beziehungslose Funktionen aus.

logisch — Das Modul führt mehrere logisch zusammengehörige Funktionen aus, die über einen Funktionscode selektiert werden. Dadurch enthält die Schnittstellendefinition Bereiche, die nicht für alle Teilfunktionen nötig sind (breite Datenkopplung, s. u.).

klassisch	Klassische Module der Datenverarbeitung wurden gebildet, weil ein zeitlicher (Initialisierung) oder sequentieller (die Ausgabe der einen Funktion ist die Eingabe der folgenden) Zusammenhang zwischen Teilaufgaben bestand. Die Funktionen solcher Module stehen weniger untereinander in Zusammenhang als zu anderen Ereignissen im benutzenden Programm.
prozedural	Zusammenfassung von Modulen aus DV-technischen Gründen (z. B. Kombination von sequentiellem Lesen und Blattwechsel beim Gruppenwechsel).
kommunikativ	Zusammenfassung von logisch zusammengehörigen Verarbeitungen auf dem gleichen Datenbereich (z. B. identisch formatierte Ausgabe auf Bildschirm und Drucker).
funktional	Alle Elemente beziehen sich auf die Ausführung einer einzigen Funktion; die Funktion besteht in der Transformation von Eingabedaten in Ausgabedaten; ein Wertebereich wird auf einen anderen abgebildet (z. B. die Übersetzung einer Bitverschlüsselung).

informational	Zusammenfassung von Teilfunktionen, die alle in Beziehung stehen zu einem Konzept oder einer Datenstruktur. Im Unterschied zur kommunikativen Festigkeit wird dabei aber die interne Realisierung des Konzepts oder der Datenstruktur vor den Benutzern verborgen (z. B. eine Stackverwaltung, die intern über eine verkettete Liste oder ein Array realisiert sein kann).

Funktionsmodule sollten funktionale Festigkeit haben, Datenmodule sollten informationale Festigkeit aufweisen.

Bindung

Folgende Arten der **Bindung** werden unterschieden:

inhaltliche Kopplung	Ein Modul nimmt Bezug auf interne Daten (Seiteneffekt!) oder Code (z. B. Sprung statt Aufruf) eines anderen Moduls.
COMMON-Kopplung	Bezug auf gemeinsame globale Daten von heterogenem Format.
Extern-Kopplung	Bezug auf gemeinsame globale Daten von homogenem Format.
Kontroll-Kopplung	Sie entsteht durch den Austausch von Kontrollinformationen (Schalter oder Funktionscodes), wodurch Details der Verarbeitungslogik nach außen bekannt werden.

"stamp-coupling"	Durch den Bezug auf komplett als Parameter übergebene Datenstrukturen prägt ein Modul einem anderen seinen "Stempel" auf. Wenn eine Routine drei Felder eines Datensatzes benötigt, ihr aber der komplette Satz übergeben wird, muß bei Änderungen des Satzformates das Modul unnötigerweise geändert werden, auch wenn sich an seiner Funktion und den benötigten Feldern nichts verändert hat.
Daten-Kopplung	Es werden nur homogene Daten übergeben, die keine Steuerungsfunktionen haben (z. B. einzelne Felder; Tabellen, in denen alle Elemente die gleiche Bedeutung haben; Listen).

Die Kopplung über gemeinsame Bereiche (inhaltliche, COMMON- oder Extern-Kopplung) verschlechtert die Lesbarkeit (Lokalität, Seiteneffekte). Sie führt Abhängigkeiten zwischen nicht zusammengehörigen Funktionen ein und schränkt die Wiederverwendbarkeit ein (Namens- und Adreßabhängigkeit). Sie erlaubt den Zugang zu nicht benötigten Daten (Geheimnisprinzip).

Auch die Kopplung über Kontrollinformationen oder nach außen sichtbare Datenstrukturen schafft unnötige Abhängigkeiten zwischen Modulen. Änderungen von Verarbeitungslogik oder Datenstrukturen erzwingen die Änderung von benutzenden Modulen.

Die Bindung zwischen Modulen sollte durch eine reine Datenkopplung so gering wie möglich gehalten werden.

Kopplung

Für die Beurteilung der Kopplung wird ferner herangezogen:

Schnittstellenbreite

- Die Schnittstellenbreite ("interface complexity"):
  - gemeinsamer Datenbereich (z. B. "EXTERNAL" Zuordnung von Dateien in COBOL)
  - Adressübergabe ("Call by Reference" durch die Übergabe von Werten in der COBOL LINKAGE-Section)
  - Wertübergabe ("Call by Value" durch Übergabe von Werten in lokale Datenbereiche)
  - reine Parameterübergabe.

Mechanismus

- Der Kopplungsmechanismus ("modul connection"):
  - externe Verbindungen (Einsprünge mit GO TO)
  - Verzweigungen (PERFORM-Aufrufe)
  - Aufrufe (CALL-Aufrufe).

Kommunikationsart

- Die Kommunikationsart ("type of communication") über:
  - externe Datenelemente
  - Kontrollinformationen
  - Datenstrukturen
  - elementare Daten.

Das Ziel der Modularisierung (Bausteine mit maximaler interner und minimaler externer Interaktion) läßt sich also mit diesen Kriterien so präzisieren:

> Zu konstruieren sind Module mit funktionaler oder informationaler Festigkeit, die nur über Elementardaten gekoppelt sind. Die Kopplung soll möglichst schmal sein und über einen Aufrufmechanismus (CALL) mit Wertübergabe erfolgen.

Technische Realisierung

Trennung von Modul und Umgebung

Module müssen auf irgendeine Weise von ihrer Umgebung separierbar sein, um die besprochenen Prinzipien verwirklichen zu können. Komponenten eines Anwendungssystems können auf verschiedenen Ebenen als von ihrer Umgebung getrennt betrachtet werden:

- Ein Teilsystem kann **separat benutzbar** sein, wenn keine engen Beziehungen zu anderen Teilsystemen bestehen.
- Bei einem Anwendungspaket ist nur das Hauptprogramm (Wurzelsegment) **separat aufrufbar**; Unterprogramme (Folgesegmente) sind nur über das Hauptprogramm erreichbar.
- In Cobol sind nur komplette Programme **separat compilierbar** (Hauptprogramme und CALL-Routinen).
  Die Compilierung erfolgt dabei **unabhängig** von der Umgebung des Programms. In Modula-2 benutzt der Compiler hingegen die Import-Deklarationen und kann so bereits zur Übersetzungszeit auf übereinstimmende Schnittstellendefinitionen prüfen.
- Durch die Möglichkeit des Einfügens von Quellbestandteilen mit dem COPY-Statement sind Programmteile in Cobol **separat codierbar**. Dies kann benutzt werden, um Daten und Prozeduren vom übrigen Programmtext zu trennen (PERFORM-Routinen).

Realisierung durch Konventionen

In der Literatur wird für Module üblicherweise die getrennte Übersetzbarkeit gefordert. Dies würde in Cobol die Verwendbarkeit von Modularisierungstechniken erheblich einschränken. Deshalb wird die von der Sprache nicht gebotene Unterstützung durch **Programmierkonventionen** ersetzt, die es erlauben, in COPY-Routinen codierte PERFORM-Routinen so einzusetzen, als erfolgte ein CALL-Aufruf.

Das Modul besteht dabei entsprechend der Trennung von Daten und Code in Cobol in der Regel aus je einem COPY-Teil für Daten und Code. In Einzelfällen können auch mehrere COPY-Teile vorhanden sein, wenn nicht in allen benutzenden Programmen alle Bestandteile des Moduls benötigt werden. Der Aufbau der COPY-Teile erfolgt dabei immer nach dem gleichen Schema:

Datenteil

Der **Datenteil** besteht aus:

- den Variablen der Ein-/Ausgabeschnittstelle,
- Konstanten für die Übergabe und Prüfung der zulässigen Wertebereiche für die Schnittstelle,
- evtl. modulinternen Hilfsfeldern (Adressen, Rechenfelder, Merker).

Codeteil

Der **Codeteil** besteht aus:

- Prüfung der Übergabe auf Zulässigkeit entsprechend der Schnittstellenbeschreibung,
- Ausführung der spezifizierten Funktion entsprechend der zulässigen Übergaben in der Schnittstelle.

Kommentarkopf

Ein **Kommentarkopf** enthält in beiden Fällen:

Identifikation	Name, Verfasser, Erstellungsdatum, Kurzbeschreibung
Zuordnung	Liste aller COPY-Teile, die zusammen mit dem aktuellen das Modul bilden. Angabe, welche Teile zwingend gemeinsam zu verwenden sind und welche bei Bedarf verwendet werden können.
Verwendungsnachweis	Liste aller Programme, in denen das Modul verwendet wird.
Besonderheiten	Hinweise auf besondere Bedingungen oder Verfahren, die in benutzenden Programmen beachtet werden müssen.

Spezifikation	Beschreibung der Schnittstelle durch gültige Eingaben und zugehörige Rückgaben beim ordnungsgemäßen Ablauf und bei Fehlern sowie evtl. Default-Werte bei nicht oder nicht vollständig gefüllten Übergabeparametern.
Änderungsgeschichte	Datum, Bearbeiter und Grund der letzten Änderung. Die Änderungen werden im Quelltext durch das Änderungsdatum in der Randleiste (Spalte 74-79) markiert (als Hilfe bei Korrekturen fehlerhafter Änderungen).

Benutzung

Die Benutzung des Moduls in den verwendenden Programmen besteht dann aus folgenden Schritten:

- Füllen der Übergabeschnittstelle (MOVEs in die Parameterleiste entsprechend der Spezifikation). Damit wird eine **Wertübergabe** statt einer Adressübergabe erreicht!
- Aufruf des Moduls (PERFORM).
- Auswertung der Rückgabe auf evtl. aufgetretene Fehler (IF RETURNCODE ...).
- Reaktion auf evtl. fehlerhafte Rückkehr (z. B. Anzeige einer Fehlermeldung).
- Benutzung der Rückgabe entsprechend der Aufgabe des jeweiligen Programms.

Dabei werden für alle vorkommenden Werte Konstante als Merknamen im Datenteil definiert; im Modul und in den benutzenden Programmen dürfen keine Literale verwendet werden. Das mag recht aufwendig erscheinen, es bietet aber längerfristig viele Vorteile:

Vorteile	Lesbarkeit	Die Befehlsfolge
		`MOVE SETZE-PARAM TO FUNKTION.`
		`MOVE SICHERUNG TO NUMMER.`
		`MOVE OKAY TO WERT.`
		läßt sich ohne lange Kommentare als "setze Sicherungsparameter auf okay" lesen.

	Erweiterbarkeit	Die Listen der Merknamen zeigen auf einen Blick, wo bei Funktionserweiterungen etwas Neues definiert werden muß.
	Änderbarkeit	Die modulinterne Codierung der Merknamen könnte völlig verändert werden, ohne daß am Quellcode der benutzenden Programme etwas zu ändern wäre. Bei notwendigen Änderungen des Moduls laufen die Programme nach Neuübersetzung mit unveränderter Funktionalität (Lokalitätsprinzip).
	Kompatibilität	Bei Erweiterungen braucht nur das benutzende Programm übersetzt zu werden, für das die Erweiterung erfolgte; aber nach Neucompilierung irgendeines anderen Programms läuft auch dieses korrekt, ohne daß Änderungen in dessen Quellcode nötig sind.
	funktionale Korrektheit	Falsch geschriebene Merknamen registriert schon der Compiler, die Verwechslung einstelliger Funktionscodes bleibt leichter unbemerkt.

Auszüge aus dem Datenteils eines Moduls verdeutlichen die besprochenen Konventionen:

```
*-------------------------------------------------------------------*
* copy-teil: Z01D01 DATEN                                           *
* erstellt:  knoth, 24. 10. 88                                      *
*-------------------------------------------------------------------*
* aufgaben:                                                         *
* - Prüfen, ob und wie Verarbeitungen für die Datenfern-            *
*   übertragung am Sub-System laut Eintrag im ZB000-                *
*   Parameter erfolgt sind.                                         *
* - In ZB000-Parameter eintragen, ob und wie Verarbeitungen         *
*   am Sub-System für die Datenfernübertragung erfolgt sind.        *
*-------------------------------------------------------------------*
* andere copy-teile: Z01C01 CODE                                    *
*-------------------------------------------------------------------*
* verwendung in:     RSHD30 RSHD32 ...                              *
*-------------------------------------------------------------------*
* im verwendenden programm erforderlich:                            *
* die PTDAT muß mit ACCESS DYNAMIC I-O eröffnet sein                *
*-------------------------------------------------------------------*
* änderungsgeschichte:                                              *
* 22.12.88   knoth   Prüfung der ASDAT-Sicherung nach Inventur      *
*-------------------------------------------------------------------*

* daten:

* ein-/ausgabe-schnittstelle
01     WZ-ZB-PAR-UEBERGABE.
       05 WZ-ZB-PAR-FKT         PIC 9(001) VALUE ZERO.
       05 WZ-ZB-PAR-NR          PIC 9(001) VALUE ZERO.
       ...
       05 WZ-ZB-PAR-RETCODE     PIC X(001) VALUE SPACE.

* zulässige wertebereiche der schnittstelle
...
* NR = nummer

77     WK-ZB-SICHERUNG          PIC 9(002) VALUE 01.
...

* RETCODE = returncode

77     WK-OKAY-RET              PIC X(001) VALUE 'J'.
77     WK-PARFEHL-RET           PIC X(001) VALUE 'F'.
77     WK-PGMFEHL-RET           PIC X(001) VALUE 'P'.
```

LITERATURHINWEISE

Modularisierungstechniken gehen u. a. zurück auf zwei Aufsätze von Parnas:

Parnas, D. L., 1972: "A Technique for Software Module Specification with Examples", Communications of the ACM, 15, 5, pp. 330-336
Parnas, D. L., 1972: "On the Criteria to be used in decomposing Systems into Modules", Communications of the ACM, 15, 12, pp. 1053-1058

Die Qualitätskriterien sind beschrieben bei:

Stevens, W. P.; Myers, G. J., Constantine, L. L., 1974: "Structured Design", IBM Systems Journal, 2, pp. 115-139

Eine ausführliche Darstellung von Modularisierung gibt:

Nagl, M., 1990: Softwaretechnik: Methodisches Programmieren im Großen, Berlin Heidelberg (Springer Compass)

Zur Variablen- oder Wertsemantik und zur Zeiger- oder Verweissemantik siehe Nagl, S. 107, 110, 186-195 und:

Meyer, B., 1990: Objektorientierte Softwareentwicklung, aus dem Amerikanischen übersetzt von Werner Simonsmeier, München, Wien, London, (S. 93-96, 105 f., 171-174)

Einen sehr gut lesbaren Überblick zur Modularisierung aus Hardware-Sicht gibt:

Lampson, B. W., 1984: "Hints for Computer System Design", IEEE Software, 1, 1, pp. 11-28

Kapitel 4
Entwurf der Programmpakete

Kapitelübersicht

Entwurf der Programmpakete

Entwicklungsphasen 65

Modularisierungstechnik 66

Kriterien für Entwurfsentscheidungen 67

Projektbeispiel 68

Literaturhinweise 70

Stichworte

- Der **Entwurf** legt die **Architektur** eines Systems fest.
- **Entwurfsentscheidungen** sind **nicht formalisierbar**.
- Aber es gibt heuristische **Kriterien für gute Entwürfe**.
- Modularisierung **reduziert den Codieraufwand**.

4 ENTWURF DER PROGRAMMPAKETE

"Werkzeuge sind kein Ersatz für Intelligenz, Know-How, Erfahrung, Intuition und Geschicklichkeit."

Harry Sneed, 1989

Die Entwicklung großer Software-Systeme erfolgt in Phasen, die das zu erstellende Produkt in unterschiedlichen Perspektiven auf unterschiedlichen Ebenen betrachten: *Entwicklungsphasen*

Der **Entwurf** legt die Architektur eines modularen Systems fest (Programmierung im Großen). *Architektur*

Die **Spezifikation** legt die Anforderungen für die Komponenten fest. *Komponenten*

Die **Realisierung** implementiert die Anforderungen in der gewählten Programmiersprache (Programmierung im Kleinen). *Implementierung*

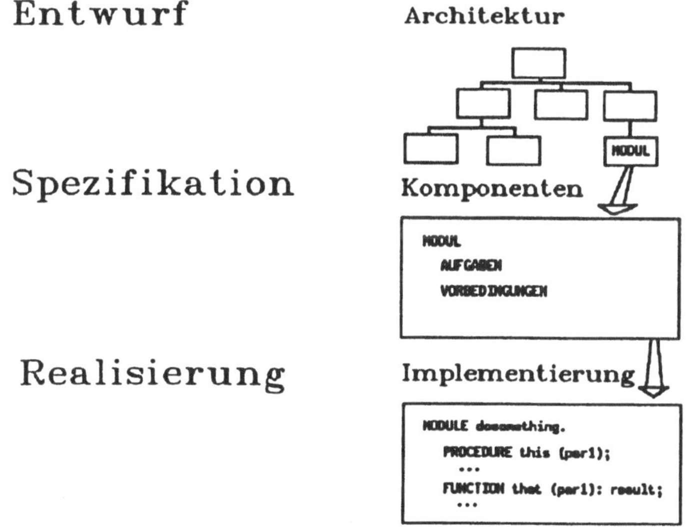

Abbildung 4-1: Entwicklungsphasen

Vom Anwendungssystem werden dabei auf jeder Stufe mehr Details berücksichtigt: Programmpakete (Kapitel 4), einzelne Programme (Abschnitt 6.2) und einzelne Module (Abschnitt 6.3).

Kapitel 3 hat die wünschenswerten formalen Eigenschaften von Modulen diskutiert. Nach welchen Prinzipien soll nun Modularisierung erfolgen?

Spitta hat die Modularisierung nach Parnas (1979) als Algorithmus zusammengefaßt:

Modularisierung nach Parnas

Wiederhole, bis die Schnittstellen stabil sind
  Wiederhole, bis die Struktur stabil ist
    1. Bilde Module, die Entwurfsentscheidungen darstellen
    2. Definiere ein minimal benutzbares Subsystem
    3. Skizziere die maximal denkbare Erweiterung
  Ende-Wiederholung
  4. Spezifiziere Schnittstellen für das Minimalsystem
  5. Erweitere das System auf die geforderte Struktur
Ende-Wiederholung
6. Ordne die Module in Ebenen von virtuellen Maschinen (Jede Schicht bildet eine Abstraktionsstufe)
7. Erstelle die Benutzt-Struktur innerhalb der Ebenen (Zyklenfrei und mit wenig wechselseitigen Abhängigkeiten)

Das Verfahren erfordert wie alle bekannten Konstruktionsverfahren eine Vielzahl kaum formalisierbarer Entwurfsentscheidungen. Für diese Entscheidungen lassen sich allerdings eine Reihe von Kriterien angeben (vgl. Einleitung, Abbildung 0-1):

Entwurfskriterien

Verständlichkeit	Nicht nur das einzelne Modul, auch das entstehende Gesamtsystem muß **verständlich** sein. Zur Verständlichkeit trägt eine **geringe Modulgröße** und die Verwendung **einfacher Schnittstellen** bei.
Unabhängigkeit	Module sollten möglichst **unabhängig** voneinander sein. Bei Fehlern oder Änderungen sollte nur ein Modul betroffen sein (intern) oder nur wenige (Schnittstelle: eine Abstraktionsschicht).
Übertragbarkeit	Die Schnittstellen zur Hardware, zum Betriebssystem, zum Datenhaltungssystem und zur Benutzeroberfläche sollten in wenigen Modulen zusammengefaßt sein. Deren Unabhängigkeit vom Rest des Systems trägt zu dessen **Portabilität** bei.
Änderbarkeit	Module sollten leicht **änderbar** sein. Dazu gehört, daß Entwurfsentscheidungen im Modul an zentralen Stellen zusammengefaßt sind (Lokalitätsprinzip).
Mehrfachnutzung	Module sollten so allgemein sein, daß sie mehr als einmal eingesetzt werden können (**Wiederverwendbarkeit**). Zur Modularisierung gehört daher auch, Softwaresysteme so zu entwerfen, daß vorhandene Module genutzt werden können (**Mehrfachverwendung**).

Arbeitsteiligkeit	Modularisiert werden sollte so, daß die einzelnen Komponenten von mehreren Programmierern **arbeitsteilig** implementiert werden können.
physische Separierbarkeit	Module sollten separat codierbar oder übersetzbar sein (Goos: "physikalische Modularität").
logische Separierbarkeit	Die **Zerlegung** sollte **horizontal** nach Teilfunktionen und **vertikal** nach Schichten erfolgen.

Trennung des Dialogs vom Anwendungskern und den Dateizugriffen

Wichtig ist hierbei die Trennung der Dialogschicht vom Anwendungskern und der Dateizugriffsschicht. Dies bietet folgende Vorteile:

- leichte Änderbarkeit der Benutzerschnittstelle
- Möglichkeit des Aufzeichnens und Abspielens von Benutzereingaben z. B. für Regressionstests
- gleicher Anwendungskern für Dialog- und Batchverarbeitung (Beispiel: SAP-Software)
- Simulation von Dialog durch Batch möglich (Beispiel: DOS Eingabeumleitung, Unix Pipes).

Projektbeispiel

Das Wareneingangsprojekt wurde in drei Komponenten aufgeteilt:

- Erfassen von Wareneingängen
- Ändern von Wareneingängen
- Komplettieren von Wareneingängen.

"Erfassen" und "Ändern" wurde nicht in einer Komponente realisiert, da das Erfassungsprogramm einen Beleg sequentiell erzeugt, während das Änderungsprogramm das gezielte Ändern einzelner Positionen erlauben soll (Springen im Beleg). "Komplettieren" muß als Einzelkomponente realisiert werden, da nur das Komplettierungsprogramm (mit z.

T. unterschiedlichen Dateizugriffen) auch in der Zentrale zur Verfügung stehen soll.

Modularisierung spart Codierzeit

Die Ersparniseffekte modularer Programmierung seien durch einige Zahlen aus diesem Projekt belegt:

Die Anwendung besteht aus 10 separaten Programmen. Der vom Compiler gedruckte Quelltext umfaßt 46.187 Codezeilen (jeweils inklusive Kommentar). Für die Anwendung wurden 20 Copy-Teile (Gesamtumfang: 2898 Zeilen) neu erstellt, die bis zu viermal verwendet wurden. Ferner wurden bereits vorhandene Copy-Teile und für die drei Dialogkomponenten ein vorhandenes Dialograhmenprogramm benutzt. Der gedruckte Quelltext teilt sich wie folgt auf:

- alte Copy-Teile:
  25.089 Zeilen 54,32 %
- Dialograhmen:
  4.542 Zeilen 9,83 %
- neue Copy-Teile:
  7.020 Zeilen 15,22 %
- neuer Source-Code:
  9.527 Zeilen 20,63 %

Von den 46.187 Zeilen Quellcode wurden nur 12.425 Zeilen (2.898 + 9.527) neu geschrieben, das sind nur 26,90 % des gesamten Codes.

LITERATURHINWEISE

Zur Unterscheidung von "Programmieren im Großen" und "Programmieren im Kleinen":

DeRemer, F.; Kron, H. H., 1976: "Programming-in-the-Large Versus Programming-in-the-Small", IEEE Transactions on Software Engineering, SE-2, 2, pp. 80-86

Zum Programmieren im Großen als Architekturbeschreibung:

Nagl, M., 1990: Softwaretechnik: Methodisches Programmieren im Großen, Berlin, Heidelberg (Springer Compass)

Denert, E., 1991: Software-Engineering, Methodische Projektabwicklung, unter Mitwirkung von Johannes Siedersleben, Berlin, Heidelberg, New York, (Kapitel 10, S. 211-239)

Zur Modularisierungstechnik von Parnas:

Parnas, D. L., 1979: "Designing Software for Ease of Extension and Contraction", IEEE Transactions on Software Engineering, SE-5, 2, pp. 128-137

Parnas, D. L.; Clements, P. C.; Weiss, D. M., 1985: "The Modular Structure of Complex Systems", IEEE Transactions on Software Engineering, SE-11, 3, pp. 259-266

Die Zusammenfassung der Modularisierungstechnik von Parnas stammt von:

Spitta, T., 1989: Software Engineering und Prototyping, Berlin, Heidelberg, New York, S. 70

Kapitel 5
Dialoggestaltung

Kapitelübersicht

Dialoggestaltung

5.1 Ziele und ergonomische Grundlagen ... 74

5.2 Maskengestaltung ... 78

5.3 Feldsteuerung ... 85

5.4 Tastensteuerung ... 90

5.5 Maskensteuerung ... 94

Literaturhinweise ... 99

Stichworte

- Grundlagen: **Ergonomie**, Gestaltgesetze, Normen
- statische Gestaltung: Layout der **Masken**
- dynamische Gestaltung:
  - **Feldbearbeitung**
  - **Funktionstasten**
  - **Maskenwechsel**

5 DIALOGGESTALTUNG

"Nimmt man den Begriff 'Dialog' ernst, so läßt sich hier nur von einer relativ **einseitigen Anpassung** *des Klienten an eine rigide Bedeutungsstruktur ... sprechen. ... Faktisch besteht die 'Einigung' ... nur darin, daß der Benutzer die vorgegebenen Regeln des Systems akzeptiert."*

Weingarten 1989

Dialogbegriff

Dialogprogramme sind **keine** "Mensch-Maschinen-Dialoge" sondern: "Mensch-Mensch-Dialoge" **vermittelt** über eine Maschine. D. h. der Programmierer schreibt keine "Drehbücher" für den Mensch-Maschine-Dialog, sondern **er führt einen Dialog** mit dem Anwender - über das Programm.

Das Dialogprogramm ist ein "Gespräch" mit dem Anwender über das Ausfüllen eines Formulars (Maske). **Der Programmierer** bietet eine Leistung der Maschine (Daten speichern, verarbeiten, drucken) an. **Er**

Dialoge zwischen Menschen über die Maschine

- *fragt*, **welche** Leistung gewünscht wird (Menu-Techniken, Funktionscodes, Funktionstasten)
- *bietet* **Varianten** *an* für die Konkretisierung von Eingaben (Werte in DM oder in Prozent?)
- *weist hin* auf Leistungen, die (noch) nicht vorgesehen sind (**Fehler**meldungen)
- *gibt Erläuterungen* zu den Auswirkungen bestimmter Leistungen (**Warnungen, Hinweise, Hilfstexte**)
- *fragt nach* bei problematischen Leistungen (Löschen bitte bestätigen!; Programm starten?).

Erst die durch den Computer ermöglichte räumliche und zeitliche Trennung der Kommunikationspartner erzeugt den Schein eines "Mensch-Maschine-Dialogs" - und erlaubt uns Programmierern, Programmfehler auf "ihn" zu schieben.

5.1 Ziele und ergonomische Grundlagen

Ergonomie

Ergonomie untersucht die Wechselwirkungen zwischen menschlichen Eigenschaften und der von Menschen zu leistenden Arbeit in einer Arbeitsumgebung.

- **Physische** Ergonomie untersucht die Anpassung von Systemen an den menschlichen *Körperbau*. Dazu gehört z. B. die Anordnung und Gestaltung von Bildschirmen und Tastaturen.
- **Physiologische** Ergonomie untersucht die Anpassung von Geräten an die *Signalverarbeitung* des menschlichen Organismus. Dies betrifft z. B. Lärmbelastungen (Drucker) oder die flimmerfreie Bildschirmwiedergabe (Bildwiederholfrequenz).
- **Psychische** Ergonomie untersucht die Anpassung von Systemen an die *kognitiven Fähigkeiten* des Menschen.

Bekannte Begrenzungen dieser menschlichen Fähigkeiten legen eine diesen Fähigkeiten angemessene Gestaltung von Dialogsystemen nahe. Die Vorgänge bei der Dialogverarbeitung lassen sich z. B. durch folgendes Modell beschreiben:

Kognitive Prozesse beim Dialog

Zunächst müssen Informationen aufgenommen werden (Detektion). Den identifizierten Strukturen müssen Bedeutungen zugeordnet werden (Diskrimination: "Dies ist die Positionsmaske."). Es müssen Vergleiche mit Zielvorstellungen erfolgen (Bewertung: "Ich will aber in die Endemaske."). Aus weiteren Gedächtnisinhalten ("Dann muß ich die Funktionstaste 'Blättern in nächsttiefere Hierarchie' drücken.") werden Entscheidungen und Handlungsentwürfe abgeleitet, die durch motorische Aktionen schließlich ausgeführt werden. Dabei gehen diese Handlungen wieder als Informationen ins Gedächtnis ein. Über die Wahrnehmung der Resultate ("Hat die Maske gewechselt?") werden die Handlungsentwürfe kontrolliert (Rückkopplung, Regelkreis).

Ergonomisch gestaltete Systeme versuchen, diese Prozesse für den Benutzer angemessen zu gestalten, indem sie

- angemessene Belastungen herstellen
(auch eine dauernde Unterforderung stellt eine Belastung dar!)
- benutzerfördernde Handlungsunterstützung bieten
(Motivation, Kompetenzerweiterung).

ergonomische Tastaturen

Die Gestaltung von **Tastaturen** bietet ein Beispiel für die möglichen Resultate ergonomischer Vorgehensweisen - und zugleich eines für die "irrationale" Blockierung von "Fortschritten" durch "Traditionen": Die heutige (genormte) Anordnung der Zeichen auf Schreibmaschinen- und Computer-Tastaturen basiert auf dem Stand der feinmechanischen Technik um die Jahrhundertwende. Da sich keine Typenhebel mehr verheddern können, besteht hierfür keine technische Notwendigkeit mehr. Und empirische Untersuchungen haben gezeigt, daß dieses Tastaturlayout aufgrund der unnatürlichen Handhaltung (parallel statt angewinkelt) und der ungleichen Lastverteilung auf die Finger (die Anordnung der Buchstaben entspricht nicht der Häufigkeit des Vorkommens) sowohl zu vermeidbaren physischen Schädigungen wie zu unnötig hohen Fehlerraten führt. Gegen die Folgen der unnatürlichen Handhaltung wurden Tastaturen mit unterschiedlicher räumlicher Anordnung der Tasten bei unveränderter Lage relativ zueinander entwickelt. Keine der zunächst interessierten Firmen hat jedoch einen ernsthaften Markteinführungsversuch unternommen, da die Nachfrage zu gering blieb.

die magische Zahl 7 und die Superzeichen

Bei der Gestaltung der **Bildschirmanzeigen** geben Ergebnisse der Gestalt- und Wahrnehmungspsychologie wichtige Hinweise. Die menschliche Wahrnehmung kann z. B. nie mehr als circa 5 bis 9 "Informationseinheiten" *gleichzeitig* unterscheiden. Dieser Gesetzmäßigkeit läßt sich für die Darstellung größerer Informationsmengen nur begegnen, indem durch hierarchische Untergliederung bzw. Zusammenfassung der subjektive Informationsgehalt reduziert wird (Superzeichenbildung).

Für günstige Vorgehensweisen bei solchen Untergliederungen geben die "Gestaltgesetze" einige Hinweise:

Gestaltgesetze

Gleichartigkeit	Ähnliche Elemente werden als zusammengehörig wahrgenommen (z. B. Zahlenreihen mit kommagerechter Ausrichtung der Zahlen auch bei unterschiedlicher Anzahl der Vorkommastellen).
Nähe	Physikalisch beieinander angeordnete Elemente werden als zusammengehörig wahrgenommen (z. B. Abgrenzung einer Anzahl von Positionszeilen von weiter entfernt liegenden Elementen eines Tabellenkopfes).
Geschlossenheit	Durch Linien oder Farben abgegrenzte Flächen werden als abgegrenzte Einheit gegenüber der Umgebung wahrgenommen (z. B. die inverse Darstellung von Hilfstextfenstern oder die Umrandung durch eine Linie).
Bewegung	Sich zusammen bewegende oder zusammen ruhende Bereiche werden als zusammengehörig wahrgenommen (z. B. der Rollbereich einer Maske gegenüber dem feststehenden Bereich).

DIN 33400

Diese wenigen Stichworte machen deutlich, daß gegliederte Dialogmasken erhebliche ergonomische Vorteile vor der Ein-/Ausgabe auf Rollbildschirmen haben (Belastung der

Augen, des Erinnerungsvermögens). In der DIN 33400 (10/83, Allgemeine Leitsätze 3.1.3) wird für die Gestaltung von Anzeigen und Signalen gefordert:

Gestaltung von Anzeigen und Signalen

- Anzahl und Art muß dem Informationsbedarf entsprechen.
- Durch die räumliche Anordnung soll sichere, eindeutige und schnelle Orientierung ermöglicht werden.
- Durch die Art und Menge der Anzeigen soll weder eine zu hohe noch eine zu niedrige Arbeitsbelastung hervorgerufen werden.

Basierend auf den besprochenen Quellen und vorliegenden Erfahrungen mit Dialogssystemen werden im folgenden Abschnitt Konventionen für den Entwurf von einzelnen Dialogmasken (statische Dialoggestaltung) besprochen.

5.2 Maskengestaltung

Für die Gestaltung von Masken liegen zwei relevante DIN-Normen vor.

DIN 66234

Die DIN 66234/3 (03/81) fordert:

- Gruppierung von Bildschirmdaten in Übereinstimmung mit evtl. zugrundeliegenden Papierbelegen
- Anordnung nach der Häufigkeit, um Suchzeiten klein zu halten
- Formatierung durch Gliederung des Bildschirms in Bereiche für:
  - Ein- und Ausgabe von Befehlsdaten
  - Ein- und Ausgabe von Arbeitsdaten
  - Betriebshinweise (Systemmeldungen und Statusinformationen)

Im Teil 5 der Norm werden (basierend auf psychologischen und physiologischen Untersuchungsergebnissen) sachgerechte Codierungen für Aussagen, Hervorhebungen, Zustände usw. vorgeschlagen.

DIN 66290 Teil 1

Der Entwurf der DIN 66290 für die "Gestaltung von maskenorientierten Dialogsystemen. Teil 1: Gestaltung von Masken" (09/86) geht kaum über die Aufzählung einiger Begriffe hinaus:

- Darstellungsmittel (Schriftarten, Feldinvertierung usw.)
- Felddarstellungen für Eingabe, Ausgabe und Konstantenfelder
- Feldanordnung und Gliederung (Verweis auf DIN 66234/3)
- Aufbau von Masken (Untergliederung in Informations-, Verarbeitungs-, Steuerungs- und Meldungsteil).

Die Norm besteht eigentlich nur aus zwei generellen Empfehlungen:

- Alle Gestaltungsmittel sollen innerhalb eines Anwendungssystems einheitlich verwendet werden.
- Mittel zur Hervorhebung sollen sparsam eingesetzt werden, da sie sonst bedeutungslos werden.

Konventionen für die statische Gestaltung

Daß "Normen" in diesem Bereich sich auf die Angabe von Beispielen zu Leitsätzen beschränken, beruht darauf, daß sich für die Gestaltung von Dialogsystemen eben keine "objektiven" Kriterien angeben lassen: es lassen sich nur Anregungen für zu vereinbarende Konventionen gewinnen.

Die Masken in unseren Anwendungen folgen einheitlich den im folgenden beschriebenen Konventionen:

Gliederung

Gliederung: Identifikation

Maskenkennzeichnung in Zeile 1 und 2 mit:

- aktuellem Systemdatum
- Name des Anwendungsgebiets
- Name des aktiven Moduls
- letztes Änderungsdatum des aktiven Moduls

Meldungen

Meldungsbereich:

- Zeile 2 für in einer Fehlertextdatei definierte Meldungen, die in allen Anwendungsgebieten mehrfach auftreten können.
- Zeilen am unteren Bildschirmrand für darüber hinausgehende Meldungen, die nur für ein Anwendungsgebiet relevant sind.

Steuerung

Steuerbereich:

- am oberen Rand des Arbeitsbereichs für Eingaben, die für **mehrere** Verarbeitungen innerhalb des gleichen Dialogsegments relevant sind ("Kopfdaten"), bzw. wenn nur Steuerinformationen ("Kommandos") benötigt werden.
- am unteren Rand des Arbeitsbereichs für Eingaben, die für die **einzelne** Verarbeitung innerhalb eines Dialogsegments relevant sind ("alle Eingaben ok?"), bzw. die das nächste Dialogsegment ansteuern ("Ende", "Positionieren").

Arbeitsbereich

Arbeitsbereich

- Der verbleibende mittlere Bereich des Bildschirms.

Maske mit allen Informationsklassen

Damit ergibt sich eine Gliederung nach der folgenden Abbildung, wobei (bei sonst gleicher Anordnung) einzelne Bereiche entfallen können.

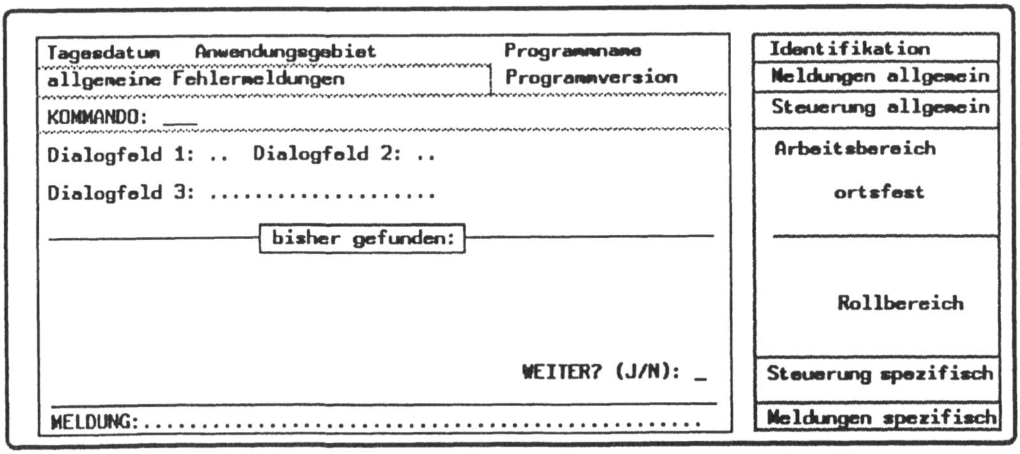

```
Tagesdatum   Anwendungsgebiet                Programmname          | Identifikation
allgemeine Fehlermeldungen                   Programmversion       | Meldungen allgemein
KOMMANDO: ___                                                      | Steuerung allgemein
Dialogfeld 1: ..  Dialogfeld 2: ..                                 | Arbeitsbereich
Dialogfeld 3: ..................                                   |      ortsfest
------------------- bisher gefunden: ------------------------      | ----------------
                                                                   |     Rollbereich
                                          WEITER? (J/N): _         | Steuerung spezifisch
MELDUNG:.........................................                  | Meldungen spezifisch
```

Abbildung 5.2-1: Anordnung von Informationsklassen auf einer Maske

Anordnung von Rollbereichen

Der Arbeitsbereich kann in einen ortsfesten und einen rollbaren Bereich unterteilt sein. Der Rollbereich wird angeordnet:

Rollbereiche

- **oben** für die Anzeige von Ergebnissen der letzten Dialogschritte ("Hochrollen" der letzten Eingabezeile, wobei die letzten "n" Eingabezeilen angezeigt werden - im Grenzfall: Anzeige der vorigen Eingabe in nur einer Zeile)
- **unten** für die Anzeige von Auswahlergebnissen und Listen ("Runterrollen" von Ergebnissen der letzten Suchschritte mit Steuerabfrage "Weiter? (J/N)".)

Anordnung von Hilfstext-Fenstern

Hilfefenster

Hilfstexte werden angezeigt von Spalte 10 bis Spalte 62 (wovon die ersten und letzten beiden Zeichen mit Steuerzeichen und Rahmen belegt sind); von Zeile 4 bis minimal Zeile 10 (1 Zeile Hilfstext) und maximal Zeile 19 (maximal 10 Zeilen Hilfstext). Am Kopf eines Hilfstext-Fensters wird der Name des Feldes angezeigt, auf dem die Hilfetaste gedrückt wurde, ferner der Name des Hilfstext-Verfassers und das Datum der letzten Änderung. Am Fuß des Fensters wird eine konstante Bedieninformation angezeigt (Hilfe verlassen über Bestätigungstaste).

Anordnung von Feldern auf der Maske

Felder

Die erste und letzte Spalte jedes Anzeigebereichs bleibt frei für Steuerzeichen (inverse Darstellung etc.).

Ein- und Ausgabefelder werden nach ergonomischen Gesichtspunkten gruppiert. Unterschiedlich lange Feldnamen werden durch Verwendung von Punkten ausgeglichen:

```
Sehrlangername: _          [kurzes Eingabefeld]
Kurzname......: _______    [langes Eingabefeld]
```

Zeichenvorrat und Darstellung von Feldern

Zeichenvorrat und Felddarstellung

- Konstantenfelder:
  "A" ... "Z", "-", ".", ":", "?", "(",")"
- Ausgabefelder:
  Vorbelegung mit "..." bzw. "..,.." bei numerischen Feldern mit Dezimalstellen
- Eingabefelder:
  Vorbelegung mit "___" bzw. "__,__"
- Erläuterungen zu Eingabefeldern auf der Maske:
  Einschluß in "/..../"

Hervorhebungen

- Hervorhebungen durch:
  - Kleinschreibung
  - akustisches Signal:
    Immer dann, wenn Bildschirmausgaben an einer anderen Stelle erfolgen als dort, wo sich die Schreibmarke momentan befindet. Also z. B. bei Fehlermeldungen in Zeile 2; bei Meldungen im unteren Maskenbereich; bei Änderungen von Feldinhalten durch das System, die durch Eingaben in das aktuelle Feld zwingend sind (Beispiel: "Inkasso bewirkt Adresstausch").
  - Steuerzeichen:
    invers:
    Fehlermeldungen, Meldungen, Hilfstexte, aktuell bearbeitetes Element in Tabellen
    intensiv:
    Eingabefelder, solange sie zum Editieren (überschreiben, einfügen, ausfügen) zur Verfügung stehen
    unterstrichen:
    Zur Gliederung von dicht besetzten Masken
    blinkend:
    In Sonderfällen, bei unüblichen Abweichungen, bei sehr lange anstehenden Systemmeldungen

Gliederung des Maskeninhaltes

- mindestens ein Leerzeichen zwischen allen Feldern *Layout*
- Abgrenzung von Feldname und Eingabefeld durch "..: __"
- Abgrenzung von Bereichen durch Leerzeilen oder Strichzeilen ("----") bzw. durch Rahmen und/oder inverse Darstellung
- Verteilung der notwendigen Felder auf die Maske durch Einfügen von Leerzeichen und Leerzeilen.

Masken dürfen nicht "überladen" werden: es wird empfohlen, maximal 50 % des Bereichs für eine Informationsklasse zu beschreiben. *50 %-Regel*

Unterscheidung von Meldungsklassen:

Meldungen werden nach dem Grad ihrer Wichtigkeit Klassen zugeordnet, die dem Benutzer mit unterschiedlichen Reaktionsmöglichkeiten präsentiert werden: *Meldungsklassen*

- **Hinweise** werden durch ein akustisches Signal und Einblenden des Textes dargestellt, eine besondere Reaktion des Benutzers muß nicht erfolgen ("H"-Texte). *Information anbieten*
- **Warnungen** erfordern eine Reaktion des Benutzers; er entscheidet, wie verfahren werden soll: Die Auslösetaste nimmt die letzte Dialogeingabe zurück, die Bestätigungstaste ignoriert die Warnung ("W"-Texte). Der Benutzer erhält die Kontrolle erst nach dieser Entscheidung wieder (keine Schreibmarke am Bildschirm). *Aufmerksamkeit erzwingen*
- **Fehler** erfordern eine Korrektur des letzten Dialogschrittes. Fehlermeldungen können nicht übergangen werden. Nach Schwere und Anlaß des Fehlers wird unterschieden: *auf Korrektur bestehen*
    - Fehler ohne Bestätigung:
      Die Schreibmarke wird nach akustischer und optischer Information auf dem gleichen Eingabefeld positioniert ("O"-Texte).

- Fehler mit Bestätigung:
  Der Cursor wird erst nach der Kenntnisnahme der Meldung (Bestätigungstaste) wieder auf dem gleichen Eingabefeld positioniert ("B"-Texte).

"geordneter Rückzug"

- **nicht korrigierbare Fehler**:
  Gravierende Fehler, nach denen ein Weiterarbeiten nicht sinnvoll möglich ist, führen zum Abbruch des Dialogs ("M"-Texte). Das System bricht nach einer Meldungsausgabe das Programm ab, wobei alle eröffneten Dateien korrekt geschlossen werden und die Möglichkeit angeboten wird, einen Fehlerdump in eine Datei zu stellen.

Systemfehler abfangen

- **Systemmeldungen** werden in der Regel nicht vom Benutzer verursacht und können auch nicht von ihm bearbeitet werden (z. B. Nachrichten vom Systembetreuer). Abbruchmeldungen durch das Betriebssystem sollten daher nicht vorkommen: sie sind ein Hinweis auf grobe Fehler des Programmierers.

Zeigen, daß das Programm "lebt"

- **Vollzugsmeldungen** weisen den Benutzer darauf hin, daß Aufträge ausgeführt wurden oder gerade ausgeführt werden. Dazu werden Meldungen zur Laufzeit dynamisch geändert (z. B. Anzeige jedes 50. bearbeiteten Artikels).

Abstufung nach Benutzerklassen:

Benutzerklassen

Benutzerunterstützende Meldungen (Erläuterungen) können in unterschiedlicher Ausführlichkeit aufgerufen werden. Auf keinem Eingabefeld mit numerisch oder alfabetisch codierten Inhalten ist "9" bzw. "X" ein gültiger Code. Daher können durch diese Eingaben Kurzhinweise (Fehlermeldungen) auf gültige Codes abgerufen werden. Ausführliche Informationen (Hilfstexte) müssen explizit durch Drücken einer Funktionstaste angefordert werden.

5.3 Feldsteuerung

Dynamische Gestaltung:

In der dynamischen Gestaltung von Dialogprogrammen ist festzulegen, wie die Steuerung des Dialogablaufs erfolgen soll. Dazu gehören folgende Entscheidungen:

- *Feldbearbeitung* Wie sollen die Felder in einer Maske bearbeitet werden?
- *Funktionstasten* Für welche immer wiederkehrenden Standardfunktionen im Dialog sollen Funktionstasten festgelegt werden und mit welcher (einheitlichen) Bedeutung sollen sie verwendet werden? (s. Abschnitt 5.4)
- *Maskenwechsel* Wie soll der Wechsel zwischen mehreren Dialogmasken gestaltet werden? (s. Abschnitt 5.5)

DIN 66234

Die DIN-Norm 66234/8 (11/86-Entwurf) legt hierzu nur Grundsätze fest, die durch Beispiele erläutert werden:

Aufgabenangemessenheit	Unterstützung des Benutzers bei seiner Aufgabe ohne Belastung durch technische Eigenarten des Dialogsystems.
Selbstbeschreibungsfähigkeit	Auf Benutzeranforderungen können Einsatzzweck, Leistungsumfang und einzelne Dialogschritte erläutert werden.
Steuerbarkeit	Der Benutzer kann die Geschwindigkeit des Ablaufs, die Auswahl und Reihenfolge von Arbeitsmitteln oder Art und Umfang von Ein- und Ausgaben beeinflußen; er kann Dialogschritte soweit wie möglich zurücknehmen.

Erwartungs-konformität	Der Ablauf des Dialogs soll den Erfahrungen des Benutzers mit anderen Arbeitsabläufen entsprechen.
Fehler-robustheit	Trotz erkennbar fehlerhafter Eingaben wird das beabsichtigte Arbeitsergebnis ohne oder mit minimalem Korrekturaufwand erreicht.

Masken- oder Feld-verarbeitung?

Wenn dem Benutzer die Dialogmaske zur Bearbeitung angeboten wird, ist als nächstes zu entscheiden, wie sie bearbeitet werden soll: Wie wird der Benutzer beim Ausfüllen der Eingabefelder in dem angebotenen Formular unterstützt? Grundsätzlich ist dabei zwischen feldweiser und maskenweiser Prüfung der Benutzereingaben zu entscheiden.

Das zugrundeliegende Basissystem (Transaktionsmonitor) erlaubt aber oft nur die maskenweise Verarbeitung.

Empirische Ergebnisse

Empirische Untersuchungen (Shneidermann 1980, S. 242) sprechen für die feldweise Fehlerbehandlung. Bei sofortigen Fehlermeldungen

- wurden zwar prozentual mehr Falscheingaben gemacht als bei maskenweiser Eingabeprüfung.
- Aber es traten weniger häufig zwei Fehler unmittelbar hintereinander auf und
- die Dialogdauer betrug nur 4/5 der Zeit, die bei maskenweiser Fehlerprüfung benötigt wurde.

Das deutet darauf hin, daß Unterbrechungen durch Fehlermeldungen von wesentlich geringerer Bedeutung sind als der Vorteil sofortiger Fehlerkorrektur. Fehlermeldungen sollten sich also grundsätzlich auf die **letzte Eingabe** des Benutzers beziehen, auch bei einer Folge von gleichartigen Feldern (**Feldgruppe**).

In der Wareneingangsanwendung ist die feldweise Bearbeitung von Dialogmasken möglich. Dafür gelten folgende Konventionen:

Projektbeispiel

Für die **Reihenfolge der Feldbearbeitung** gilt, daß Felder grundsätzlich **sequentiell** bearbeitet werden, wobei Zusammengehöriges gemeinsam bearbeitet wird. Entsprechend dem gewohnten Vorgehen beim Lesen von Texten oder beim Schreiben in Formulare (Erwartungskonformität!) werden Eingabefelder von links nach rechts und von oben nach unten in der Maske abgearbeitet:

Grundsatz: Sequentielle Einzelfeldbearbeitung

- bei einem Feld je Maskenzeile: zeilenweise (typisch: Vordialoge zum Füllen von Parameterleisten für Batchverarbeitungen) — *zeilenweise von oben nach unten*
- bei mehreren Feldern je Maskenzeile:
  - zeilenweise von links nach rechts, wenn die Felder einer Zeile zusammengehören (typisch: kleine Feldgruppen mit relativ vielen Elementen, z. B. fünfmal: Zu- oder Abschlagsnummer, Berechnungsart und numerischer Wert) — *zeilenweise*
  - alternativ: jeweils "blockweise" von oben nach unten (typisch: große Feldgruppen mit relativ wenigen Elementen, z. B. 40 Einträge Systemnummer und Lagernummer) — *spaltenweise*

Von diesem **Prinzip der sequentiellen Verarbeitung** wird abgewichen, wenn dadurch der Dialog für den Benutzer **vereinfacht** werden kann. Sprünge können den Dialog durch zwei Techniken vereinfachen:

Vereinfachungen:

- Vermeidung von Falscheingaben
- Nicht-Anfordern unnötiger Eingaben.

Bei Sprüngen in der Maske erscheint der Cursor nach einer Eingabe nicht auf dem sequentiell folgenden, sondern auf einem definierten anderen Feld der Maske.

Sprünge ...

... systemgesteuert

Sprünge können vom System gesteuert sein:

- Der Inhalt eines oder mehrerer Folgefelder liegt durch den Inhalt eines oder mehrerer vorausgehender Felder implizit fest:

  Die Felder werden vom System **gefüllt** und nicht zur Eingabe angesprungen. Beispiel: INKASSO = J heißt immer auch ADRESSTAUSCH = J.

- Der Inhalt eines oder mehrerer Folgefelder muß entsprechend dem Inhalt eines oder mehrerer vorausgehender Felder implizit leer sein:

  Die Felder werden vom System **gelöscht** und nicht zur Eingabe angesprungen. Beispiel: Nach einer leeren Eingabe in einer Tabelle wird angenommen, daß auch die Folgefelder leer sein sollen.

... benutzergesteuert

Sprünge können vom Benutzer gesteuert werden:

- Der Benutzer kann durch Eingabe von Kennzeichen **variable** Ziele anspringen:
  - Ein bestimmtes **Feld**:
    durch die Eingabe einer Feldnummer
  - einen bestimmten **Satz**:
    Beim Ändern von Wareneingangsbelegen kann durch Setzen einer Funktionstaste und Eingabe einer Satznummer eine bestimmte Position im Beleg angesprungen werden.

- Der Benutzer kann durch Drücken von Funktionstasten definierte **feste** Ziele anspringen:
  - Die Taste "FLDR" (Feld rückwärts) führt zum dynamisch vorigen Eingabefeld.
  - Die Taste "MANF" (Maskenanfang) führt zum ersten Eingabefeld des Arbeitsbereichs.
  - Die Taste "MEND" (Maskenende) führt zum letzten Eingabefeld der Maske.

Der Dialog kann ferner vereinfacht werden durch die Vorbelegung von Eingabefeldern. Dadurch wird das Duplizieren vorhandener oder vom System ermittelter Feldinhalte durch einfaches Auslösen möglich (Vorschlagswerte). Vorbelegungen können erfolgen mit:

Default-Werte

- den Werten des vorigen Dialogs
- Werten aus einer Datei (Änderungsdialog)
- Standardvorschlagswerten
- Vorschlägen, die im laufenden Dialog ermittelt wurden.

Mit dieser Technik läßt sich zur Vereinfachung auch durch die Unterscheidung von Kann- und Muß-Eingabefeldern beitragen. Bei Kann-Feldern ermittelt das System den Feldinhalt nach dem Auslösen auf dem leeren Feld (Anzeigen von "default"-Werten).

Muß- und Kann-Felder

Zum Prinzip der Erwartungskonformität gehört schließlich noch die Übereinstimmung von Bildschirminhalt und abgespeicherten Feldinhalten: abgespeichert wird genau das, wozu der Benutzer "OK=J" sagt.

Maskeninhalt = Dateiinhalt

5.4 Tastensteuerung

Funktionstasten

Zur Vereinfachung des Dialogs durch **Vereinheitlichung** trägt die Definition von **Funktionstasten** bei, die in allen Programmen auf die gleiche Weise für die gleichen Aktionen verwendet werden (Erwartungskonformität!).

einheitliche Tastatur auf allen Rechnern

Tastaturdefinition in ...

Die im folgenden besprochene Tastaturbelegung wurde definiert, bevor der sich allmählich durchsetzende SAA-Standard (F1 = Hilfe, F3 = Ende, F10 = Menu usw.) veröffentlicht wurde. Ziel war es, eine Tastatur zu verwenden, die in gleichem Layout an verschiedenen Rechnern zur Verfügung steht. Daher wurde eine sogenannte "3270-Tastatur" gewählt, die an Großrechnern, an Rechnern der mittleren Datentechnik und an PCs eingesetzt werden kann. Die Tastatur besitzt links 10 Funktionstasten (wie eine XT-Tastatur) und oben 12 Funktionstasten (wie eine AT-Tastatur) oder 24 Funktionstasten (wie eine 3270-Tastatur).

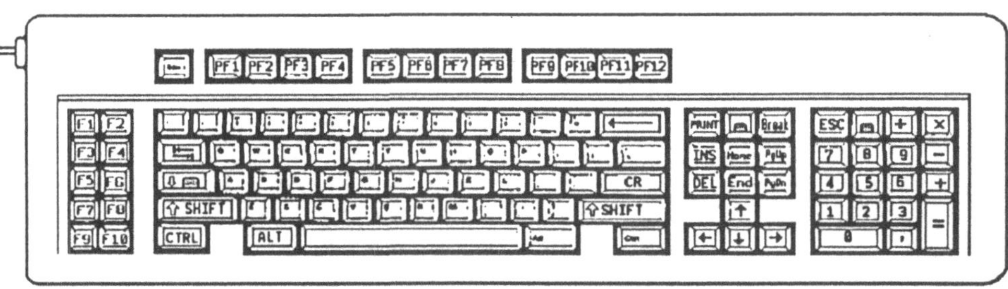

Abbildung 5.4-1: Standard 3270-Tastatur

... Betriebssystem

In der **Generierung des Betriebssystems** wurde festgelegt, daß die Kommataste im Ziffernblock drei Nullen erzeugt. Damit können numerische Eingaben ohne Komma erfolgen; das Komma wird bei der Aufbereibereitung der Eingabe vom System gesetzt.

Durch **Systemhardware und -software** (Codetabellen) sind festgelegt:

... Codetabellen

- die Umschalt-Tasten (Klein- und Großschreibung)
- die Editier-Tasten (ein Zeichen löschen, einfügen, ausfügen, komplette Eingabe löschen, ein Zeichen nach rechts/links, ein komplettes Feld nach rechts/links).
- die Funktionstasten auf Systemebene (Bedienerkommunikation, Taschenrechnerfunktion).

In den **Einstellungen** des einzelnen Arbeitsplatzes wurde festgelegt: Die Taste PF1 erzeugt bei Plätzen mit Druckern eine Hardcopy.

... Platzprogramme

In den **Programmen** wird die standardmäßige Verwendung der Funktionstasten auf Benutzerebene durch zwei Copy-Teile festgelegt. Dabei werden die **Funktionstasten** vier Gruppen zugeordnet:

... Anwendungsprogramme

- *Freigabetasten* steuern die Art der Wertübernahme:
  - Die beiden Enter-Tasten "CR" und "GLEICH" ("=" oder Enter im Ziffernblock) sind die normalen Auslösetasten nach Eingaben.
  - "PLUS" und "MINUS" ("+" und "-" im Ziffernblock) steuern die Übernahme als negativen oder positiven Wert.
  - Die "Bestätigungstaste" (BEST = F1) quittiert Rückfragen.

Wertübernahme

- *Cursorsteuertasten* steuern den Ansprung des nächsten Eingabefeldes:
  - "Maskenanfang" (MANF = F7)
  - "Maskenende" (MEND = F8)
  - "Feld zurück" (FLDR = F10).

Sprünge

Blättern

- *Blättertasten* steuern Blätterfunktionen in einer Maske:
  - "Nächste Teilmaske" (NTEI = F9) steuert die nächste Teilmaske an in einer Maske, die aus einem festen und mehreren variablen Teilen besteht.
  - "Blättern vorwärts/rückwärts in der gleichen Hierarchie" (BVGH = F3/BRGH = F4) blättern rückwärts bzw. vorwärts in Stammdateien.

Maskenwechsel

- *Maskensteuertasten* steuern den Wechsel zwischen Masken und Sonderfunktionen:
  - "Blättern nächsthöhere/nächsttiefere Hierarchie" (BNHH = F5/BNTH = F6) steuern die hierarchisch vorhergehende bzw. folgende Maske an ("Navigation").
  - Eine "Sondertaste" (ST1 = F2) dient dem Aufruf von selten benutzten Sonderfunktionen in verschiedenen Programmen.
  - Die "Hilfetaste" (HELP = Pfeil hoch/Cursor up) blendet ein Hilfstextfenster ein, das mit der Bestätigungstaste wieder ausgeblendet werden kann.

Gründe für die Tastenbelegung

Bei der Anordnung der Tasten für die Funktionen wurde von folgenden Überlegungen ausgegangen:

- Selten benutzte Tasten und solche, die eine bewußte Entscheidung des Benutzers verlangen, möglichst "weit entfernt": damit die Tasten nicht aus Versehen gedrückt werden oder Fehlermeldungen nicht mehr beachtet werden, weil immer mit der Bestätigungstaste ausgelöst wird. Dies gilt für: BEST/ST1, NTEI, HELP.
- Logisch zusammengehörige Tasten zusammen: Programme werden einheitlich verlassen durch MANF + BNHH, in die nächste Maske wird gewechselt durch MEND + BNTH. Dies gilt für: BVGH/BRGH, BNHH/BNTH, MANF/MEND.

- Die häufigst benutzten Tasten möglichst nahe bei den übrigen Eingabetasten:
  - Im Buchstabenblock: CR, FLDR
  - Im Ziffernblock: PLUS, MINUS, GLEICH.

In allen Programmen werden Verarbeitungen nach Auslösetasten von der Gruppenzugehörigkeit und der "Wertigkeit" der Taste gesteuert. Beispiele:

Übersicht Tastatur-belegung ...

- Die Hilfetaste hat Vorrang vor allen anderen Verarbeitungen.
- Die Bestätigungstaste wirkt stärker als die Auslösetaste.

Die folgenden Übersichten zeigen die Tastaturbelegung:

- im Programmquellcode:

... im Programm

0 = Freigabe	1 = Cursor	2 = Blättern	3 = Masken	Nr.
CR, GLEICH	FLDR	NTEI	BNHH	0
MINUS	MANF	BRGH	BNTH	1
PLUS	MEND	BVGH	ST1	2
BEST			HELP	3

- auf den physikalischen Tasten F1 bis F10:

... für den Benutzer

BEST	ST1
BVGH	BRGH
BNHH	BNTH
MANF	MEND
NTEI	FLDR

5.5 Maskensteuerung

Mehrfach-nutzung von Masken

Wenn Bildschirmmasken in Dateien unabhängig von den verwendenden Programmen abgelegt sind, kann die gleiche Maske auf einfache Weise in mehreren Programmen benutzt werden. Die **Mehrfachnutzung der gleichen Dialogmaske** spart Platz in der Maskendatei und trägt zur Einheitlichkeit der Benutzeroberfläche bei ("gleicher Dialog für ähnliche Funktionen": Erwartungskonformität!).

Identifikation: wo bin ich?

Dabei muß dem Benutzer aber deutlich sein, in **welcher** Anwendung er sich zur Zeit befindet. Dies wird erreicht durch:

- Einblendung von unterschiedlichen Namen in die Kopfzeilen der Maske (Anwendungsname, Quellprogrammname, Programmversion).
- Dynamisches Einblenden von Maskenteilen, die nur in einer von mehreren Anwendungen benötigt werden.
- Adressierung der Hilfstexte über Maskenname **und** Programmname: Damit ist für jedes Eingabefeld einer Maske ein **spezifischer** Hilfstext möglich, abhängig davon, in welchem Programm die Maske verwendet wird (**kontextsensitive Hilfe**).

Masken-wechsel ...

Die **Verwendung von mehreren Masken in einem Dialog** erfordert eine Steuerung des **Maskenwechsels**. Analog zur Feldsteuerung lassen sich hier wieder folgende Möglichkeiten unterscheiden:

... benutzer-gesteuert

Benutzergesteuerter Maskenwechsel:

- Der Wechsel wird aus dem Inhalt der letzten Eingabe abgeleitet.
  Beispiel: Eingabe "E" für "Ende" bei OK-Abfrage.
- Der Wechsel erfolgt auf die explizite Betätigung einer Funktionstaste.
  Beispiele: BNTH, BNHH, NTEI.

Systemgesteuerter Maskenwechsel:

... systemgesteuert

- Der Wechsel wird aus dem Inhalt der letzten Eingabe und dem Inhalt der bearbeiteten Datei abgeleitet.
  Beispiel: Die Eingabe "J" beim Ändern von Positionssätzen bewirkt die Anzeige des nächsten Positionssatzes. Beim letzten vorhandenen Positionssatz wird jedoch automatisch in die Endemaske verzweigt.
- Der Wechsel erfolgt zwangsweise nach einer vorausgegangenen Ankündigung.
  Beispiel: Bei der vorletzten erlaubten Belegposition wird beim Belegerfassen eine Warnung ausgegeben. Die Eingabe "J" erlaubt die Erfassung der nächsten Position. Bei der letzten erlaubten Position wird dann zwangsweise in die Endemaske verzweigt.

Navigation: wie komme ich hierhin?

Unter dem Gesichtspunkt der Navigation (wie kommt der Benutzer auf eine bestimmte Maske?) läßt sich ferner unterscheiden:

- Indirekte Anwahl:
  Der Benutzer muß eine festgelegte Abfolgehierarchie von Masken durchlaufen, wenn er eine andere Maske in einer anderen Hierarchieebene und/oder in einem anderen Zweig des Menubaumes erreichen will.
- Direkte Anwahl:
  Der Benutzer kann durch Eingabe von Funktionscodes/Koordinaten direkt in eine Zielmaske springen.

Transaktionen

Die direkte Anwahl setzt voraus, daß es sich bei den angewählten Programmen um voneinander unabhängige Funktionen handelt, die zu jeder Zeit (oder zumindest zu definierten Zeitpunkten) verlassen werden können. Ist dies nicht der Fall, müssen die einzelnen Programmkomponenten als **Transaktionen** programmiert sein, deren Status und Wiederaufsetzpunkt bei jedem Wechsel gesichert und zurückgeladen wird.

Dialog-entwurfs-techniken

Für den Entwurf von Dialogabläufen wurden diverse Techniken als Hilfsmittel vorgeschlagen (s. die Hinweise zur Literatur):

Technik	*Anwendung*
Endlicher Automat	Zustandsübergangstabelle Zustandsübergangsdiagramm Zaundiagramm
Petri-Netz	Interaktionsnetz
Entscheidungs-tabelle	Entscheidungsbaum
Hypergraph	Zustandsplan (state chart)

Alle Techniken erlauben die Darstellung hierarchischer Verfeinerung; wie bei allen graphischen Darstellungstechniken ist die Verwendung jedoch ohne adäquate Unterstützung durch grafische Werkzeuge hoffnungslos aufwendig. Zwei Beispiele sollen die Möglichkeiten aufzeigen:

Entscheidungsbäume

Ent-scheidungs-baum

Komplexe Entscheidungen lassen sich in übersichtlicher grafischer Anordnung als Baum darstellen. In dieser Darstellung läßt sich die Anzahl der Entscheidungen und damit ein Maß für ihren Informationsgehalt unmittelbar ablesen.

Abbildung 5.5-1 beschreibt die Steuerungsmöglichkeiten eines Benutzers auf dem Feld ARTIKELNUMMER in der Positionsverarbeitung des Warenausgangs. (Das Kreissymbol wird in der Darstellung nach J. Martin zur Kennzeichnung einer "Oder-Entscheidung" verwandt.)

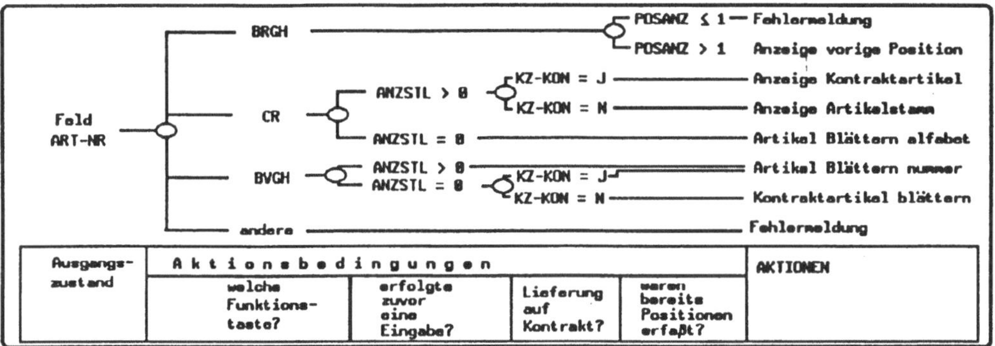

Abbildung 5.5-1: Entscheidungsbaum

Zustandspläne

Basierend auf Hypergraphen hat Harel eine Darstellungsform entwickelt ("Higraphs"), mit der sich Dialogzustände und Zustandswechsel übersichtlich darstellen lassen. *Zustandsplan*

"Hypergraphen" sind Graphen, bei denen eine Kante nicht jeweils genau zwei Knoten miteinander verbinden muß, sondern eine nichtleere Menge von Knoten.

Zustandspläne ("state charts") entstehen aus nur drei Symbolen:

- einem Kästchen (= Knoten) als Symbol für einen Zustand
- einem Pfeil (= gerichtete Kante) als Symbol für einen Zustandswechsel
- einem Kreis als Symbol für die einfache Darstellung von speziellen Regeln des Zustandswechsels. Dies sind:
  - "C" = Conditional:
    Der nächste Zustand hängt von einer Bedingung ab.
  - "S" = Selection:
    Der nächste Zustand hängt von einer Auswahl ab.
  - "H" = History:
    Der nächste Zustand hängt von der vorausgegangenen Dialoggeschichte ab.

Verfeinerung und logische Verknüpfung

Der Detaillierungsgrad läßt sich dabei beliebig wählen, indem atomare Zustände zu einem übergeordneten Zustand zusammengefaßt werden oder ein dargestellter Zustand in die zugrundeliegenden atomaren Zustände zerlegt wird. Anfangszustände (default-Werte) werden als Kanten ohne Ursprung symbolisiert. Durch die grafische Anordnung der Zustandssymbole lassen sich logische Zusammenhänge (entweder-oder/und/oder) zwischen Zuständen symbolisieren. Abbildung 5.5-2 faßt die wesentlichen Punkte zusammen.

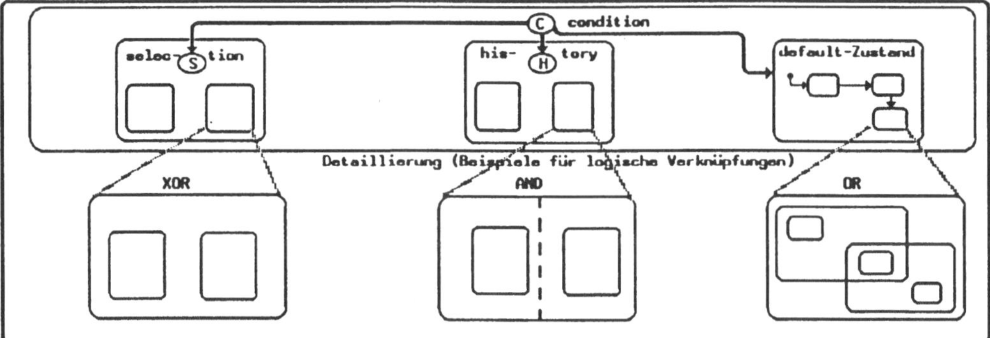

Abbildung 5.5-2: Zustandspläne

Standard-dialog-steuerung

Mit diesen Techniken lassen sich dann auch sehr komplexe Dialoge anschaulich darstellen. Auf einer Detailebene läßt sich so z. B. der grundsätzliche Ablauf der Dialogsteuerung im Standarddialogprogramm illustrieren:

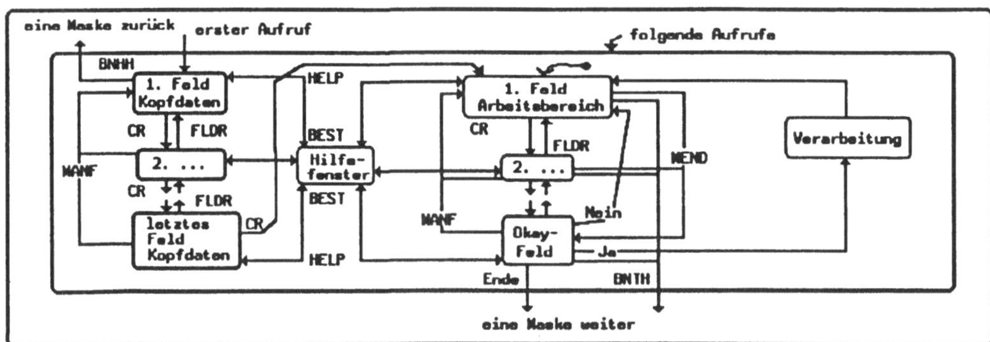

Abbildung 5.5-3: Standarddialogsteuerung

LITERATURHINWEISE

5 Dialoggestaltung

Zur Kritik der "Dialogmetapher" siehe:

Weingarten, R., 1989: "Die Dialogmetapher: Wie Technik als Sprache verstanden wird", Kapitel 4, S. 86-118 in ders.: Die Verkabelung der Sprache. Grenzen der Technisierung von Kommunikation, Frankfurt (fischer perspektiven 4181)

Johnson G., 1984: "... und wenn er Witze macht, sind es nicht die seinen. Dialog mit dem Computer", Kursbuch 75: Computerkultur, S. 38-56

Nake, F., 1984: "Schnittstelle Mensch-Maschine", Kursbuch 75: Computerkultur, S. 109-118

5.1 Ziele und ergonomische Grundlagen

Technische Grundlagen:

Schmitt, A. A., 1989: Dialogsysteme. Kommunikative Schnittstellen, Software-Ergonomie und Systemgestaltung, Zürich (Reihe Informatik 40)

Ergonomische Grundlagen:

Nullmeier, E.; Rödiger, K.-H. (Hg.) 1988: Dialogsysteme in der Arbeitswelt, Zürich, (Angewandte Informatik 1)

Kognitive Grundlagen:

Neisser, U., 1974: Kognitive Psychologie, Stuttgart, (Konzepte der Humanwissenschaften)
(zu Wahrnehmung und Gedächtnis bes. S. 120-127, 133 f., 149, 176, 187-193, 350, 376-381)

Vester, F., 1975: Denken, Lernen, Vergessen. Was geht in unserem Kopf vor, wie lernt das Gehirn, und wann läßt es uns im Stich?, Stuttgart (Öffentliche Wissenschaft)
(bes. S. 56-89 und 116 ff. zum "Netzwerk der Gehirntätigkeit" S. 190)

Tracz, W. J., 1979: "Computer Programming and the Human Thought Process", Software - Practice and Experience, 9, pp. 127-137

Gestaltgesetze:

Dotter, E., 1975: Gestaltgesetze, Offenbach (Studienreihe der Hochschule für Gestaltung Offenbach am Main)

State of the Art:

Balzert, H.; Hoppe, H. U.; Oppermann, R.; Peschke, H.; Rohr, G.; Steitz, N. A. (Hg.), 1988: Einführung in die Software-Ergonomie, Berlin, New York, (Mensch-Computer-Kommunikation, Grundwissen 1)

5.2 Maskengestaltung

Aus dieser Herstellerbroschüre stammen die Beispiele der DIN 66290/1 (9/86) über die Gestaltung von Masken:

Zwerina, H.; Benz, C.; Haubner, P., 1983: Kommunikations-Ergonomie, Benutzerfreundliche Anwenderprogramme in Maskentechnik, Berlin, München (Siemens, Zentralbereich Technik, Angewandte Arbeitswissenschaft, Erlangen)

Eine Darstellung anhand der DIN-Normen 66234/8 über die Grundsätze der Dialoggestaltung und 66290/1 über die Gestaltung von Masken mit sehr vielen Abbildungen:

Lauter, B., 1989: Software-Ergonomie in der Praxis. Software anwenderfreundlich schreiben, München, Wien

Teile eines Fakturierungs-Systems auf PC-Basis in MS-COBOL bietet:

Platz, G., 1990: Dialogprogrammierung, Benutzerfreundliche Schnittstellen in COBOL-Programmen, Lehr- und Arbeitsbuch, Mit 84 Abbildungen, München, Wien (Hanser Studienbücher)

5.3 Feldsteuerung

Über psychologische Aspekte in der Gestaltung interaktiver Systeme:

Shneiderman, B., 1980: Software Psychology. Human Factors in Computer and Information Systems, Cambridge, Mass. (pp. 246-265, 274)

5.4 Tastensteuerung

Für die Notwendigkeit virtueller Tastaturen und ein Implementierungsbeispiel siehe:

Rochkind, M. J., 1990: Fortgeschrittene Bildschirmprogrammierung in C unter UNIX und DOS, München, Wien, London
(Kapitel 4, "Tastaturen", S. 119-160)

Die ursprüngliche Definition der SAA-Tastenbelegung findet sich in:

IBM 1987: System Application Architecture, Common User Access, Panel Design and User Interaction, IBM-Form SC26-4351-0
(Appendix A: "Key Assignments", pp. 255-272)

In der Neuauflage wurde die SAA-Definition in zwei Teile für Zeichen- und Grafikterminals aufgeteilt:

IBM 1989: System Application Architecture, Common User Access, Basic Interface Design Guide, IBM-Form SC26-4583-0
(Appendix A: "Key Assignments", pp. 189-202)

IBM 1989: System Application Architecture, Common User Access, Advanced Interface Design Guide, IBM-Form SC26-4582-0
(Appendix B: "Keyboard and Mouse Assignments", pp. 121-130)

5.5 Maskensteuerung

Endliche Automaten:

Parnas, D. L., 1969: "On the Use of Transition Diagrams in the Design of a User Interface for an Interactive Computer", Proceedings of the 24th National ACM Conference, pp. 379-385

Entscheidungsbäume, endliche Automaten und ihre Darstellung als Zaundiagramme (fence diagram):

Martin, J., 1987: Recommended Diagramming Standards for Analysts and Programmers. A Basis for Automation, Englewood Cliffs

Der Autor schlägt einen Symbolvorrat vor (S. 77 ff., Übersicht S. 80-108), mit dem die verschiedensten Arten von Diagrammen auf einheitliche Weise (Schablone auf S. 101) darstellbar sind. Insbesondere wird gezeigt, wie sich alle Darstellungsformen in die Grundstruktur der Aktionsdiagramme übersetzen lassen (S. 110-133, Übersicht S. 132 f.). Für Dialogentwürfe wird eine Kombination von Kontrollfluß- und Zustandsübergangsdiagrammen vorgeschlagen (dependency-fence-diagramm, S. 314, 318).

Zustandspläne (state charts):

Harel, D., 1987: "Statecharts: A visual formalism for complex systems", Science of Computer Programming, 8, pp. 231-274
Harel, D., 1988: "On visual formalisms", Communications of the ACM, 31, 5, pp. 514-530

Jokela, T.; Lindberg, K., 1990: "Statecharts based requirements analysis: deriving user oriented models", Microprocessing and Microprogramming, 30, 1-5, pp. 289-296

Petri-Netze als Interaktionsnetze:

Denert, E., 1977: "Specification and Design of Dialogue Systems with State Diagrams", Proceedings of the International Computing Symposium 1977, Amsterdam, New York, Oxford, pp. 417-424

Keil-Slawik, R., 1988: "Integrative Systementwicklung", in: Nullmeier, E.; Rödiger, K.-H. (Hg.): Dialogsysteme in der Arbeitswelt, Mannheim, (Angewandte Informatik 1), S. 205-228

Kapitel 6
Entwurf der Programme

Kapitelübersicht

Entwurf der Programme: **105**

6.1 Ein- und Ausgabeentwurf 107

6.2 Programmstrukturentwurf 112

6.3 Modulspezifikation 120

Literaturhinweise 125

Stichworte

- Entwurf von **Masken, Listen** und **Dialogablauf**
- Statische und dynamische **Anordnung von Modulen**
- **Spezifikation von Modulen** nach Parnas

6 ENTWURF DER PROGRAMME

> *"... daß es für einen Software-Entwurf zwei Konstruktionsweisen gibt: Die eine besteht darin, ihn so einfach zu machen, daß er offensichtlich keine Fehler enthält; die zweite, ihn so kompliziert zu machen, daß er keine offensichtlichen Fehler enthält."*
>
> C. A. R. Hoare, Rede zum Turing Award 1980 (zitiert nach Kursbuch 75, S. 69)

rationaler Entwurf...

Seit 1968 der Begriff "Software Engineering" geprägt wurde, wird in unzähligen Veröffentlichungen immer wieder die Hoffnung genährt, die Entwicklung von Entwurfsmethoden könne eines Tages dazu führen, daß Programmkonstruktion vom ersten bis zum letzten Schritt formalisierbar sei. Wenn erst einmal menschliche Irrtümer und Fehlerquellen ausgeschaltet seien, sei es nur noch ein kleiner Schritt bis zum "automatischen Programmieren". Parnas hat zum Thema solcher Illusionen einmal zusammengestellt, warum ein rationaler Entwurfsprozeß immer eine Idealisierung bleiben wird:

... ist eine Idealisierung

- Die Benutzer wissen nicht genau was sie wollen und sind nicht in der Lage uns alles zu sagen, was sie wissen.

- Selbst wenn wir die Anforderungen kennen, erfahren wir viele notwendige Details erst, während wir implementieren.

- Selbst wenn wir alle Fakten kennen, bevor wir anfangen: wir sind nicht fähig, die Unmenge von Details zu verstehen, die berücksichtigt werden müssen, um ein korrektes System zu bauen. Wir bemühen uns, Dinge zu gruppieren und auseinanderzuhalten (Dijkstra: "separate concerns"), aber bis uns das gelungen ist, unterlaufen uns Fehler.

- Menschliche Fehler ließen sich nur vermeiden, wenn man auf die Menschen verzichten könnte.

- Oft sind wir voreingenommen für bestimmte Entwurfsentscheidungen; manchmal tun wir etwas nur, um eine unserer Lieblingsideen auszuprobieren. Niemand könnte dies rational aus den Programmanforderungen ableiten.

Aus all diesen Gründen ist das Bild eines Software-Entwicklers, der seinen Entwurf in einer rationalen, fehlerfreien Weise aus den Anforderungen ableitet, ganz unrealistisch. Kein System wurde jemals auf diese Weise entwickelt, und wahrscheinlich wird kein System jemals so entwickelt werden.

6.1 Ein- und Ausgabeentwurf

Die Grundsätze für den Entwurf von Bildschirmmasken wurden im vorigen Kapitel besprochen. Zum Entwurf der **Online-Schnittstelle** gehört der Entwurf einer Dialogmaske und des geplanten Dialogablaufs. Die Beschreibung des Dialogablaufs enthält:

Dialog-ablauf

- die Namen aller Maskenfelder
- eine Kurzbeschreibung des Feldinhaltes
- bei Ausgabefeldern: was wird angezeigt?
- bei Eingabefeldern: was kann eingegeben werden?
- die Reaktion des Programms auf ungültige Eingaben (Fehlermeldungen)
- mögliche Änderungen in der sequentiellen Abarbeitungsfolge der Eingabefelder (Sprünge durch Drücken von Funktionstasten oder durch interne Programmentscheidungen).

Beispiel-maske

```
   12345678901234567890123456789012345678901234567890123456789012345678901234567890
01 TT.MM.JJ RECHNUNGSEINGANG                  .... ..........................  RSUE32
02                                                                             ......
03 BELEG-NUMMER : ........                BELEG-ART: ... ......................
04
05 BELEG-ANGADEN: ...........................
06 BELEG-ANGABEN: ...........................     ERSTERFASSUNGS-DATUM: TT.MM.JJ
07 SPED./LKW-NR.: -------- ..............................    LIEFERDATUM: TT.MM.JJ
08 S A F I R -NR: -------- NETTO-KONTROLLWERT: ---------,--
09
10 KOPF OK?(J/N): _
11 ----------------------------------------------------------------------------------
12
13 POS: ...  ART: ........  ............................... PE :        ....
14 EINKAUFSPREIS: -------,-- ............................... BME :        ...
15 RECHNUNGSWERT: -------,--                     EINGANGS - MENGE : .........,
16 %-KONDITIONEN ALS VORSCHLAG? : _
17     RABATT-%: --,-- RABATT-DM: ------,--   WERKSPREIS       : ........,..
18  S  ZUSCHL-%: --,-- ZUSCHL-DM: ------,--   EK-PREIS LT. RG. : ........,.. ..,. %
19     ABSCHL-%: --,-- ABSCHL-DM: ------,--   +/- AUF/ABSCHLAG: _ -------,-- .
20     ABSCHL-%: --,-- ABSCHL-DM: ------,--   LAGEREINST.-PREIS: -------,--
21     SKONTO-%: --,-- SKONTO-DM: ------,--
22 POS.FUHRLOHN-GUTSCHRIFT:     - ------,--   GUTSCHRIFTS-WERT :   ......,..
23                                            GESAMT-FUHRLOHN  :   ......,..
24 DIFFERENZWERT :  .........,..
25 POS. OK?(J/N):                  POSITIONIEREN (DIREKT): ... (MIT R2-TASTE)
```

Abbildung 6.1-1: Dialogmaske Komplettierung 1. Teil

Die hier abgebildete Maske ist die erste von zwei Masken des Komplettierungsprogramms im Wareneingang. Ein Auszug aus der Beschreibung des Dialogablaufs, die auch als Anleitung für die Benutzer diente:

Beispieldialog

Zeile 1, Spalte 37	Anzeige der Lagernummer und Lagerbezeichnung nach Aufruf des Belegs.
BELEG-NR	Eingabe der Belegnummer des zu komplettierenden Beleges. Ist das Feld HOSTFREIGABE bereits auf "J" gesetzt, wird die Eingabe mit einer Fehlermeldung (Beleg bereits freigegeben) abgewiesen.
BELEGART	Anzeige der Belegartennummer und der Belegbezeichnung.
BELEG-ANGABEN	Anzeige der frei erfaßten Texte aus dem Erfassungs- oder Änderungs-programm.
ERSTER-FASSUNGS-DATUM	Anzeige des Datums, an dem der Beleg erfaßt wurde.
SPED./LKW-NR.	Änderbare Anzeige. Es kann sowohl eine erste Eingabe, eine Änderung als auch das Löschen (Eingabe von "0") einer vorhandenen Eingabe vorgenommen werden. Ersteingabe oder Änderung: Konto-Nr. des Spediteurs oder RHG-LWKs. Bei Eingabe eines Kurzschlüssels wird dieser durch die komplette 6-stellige Kontonummer ersetzt. Die zugehörige Kontobezeichnung wird angezeigt.

LIEFER-DATUM	Anzeige des bei der Erfassung eingegebenen Liefertages.
SAFIR-NR	6-stellige Mußeingabe der Belegnummer, die die Lieferantenrechnung bei der Buchung im Finanzbereich erhalten hat.
NETTO-KONTROLL-WERT	Kanneingabe: Hier ist eine Eingabe nur sinnvoll, wenn zu einer Eingangsrechnung nur ein Zugangsbericht gehört. Aus dem NETTO-KONTROLLWERT und dem kumulierten RECHNUNGSWERT der Position wird der DIFFERENZWERT errechnet. Nach korrekter Eingabe aller Positionen sollte der DIFFERENZ-WERT gleich Null sein.
KOPF OK? (J/N)	Mit der Eingabe "J" werden die Daten des Belegkopfes bestätigt. Die Eingabe "N" bewirkt, daß der Cursor auf das Feld SPED/LKW-NR. springt. Damit können alle zu korrigierenden Kopf-Felder erneut angesprungen werden. Soll zu diesem Zeitpunkt ein anderer Beleg bearbeitet werden, kann jetzt noch über die Taste MANF (Maskenanfang) der Cursor auf das Feld BELEG-NR zur erneuten Eingabe zurückgeholt werden. Der Beleg unter der ursprünglich eingegebenen Belegnummer wird nicht verändert.

Masken-generator

Die Erstellung der so beschriebenen Masken erfolgt im Dialog über einen Maskengenerator. Dabei werden auch die Eingabefelder formal beschrieben:

- Position des Feldes in der Maske
- Feldtyp (alphanumerisch, numerisch mit oder ohne Nachkommastellen)
- Feldlänge
- Eingabetyp (Kann- oder Muß-Eingabe).

Hilfstext-verwaltung

Nachdem die Maske und die zugehörigen Feldbeschreibungen der Eingabefelder erfaßt sind, können über ein Hilfstextverwaltungsprogramm den einzelnen Feldern vorhandene Hilfstexte zugeordnet oder es können für sie neue Hilfstexte erfaßt werden.

Rapid Prototyping

Ein Dialograhmenprogramm kann die Informationen über Maske, Felder und Hilfstexte auswerten und einen Dialog mit dem Benutzer simulieren. Damit kann die Benutzeroberfläche der Programme mit den Anwendern durchgespielt und abgestimmt werden, bevor mit der Programmentwicklung begonnen wird ("Rapid Prototyping").

Listbild-entwurf

Für den Entwurf von Druckausgaben (Belege, Auswertungen, Protokolle) gelten analoge Grundsätze wie für den Entwurf von Bildschirmmasken. Insbesondere sollten Listen wie Bildschirmmasken ein standardisiertes Format haben. Für die Klärung von Fehlern und die Beantwortung von Benutzeranfragen sollte jede Liste mindestens die folgenden Informationen enthalten:

Standard-listen-informationen

- Name und Version des erzeugenden Programms
- Name der Liste
- Seitennummer
- Datum und Uhrzeit des Drucks
- Bediener (wer hat das erzeugende Programm gestartet?)
- Systemidentifikation (wenn Listen verschickt werden: woher kommen sie?)

Das Layout für Druckausgaben kann ebenfalls über den Maskengenerator am Bildschirm entworfen werden (wenn eine Druckbreite von 80 Zeichen nicht überschritten wird). *Listbild generieren*

Die Druckausgabe erfolgt über ein Standarddruckmodul, dem nur Routinen zur Aufbereitung der Druckzeilen zur Verfügung gestellt werden müssen. *Standard-druckmodul*

6.2 Programmstrukturentwurf

allgemeinste Entwurfs-kriterien:

Schach (1982) hat 4 Entwurfskriterien als die allen Entwurfsmethoden gemeinsamen herausgearbeitet:

Struktur

- **Einheitlichkeit der Struktur der Komponenten:**
  Sie wird durch die Regeln der strukturierten Programmierung (vgl. Kapitel 7) und die Einhaltung von Konventionen (vgl. Kapitel 11) erreicht.

Interaktion

- **maximale interne** und **minimale externe Interaktion**:
  Dies wird erreicht durch hohe Festigkeit und niedrige Bindung der Komponenten (vgl. Kapitel 3).

Anordnung

- **hierarchische Anordnung der Komponenten:**
  Es läßt sich nun zeigen, daß dies unmittelbar aus den Regeln für die Interaktion folgt.

Dynamische Anordnung von Modulen

Betrachten wir die Möglichkeiten für die **dynamische Anordnung** von 10 Komponenten in einem Programmablauf:

- **Ein** monolithisches großes Programm hätte sicher nur "zufällige Festigkeit".
- Für eine sequentielle Folge von Programmen, die jeweils nur **einen** hierarchischen Vorgänger/Nachfolger haben, wäre sicher "Kontrollkopplung" gegeben, da Kontroll- und Fehlerinformationen über eine lange Kette hinunter-/hinaufgereicht werden müßten.
- Im anderen Extremfall, daß alle Module auf **einer** Ebene unter der direkten Kontrolle eines Steuermodules stehen, hat dieses bestenfalls "prozedurale Festigkeit"; wenn das Ideal der reinen Datenkopplung erreicht werden soll, müßte es zudem fast alle Berechnungen vornehmen.
- Daher bewirken die Kriterien "hohe Festigkeit" bei "niedriger Bindung" implizit, daß eine gute Programmstruktur eine hierarchische Ordnung erfordert. Schach

stellt heraus, daß diese Forderungen auch für die "Komponente" Programmierer in Programmierteams gilt.

Programm- und Organisations-strukturen

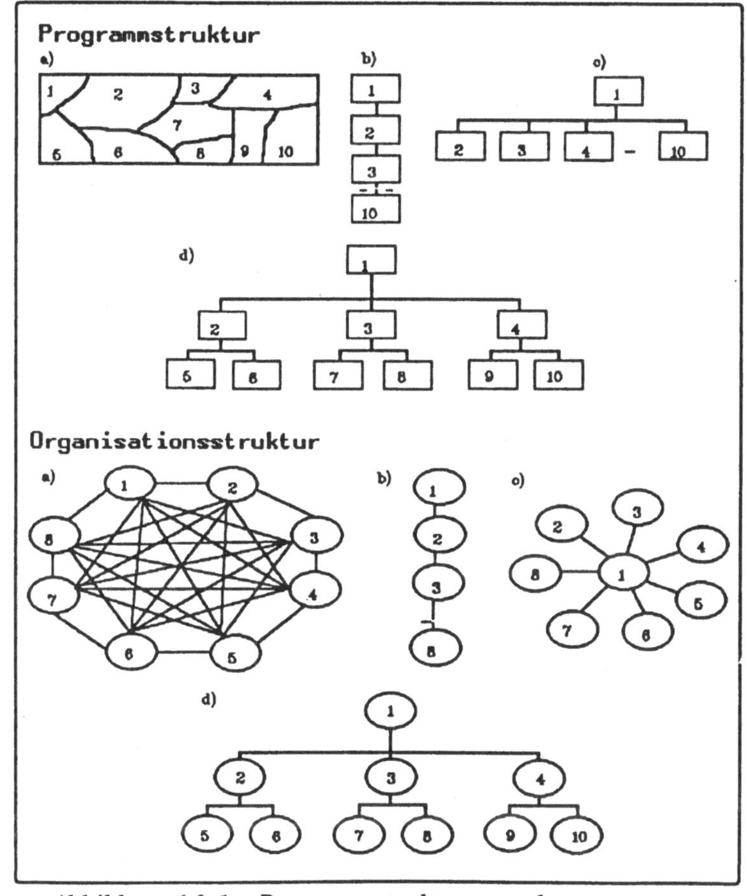

Abbildung 6.2-1: Programmstrukturen und Organisationsstrukturen

Hierarchische Ordnung

Die hierarchische Ordnung bietet unmittelbar einsichtige Vorteile:

- die oberen Ebenen werden einfacher (für "Details" nutzen sie die Dienste unterer Ebenen);

- die unteren Komponenten allein sind vielfältiger einsetzbar (Mehrfachnutzung);
- das ganze System wird leichter verständlich ("Superzeichenbildung").

Grenzen der Modularisierung

Aus diesen Überlegungen läßt sich jedoch auch ableiten, daß es Grenzen für den Grad der Modularisierung gibt: Mit steigender Anzahl Module sinken zwar die Kosten des einzelnen Moduls; jedoch steigen die Kosten für die Kommunikation zwischen den Modulen bzw. den sie implementierenden Programmierern. Es gibt also ein (theoretisches) Optimum für Anzahl und Größe von Modulen.

Analogie zu Organisationsstrukturen

Die besprochenen Programmstrukturen lassen sich in Beziehung setzen zu Organisationsstrukturen für Programmierteams (vgl. Abbildung 6.2-1):

a)
Netzwerkorganisation Sie ist ab gewissen Gruppengrößen ungeeignet, da die nötige Vielzahl von Kommunikationsbeziehungen die effektiv für Arbeit verbleibende Zeit minimiert.

b)
Linienmodell Hier muß die Kommunikation über so viele Stufen verlaufen, daß Verfälschungen und Mißverständisse sich häufen.

c)
Sternmodell Es erzwingt alle Kommunikation über eine zentrale Instanz, auch wenn deren Inhalt für die Zentrale völlig unwichtig ist.

d)

hierarchisches Modell

Es weist zwar mehr Kommunikationsbeziehungen auf als die Linien- oder Sternstruktur, die Information kann jedoch auf dem Weg durch die Organisationsstruktur gebündelt/detailliert werden. Die Struktur der Software läßt sich leicht auf die Struktur der produzierenden Organisation abbilden (Arbeitsteilung).

Wie sollte nun die dynamische Anordnung der Module (logische Abhängigkeit) auf die physikalische Reihenfolge der Module im Programmtext abgebildet werden? Zur Untersuchung der **statischen Anordnung** betrachten wir folgendes Beispiel eines Modulbaums:

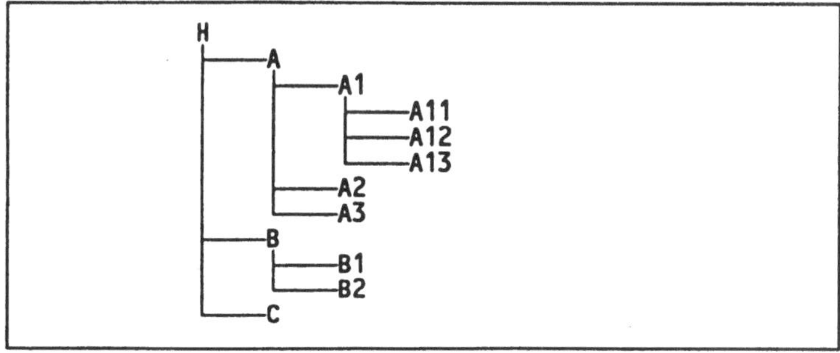

statische Anordnung von Modulen

Wir vergleichen drei Anordnungen:

Haupt-reihenfolge

Abhängige Module stehen hinter den übergeordneten. Diese "preorder"-Darstellung eines Baumes (bearbeite zuerst die Wurzel, dann den linken und rechten Teilbaum) entspricht genau der dynamischen Abfolge:

H A A1 A11 A12 A13 A2 A3 B B1 B2 C

Umgekehrte Reihenfolge	Abhängige Module stehen vor den übergeordneten. Diese "postorder"-Darstellung eines Baumes (bearbeite zuerst den linken Teilbaum, dann die Wurzel, dann den rechten Teilbaum) entspricht der Anordnungsvorschrift für Sprachen mit Single-Pass-Compilern: Alles was verwendet wird, muß zuvor deklariert sein.

A11 A12 A13 A1 A2 A3 A B1 B2 B C H

Schichtenweise Reihenfolge	Gleichrangige Module stehen hintereinander in der Reihenfolge der hierarchischen Ebenen. Dies entspricht der schichtweise sequentiellen Abspeicherung eines Baumes:

H A B C A1 A2 A3 B1 B2 A11 A12 A13

Optimale Modulanordnung

Wir nehmen an, daß jedes der Module die Länge "1" hat. Für die Einsprünge in aufgerufene Module und die Rückkehr ins aufrufende Modul addieren wir die Weglängen, die sich bei der jeweiligen Modulanordnung ergeben. Im Ablauf des Gesamtprogrammes ergeben sich dann folgende Wege:

Hauptreihenfolge	82
Umgekehrte Reihenfolge	57
Schichtenweise Reihenfolge	94

Lokalitätsprinzip

Die Anordnung von Modulen kann also unter Umständen erheblichen Einfluß auf die Laufzeit haben: "große Weglängen" machen Seitenwechsel der Speicherverwaltung wahrscheinlicher; große Lokalität des Codes verringern sie. Die dem Prinzip der schrittweisen Verfeinerung entsprechende schichtenweise Anordnung verursacht dabei die längsten Wege - auch beim Blättern im Programmtext. Dies unterstreicht nochmals, daß es wichtig ist, daß Module aus sich heraus verständlich sind.

zentrale Module

Bei der Dekomposition in Schichten entstehen auch Module, die in **einem** Programm **mehrfach** genutzt werden. Dazu gehören z. B. Datenversorgungsmodule und fachunspezifische Servicefunktionen wie die Ausgabe von Bildschirmmasken, Fehlermeldungen und Hilfstexten. Wie sollen diese **zentralen Module** in die Darstellung der Programmhierarchie eingeordnet werden?

PAP und POP

In **Programmablaufplänen** (PAP), die den dynamischen Ablauf des Programms beschreiben, werden mehrfach verwendete Module auch mehrfach dargestellt. Das wird aber dann sehr unübersichtlich, wenn die zentralen Module selbst wieder aus mehreren hierarchisch gegliederten Komponenten bestehen. In **Programmorganisationsplänen (POP)**, die die organisatorische Struktur des Programms beschreiben, werden sie deshalb an zentraler Stelle dargestellt, wobei alle benutzenden Module vermerkt werden.

Projektbeispiel

Bei den drei Anwendungen des Wareneingangsprojekts handelt es sich um relativ einfache Programmpakete. Sie wurden in folgende Komponenten aufgeteilt:

Steuermodul	Programmsteuerung auf der obersten Ebene.
"klassisches Modul"	Zusammenfassung von Arbeiten am Programmbeginn und Programmende.
Dialogteil	Verarbeitung der Benutzereingaben.
Druckmodul	Ausdruck der Belege.

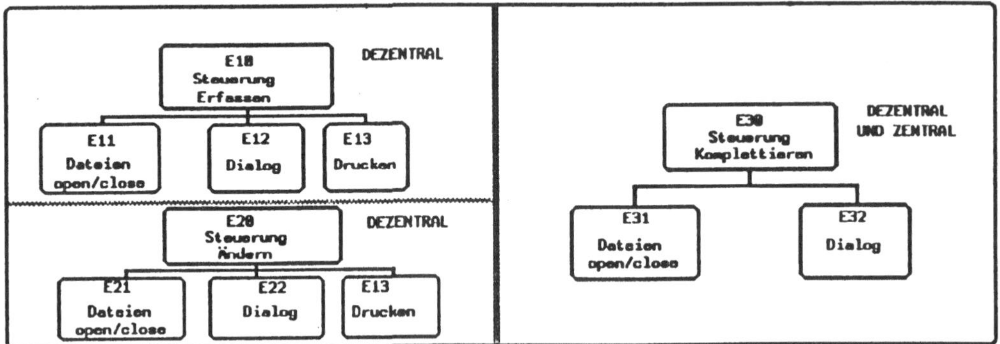

Abbildung 6.2-2: Struktur der Programmpakete

Schnittstellen

Die untergeordneten Module kommunizieren mit dem Steuermodul und untereinander über eine LINKAGE-Section, deren Struktur und Inhalte über zwei COPY-Datenteile in die Programme eingebunden werden:

E10D00	Vorbesetzung der LINKAGE mit Werten in den Steuermodulen E10 und E20
E11D01	Definition der LINKAGE-Struktur in den Unterprogrammen E11, E12, E13, E21, E22.

Die Festlegung dieser Schnittstelle erfolgt mit der Gliederung des Pakets in Programme.

Programm-organisations-plan

Für die Struktur eines Programms betrachten wir das Druckprogramm als Beispiel:

Im Programmorganisationsplan werden programmexterne Copy-Routinen mit Buchstaben, programminterne zentrale Routinen mit Ziffern eingetragen. Die verwendeten Module werden unter dem POP aufgelistet.

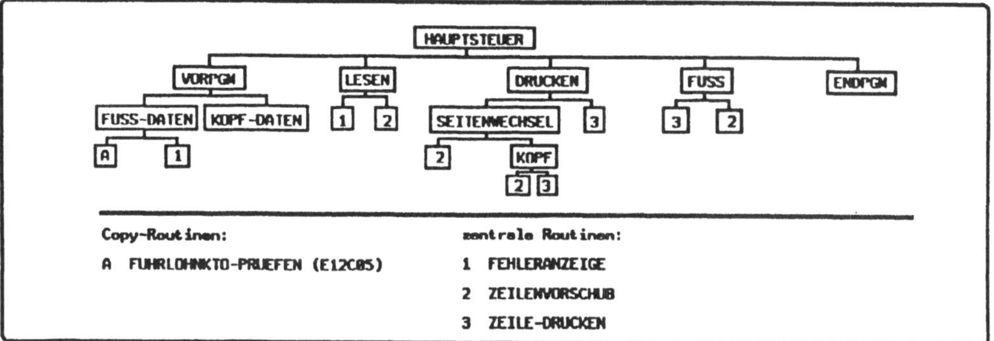

Abbildung 6.2-3: Struktur eines Programms

Anzahl der Hierarchiestufen

Dieses relativ einfache Programm weist 4 Stufen unterhalb der Hauptsteuerung auf; bisher wurden jedoch auch bei den komplexesten Programmen nie mehr als 7 Hierarchiestufen benötigt.

6.3 Modulspezifikation

Technische Konventionen zur Modularisierung

Wenn Modularisierungstechniken in Sprachen ohne Modulkonstrukt übertragen werden, müssen die fehlenden Möglichkeiten der Sprache durch disziplinierte Beachtung von Konventionen ersetzt werden. Ein Cobol-Compiler kann nicht erkennen, daß mit COPY-Statements eingefügte Daten- und Codeteile zusammengehören und ein Modul bilden. Daher kann auf Sprachebene nicht verhindert werden, daß "von außen" auf Modulinterna zugegriffen wird. Deshalb müssen Regeln für die Benutzung von Modulen eingehalten werden, die verhindern, daß Interna der Implementierung von außen verändert oder benutzt werden.

Modulbenutzung

Modulextern ist also zu beachten:

- Prozeduren, die innerhalb des Moduls lokal sind, werden von außen nicht aufgerufen.
- Die Datenstrukturen von Datenkapseln werden nicht von außen direkt verändert oder gelesen.
- Die internen Strukturbeschreibungen von abstrakten Datentypen werden nicht benutzt, um Datenobjekte dieses Typs direkt zu verändern oder zu lesen.

> Mit Modulen wird nur über ihre Schnittstelle kommuniziert.

Modulimplementierung

Modulintern sind Vorkehrungen gegen mögliches Fehlverhalten und fehlerhafte Aufrufe zu treffen:

- Überprüfung der Datentypen und der Wertebereiche von Eingabeparametern
- Absichern des Über- und Unterlaufs bei numerischen Berechnungen
- Plausibilitätskontrollen für Zwischenergebnisse

- Behandlung von Fehlern beim Aufruf anderer Module oder von Systemdiensten (Rückkehrparameter auswerten!)

In Modulen wird defensiv programmiert.

Projektbeispiel

F2vb5TFür das Wareneingangsprojekt wurden 20 Copyteile neu geschrieben. 8 davon sind reine Dateimodule im Sinne von Kapitel 3 (Beschreibung der LINKAGE, Dateibeschreibungen usw.). Die anderen sind zu 7 Modulen zusammengefaßt, die in mehr als einem Programm Verarbeitungsaufgaben erfüllen:

- Öffnen und Schließen der Dateien
- Blättern in der Artikeldatei
- Freigabe eines Belegs für die zentrale Verarbeitung
- Zugriffssperre bei konkurrierendem Zugriff auf die sequentielle Wareneingangsdatei
- Umrechnung von diversen Mengeneinheiten
- Warnung, wenn der Füllungsgrad der Zugangs-Berichts-Datei 80 % erreicht hat
- Prüfung eines eingegebenen Fuhrlohnkontos.

Eingabeprüfung

Die Fuhrlohnkontoprüfung wollen wir kurz als Beispiel betrachten. Beim Wareneingang darf ein Fuhrlohn gebucht werden:

- auf ein Kundenkonto in der Kundendatei (KDDAT),
- auf das Konto eines eigenen LKWs oder eines Spediteurs in der Nicht-Kunden-Datei (NKDAT),
- auf ein sogenanntes Frachtstundungskonto.

Die vom Benutzer eingegebene Kontonummer muß auf Vorhandensein und Gültigkeit geprüft werden. Dabei kann für die NKDAT ein Kurzschlüssel eingegeben werden. Bei einer gültigen vorhandenen Kontonummer wird dem Benutzer die Kontobezeichnung angezeigt und bei Kurzschlüsseleingabe die Langform der Kontonummer. Beim Drucken wird das gleiche Modul benutzt, um die Kontobezeichnung für den Beleg zu ermitteln.

Modulspezifikation:

Spezifikation:	FUHRLOHNKTO-PRÜFEN

Eingabe

Eingabe:

- Kontonummer
  WZ-FUHRLOHN-KONTO PIC 9(008)

Ausgabe ...

Ausgabe:

- Kontonummer
  WZ-FUHRLOHN-KONTO PIC 9(008)
- Kontobezeichnung
  WZ-FUHRLOHN-KONTO-BEZ PIC X(030)
- Fehlerschlüssel
  FX-KEY PIC 9(004)

... im Normalfall

NORMAL-FALL

WENN das Konto vorhanden UND gültig ist:

Fehlerschlüssel	FX-KEY = 0
Kontonummer	Langform der Kontonummer, wenn das Konto aus der NKDAT gelesen wurde und in Kurzform eingegeben wurde. Sonst: unverändert.
Kontobezeichnung	Name aus der NKDAT oder KDDAT oder Text: "Frachtstundungskonto" + Außenstellennummer

FEHLER-FALL

... im Fehlerfall

WENN das Konto NICHT vorhanden ODER NICHT gültig ist, gilt immer:

Konto-bezeichnung	WZ-FUHRLOHN-KONTO-BEZ = SPACE
Fehlerschlüssel	FX-KEY < > 0

Es werden zwei Fälle unterschieden:

... Konto ist nicht vorhanden

Konto nicht vorhanden: FX-KEY = FC141	Wenn der Kurzschlüssel oder das Konto zum Kurzschlüssel oder beide nicht in der NKDAT sind UND Wenn das Konto nicht in der KDDAT ist UND wenn das Konto nicht das Frachtstundungskonto ist (die Kontonummer beginnt nicht mit "86" oder die folgenden vier Stellen sind keine gültige Außenstelle in der NKDAT)

... Konto ist ungültig	Konto ungültig: FX-KEY = FC531	in der NKDAT: Wenn die Kontoart nicht K(reditoren) oder I(ntern) ist ODER die Kontonummer größer 831999 oder kleiner 800000 ist. in der KDDAT: Wenn die Kontoart nicht G(enossenschaft) ist ODER die Kontonummer kleiner 100000 oder größer 799999 ist.

Aufruf-beispiel

Aufruf:

```
MOVE          Benutzereingabe           TO      WZ-FUHRLOHN-KTO.
PERFORM       FUHRLOHNKTO-PRUEFEN.
IF            FX-KEY                    =       ZERO
    MOVE      WZ-FUHRLOHN-KTO           TO      ...
    MOVE      WZ-FUHRLOHN-KONTO-BEZ     TO      ...
ELSE
    PERFORM FEHLERANZEIGE.
```

LITERATURHINWEISE

6 Entwurf der Programme

Die Thesen zum rationalen Entwurf sind übersetzt und zusammengestellt aus:

Parnas, D. L; Clements, P. C., 1986: "A Rational Design Process: How and Why to Fake It", IEEE Transactions on Software Engineering, SE-12, 2, pp. 251-257

6.1 Ein- und Ausgabeentwurf

Dialoggestaltung wurde in Kapitel 5 behandelt; zum Entwurf von Listbildern siehe die knappen Hinweise in:

End, W.; Gotthardt, H.; Winkelmann, R., 1990 (7. Auflage): Softwareentwicklung, Leitfaden für Planung, Realisierung und Einführung von DV-Verfahren, Berlin, München (in der 4. Auflage von 1984 auf S. 161-163)

Einige Beispiele ohne besondere Hinweise zur Gestaltung bringt:

Platz, G., 1990: Dialogprogrammierung. Benutzerfreundliche Schnittstellen in COBOL-Programmen, Lehr- und Arbeitsbuch, Mit 84 Abbildungen, München, Wien (S. 111, 113, 117, 118, 120, 125, 153, 161, 164)

6.2 Programmstrukturentwurf

Das Beispiel zur statischen Programmanordnung wurde angeregt durch:

Yourdon, E. N., 1976: Techniques of Program Structure and Design, New York

Für Überlegungen zu einem optimalen Modularisierungsgrad vgl.:

Yourdon, E. N.; Constantine, L. L., 1979: Structured Design: Fundamentals of a Discipline of Computer Program and Systems Design, Englewood Cliffs

Beispiele zur Modularisierung in COBOL ANSI 85 enthalten:

Rogers, G. R., 1987: COBOL-Handbuch. Das Handbuch für den zweckmäßigen Entwurf von strukturierten modularen COBOL-Programmen, München

Zimmermann, P. A., 1986: Programmiertechniken. Mit COBOL und Turbo-Pascal Programm-Beispielen, Vaterstetten

Armstrong, R. M., 1977 (4. Auflage): Modular Programming in COBOL, NY (Business Data Processing)

McGowan, C.L.; Kelly J. R., 1975: Top-Down Structured Programming Techniques, New York
(Mit einem Anhang: "Structured Programming in Assembly Language", pp. 248-271)

6.3 Modulspezifikation

Für Vorschläge zu Standardoperationen in Modulen und ihre einheitliche Spezifikation vgl.:

Lins, C., 1989: The Modula-2 Software Component Library, Volume 1, pp. 13-16, 42, 20-28

Lins hat dabei die Spezifikationstechnik übernommen, die für die Sprache "CLU" entwickelt wurde:

Liskov, B. H.; Guttag, J., 1986: Abstraction and Specification in Program Development, Cambridge (Mass.)

Kapitel 7
Daten- und Kontrollstrukturen

Kapitelübersicht

Daten- und Kontrollstrukturen

Datenabstraktion........130
Befehlsabstraktion........136
Analogie von Daten- und Kontrollstrukturen........141
Kontrollstrukturen auf Programmebene........141
Zusammenfassung........149
Literaturhinweise........150
Grafische Darstellungen........152

Stichworte

- Einfache, strukturierte und abstrakte **Datentypen**.
- Sieben elementare **Kontrollstrukturen**.
- **Abstraktion** erlaubt Verfeinerung und verbirgt Details.
- Konstrollstrukturen auf Programmebene:
  Prozedur, **Funktion**, **Rekursion**, **Coroutine** und konkurente **Prozesse**.
- **Parameterübergabe** und **Seiteneffekte**.

7 DATEN- UND KONTROLLSTRUKTUREN

"We are still confused - but on a higher level!"
(Unbekannte Quelle)

nur drei Befehlsarten

Wenn man Programme auf der Ebene betrachtet, die dem Befehlssatz eines beliebigen Rechners am nächsten ist (Assemblerbefehle), läßt sich feststellen, daß Computer nur über prinzipiell **drei Befehlsarten** verfügen:

Ein- und Ausgabebefehle	für den Datenaustausch zwischen Rechner und Peripherie
Verarbeitungsbefehle	arithmetische und logische Befehle für die eigentliche "Datenverarbeitung"
Sprungbefehle	für die Programmsteuerung.

Dies gilt unabhängig davon, ob nur einige wenige Befehle oder ein Befehlssatz von über zweihundert Befehlen zur Verfügung steht.

typlose Daten

Daten stellen sich auf dieser Ebene als die Inhalte von frei adressierbaren Speicherzellen dar.

Jedes Programm in einer höheren Programmiersprache muß letztlich auf diese Sicht abgebildet werden: der Compiler erzeugt auch aus dem strukturiertesten "DO WHILE" eine Sprunganweisung und aus dem komplexesten "POINTER TO POINTER TO DATA" eine Adresse.

Höhere Programmiersprachen stellen Abstraktionen dieser Grundstrukturen zur Verfügung, um möglichst viele Fehlermöglichkeiten möglichst frühzeitig auszuschalten. Zwei Beispiele (in EBCDIC-Code):

- Der Speicherinhalt Hexadezimal "F0F0" läßt sich als die Festpunktzahl "- 3856" oder als die Dezimalzahl "00" auffassen.
- Das Byte Hexadezimal "C1" läßt sich als Festpunktzahl "+ 1" oder als Buchstabe "A" interpretieren.

Diese von Assemblersprachen gewährte Freiheit
- ermöglicht gewollte "Tricks" (mit Dialogeingaben "A..I" wie mit den Zahlen "1..9" rechnen) und
- begünstigt ungewollte Fehler.

Höhere Programmiersprachen beschränken diese Freiheit in zwei Richtungen:

Typbindung von Daten und Kontrollstrukturen für Befehle

Durch die **Typbindung von Daten** werden deren Wertebereich und die auf ihnen möglichen Operationen eingeschränkt; durch **Beschränkung von Steuerungsanweisungen** auf einen Satz strukturierter Anweisungen wird die Komplexität des Kontrollflusses begrenzt.

Datenabstraktion

Typbindung

Auf Speicherebene sind Daten "(Adressen von) Speicherstellen mit einem Inhalt". Durch Typbindung werden Datenobjekte mit drei Kennzeichen verbunden:

- dem **Namen**, über den auf sie zugegriffen werden kann
- dem **Wert** als ihrem momentanen Inhalt und
- dem **Typ**, der den möglichen Wertebereich und die erlaubten Operationen definiert.

einfache Datentypen

In der Art, wie "fest" diese Zuordnungen zur Programmlaufzeit sind, unterscheiden sich einfache und komplexe Datentypen: **Konstante** können ihren Wert nicht ändern; **Variable** können dies. Die Wertebereichsbeschränkung ergibt sich daraus, wie die Datentypen rechnerintern dargestellt werden. Wenn ein Datentyp "CARDINAL" (positive ganze

Zahlen) in zwei Byte abgespeichert wird, kann er nur Werte zwischen "0" und "65535" annehmen, da es nicht mehr unterschiedliche Bitanordnungen in zwei Bytes gibt. Ähnliche Einschränkungen gelten für alle aufzählbaren (skalaren) Datentypen. Aus dieser Begrenzung des Wertebereichs ergibt sich aber damit auch eine Festlegung der erlaubten Operationen: für positive ganze Zahlen kann z. B. nur die ganzzahlige Division erlaubt sein, da das Ergebnis sonst nicht darstellbar wäre. Der Datentyp abstrahiert also von der konkreten rechnerinternen Darstellung der Daten und macht ihre in der höheren Programmiersprache gemeinte Bedeutung sichtbar.

strukturierte Datentypen:

Aus **einfachen Datentypen** lassen sich **elementare strukturierte Datentypen** durch Zusammensetzung gewinnen:

... elementare

- "ARRAY" (Tabelle) mit mehreren Komponenten des gleichen Typs
- "RECORD" (Satz) mit verschiedenen Komponenten verschiedenen Typs
- "VARIANT RECORD" (Satzart) mit verschiedenen Typen für die gleichen Komponenten.

Zusammengesetzte Datentypen sind dadurch gekennzeichnet, daß sie einen **selektiven Zugriff** auf die gewünschte Komponente erfordern (über Index oder Satzname, Feldname).

Wenn die Anzahl von so zusammengefaßten Elementen unbeschränkt groß werden kann, entstehen **höhere strukturierte Datentypen:**

... höhere

- sequentielles "FILE" (Datei) als Folge von Komponenten
- Indexdatei mit einem Schlüssel (KEY) als eine Komponente
- Listen- und Baumstrukturen mit mindestens einem Zeiger (POINTER) als eine Komponente.

Auf sie kann der Zugriff nur sequentiell oder über die **definierte Zugriffskomponente** erfolgen.

abstrakte Datentypen:

Mit dieser Typbindung von Daten können bereits zum Übersetzungszeitpunkt des Programms eine erhebliche Menge von Fehlerquellen durch den Compiler ausgeschaltet werden. Weitere Prüfungen können zur Laufzeit vom Laufzeitsystem durchgeführt werden (Bereichsüberschreitung von Indizes usw.). Trotzdem sind die Daten an jeder Stelle des Programms "zugänglich"; durch Typumwandlungen kann auch "trickreich" programmiert werden. Gerade bei größeren Projekten kann das aber verheerende Folgen haben: ein Programm legt in einem von mehreren Programmen genutzten gemeinsamen Datenbereich (z. B. in der COBOL "Linkage") "vorübergehend" Daten ab, kommt aber durch einen Fehler nie mehr dazu, diese Daten wieder zu entfernen ... und das Folgeprogramm stürzt ab, weil es an dieser Stelle andere Speicherinhalte erwartet. Um solche Mißbräuche auszuschließen, wurden die Konzepte der **abstrakten Datentypen** entwickelt.

Eine **Datenstrukturkapsel** schützt als abstraktes Datenobjekt die von ihr verwaltete Datenstruktur vor fehlerhaften Operationen. Sie besteht aus

- einem **Objekt** (dem nach außen bekannten Datentyp)
- den **Operationen** zur Verarbeitung (internen und den nach außen bekannten Zugriffsoperationen)
- und sie verfügt evtl. über ein **Gedächtnis** (Was ist der momentane Inhalt der internen Repräsentation des Objekts? Welche Operation wurde zuletzt ausgeführt?).

einfache Datenabstraktion

Diese **einfache Datenabstraktion** verbirgt sowohl die interne Darstellung des Objekts wie die Realisierung der Operationen vor der benutzenden Umgebung. Ein Kellerspeicher (Stack) könnte z. B. sowohl als Array wie über Zeiger realisiert sein; dem Benutzer sind nur die definierten Operationen bekannt (lege auf Stapel usw.). Damit ist verhindert, daß aufgrund der Kenntnis der internen Struktur unerlaubte Operationen vorgenommen werden (z. B. den Kellerzeiger von außen zu verändern).

starke Datenabstraktion

Wenn der abstrakte Datentyp darüber hinaus über eine Erzeugungsoperation verfügt (z. B.: lege einen neuen Stack an), so daß er mehrere Exemplare der gleichen Struktur erzeugen und verwalten kann, spricht man von **starker Datenabstraktion** oder abstrakten Datentypen im engeren Sinn (*Datenstrukturgenerator*).

generische abstrakte Datentypen

Sind (als letzte Abstraktionsstufe) die Eigenschaften des abstrakten Datentyps durch formale Parameter wählbar, erhält man **parametrisierte abstrakte Datentypen**:

Wertparameter	*Datengenerator* für unterschiedliche Wertebereiche
Typparameter	*Datentypgenerator* für die Erzeugung von Datenkapseln für unterschiedliche Datentypen
Operationsparameter	*Operationsgenerator* (z. B. unterschiedliche Ordnungsrelationen für unterschiedliche Datentypen)
Prozeßparameter	*Prozeßgenerator* in der Parallelverarbeitung.

Datenabstraktion begrenzt die Sichtbarkeit

Die Datenabstraktion schränkt die Sichtbarkeit der Daten für den Programmierer ein:

Während in typlosen Sprachen (Assembler) auf den Inhalt von Speicherzellen mit einer bestimmten Adresse zugegriffen werden kann, ist von einem typisierten Objekt nur sein Name und sein Wert bekannt. Der Typ schränkt die möglichen Werte und die möglichen Operationen ein. Von abstrakten Datentypen sind nach außen auch von den Operationen nur noch die Namen bekannt. Ihre interne Realisierung wird verborgen, nur ihre Resultate werden nach außen bekanntgegeben.

Daten, Datentypen, abstrakte Datentypen

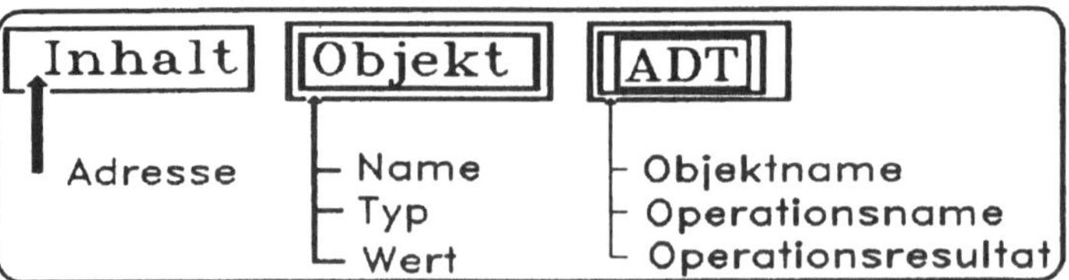

Abbildung 7-1: Datenabstraktion

Die folgende Baumstruktur faßt die beschriebenen Datentypen zusammen:

Übersicht Datentypen

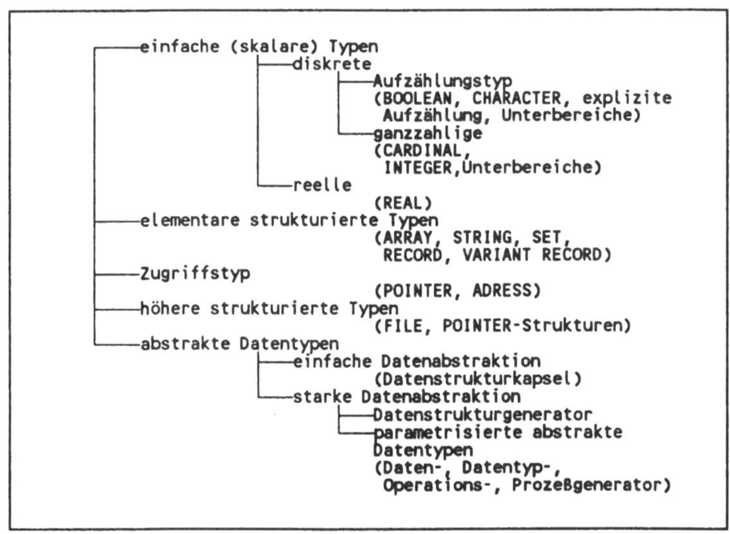

COBOL-Datentypen

In Sprachen ohne strenge Typprüfung liegt die Verantwortung für die Verträglichkeit von Daten und Operationen beim Programmierer (z. B. die Prüfung auf das Erreichen von Indexgrenzen). COBOL kennt an einfachen Datentypen nur:

alphabetisch	Die 26 Buchstaben des Alphabets	*... einfache*
numerisch	Zahlen mit oder ohne Vorzeichen, gepackt oder ungepackt	
alphanumerisch	Dazu zählen: numerisch (druck-) aufbereitete Felder alphanumerisch aufbereitete Felder nicht aufbereitete alphanumerische Felder (Buchstaben, Ziffern, Sonderzeichen).	

Einige Cobolcompiler kennen darüberhinaus Bedingungsnamen (Stufe-88-Definitionen) als Analogie zu BOOLEAN-Datentypen. *Bedingungsnamen*

Eine Sonderstellung nehmen Indexdatennamen ein; in diesen Feldern können die Werte von Indizes als (binäre) Adressen gesichert werden. *Indexdatennamen*

Strukturierte Datentypen sind: *... strukturierte*

Satz	RECORD-Definition durch Untergliederung von Stufe-01-Definitionen in der Working Storage oder für Dateien
Tabelle	ARRAY-Definition mit OCCURS-Klausel
Datei	FILE-Definition für sequentielle, Direktzugriffs- und Indexdateien

Hier kann man sich damit behelfen, daß man Datennamen mit einheitlichen Vorsilben beginnen läßt, die über die Verwendung Auskunft geben, z. B.:

Typen in Datennamen kodieren!

- "dd-" für Felder aus Dateisätzen, wobei "dd" die Abkürzung für eine Datei ist ("KD-" für Kunden, "LS-" für Lieferschein, "BS-" für Bildschirm, "TS-" für Tastatur usw.)
- "W.-" für Felder aus der Working Storage, wie:
  - "WK-" für Konstante (nur Abfrage erlaubt)
  - "WR-" für Rechenfelder
  - "WZ-" für Zwischenspeicherfelder (nur füllen und entnehmen)
  - "WM-" für Merker (setzen, abfragen, löschen) usw.

"ungarischer Code"

Diese Technik wird nach Charles Simonyi, Leiter der Anwendersoftware-Abteilung von Microsoft auch "ungarische Namenskonvention" genannt: aus dem Namen der Daten soll sowohl ihr Typ wie ihre Aufgabe im Programm hervorgehen.

einheitliche Datennamen

Indem für Felder mit gleicher Bedeutung in verschiedenen Dateien stets gleiche Namen vergeben werden, läßt sich die Lesbarkeit, Verständlichkeit und Wartbarkeit der Programme mit einfachen Mitteln erhöhen (KD-KONTONR, LS-KONTONR, BS-KONTONR, TS-KONTONR, WZ-KONTONR usw.).

Befehlsabstraktion

So wie durch die Kenntnis von Adressen beliebige Operationen auf beliebigen Speicherinhalten möglich werden, lassen sich durch Sprunganweisungen als einziges Mittel für die Steuerung des Kontrollflußes beliebig komplexe Programmstrukturen aufbauen ("Spaghetticode").

Kontrollstrukturen

Diese Komplexität läßt sich reduzieren, indem als Mittel für die Steuerung des Kontrollflußes nur eine Anzahl wohldefinierter Kontrollstrukturen erlaubt wird. Eine Kontrollstruktur läßt sich grafisch als eine Anordnung von Symbolen mit folgender Bedeutung beschreiben:

- Pfeile stellen die *Richtung* des Kontrollflusses dar. Sie verbinden drei Arten von Knoten:
- rechteckige Kästchen stellen *Anweisungen* dar
- Rauten stellen *Prädikate* dar (Aussagen, die wahr oder falsch sein können), an ihrem Ausgang kann der Kontrollfluß verzweigen
- Kreise stellen *Sammelpunkte* dar, an ihrem Eingang wird der Kontrollfluß zusammengefaßt (Collectorknoten).

Kontrollstrukturgraph

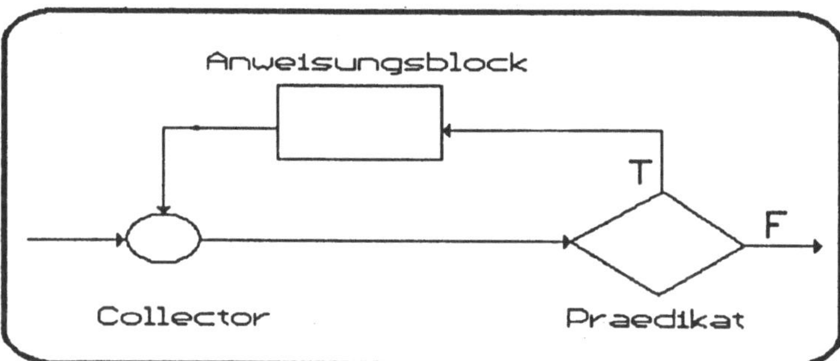

Abbildung 7-2: Kontrollstruktur als gerichteter Graph aus drei Knotentypen

Begrenzung des Steuerflusses

Damit Kontrollstrukturen selbst wieder zu Anweisungen höherer Stufe abstrahiert werden können, wird von ihnen gefordert:

- sie haben nur einen Eingang und nur einen Ausgang
- für jede Anweisung gibt es einen Weg vom Eingang über die Anweisung zum Ausgang.

Zeichnet man unter diesen Bedingungen alle möglichen Kontrollstrukturen auf, die aus 1 bis 4 Knoten bestehen und mindestens eine ausführbare Anweisung enthalten, entstehen genau 7 Kontrollstrukturen:

Die sieben elementaren Kontroll-strukturen

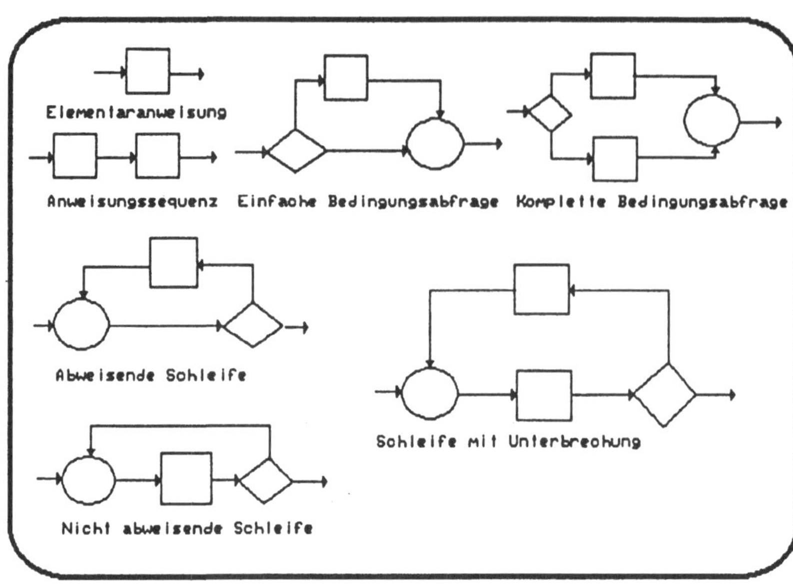

Abildung 7-3: Elementare Kontrollstrukturen

elementare Kontroll-strukturen in COBOL

Die entsprechende Formulierung in COBOL 85 lautet:

Elementaranweisung:

```
Anweisung.
```

Anweisungssequenz:

```
Anweisung1,
..........,
AnweisungN.
```

Einfache Bedingungsabfrage:

```
IF      Bedingung                  THEN
        Anweisungssequenz
END-IF.
```

Komplette Bedingungsabfrage:

```
IF      Bedingung                  THEN
        Anweisungssequenz1
ELSE
        Anweisungssequenz2
END-IF.
```

Abweisende Schleife (DO-WHILE):

```
PERFORM WITH    TEST            BEFORE
        UNTIL   Bedingung
        Anweisungssequenz
END-PERFORM.
```

Nicht abweisende Schleife (REPEAT-UNTIL):

```
PERFORM WITH    TEST            AFTER
        UNTIL   Bedingung
        Anweisungssequenz
END-PERFORM.
```

Schleife mit Unterbrechung (CYCLE):
Diese Schleifenform kann nur mit "GO TO" und dem "out of line-PERFORM" konstruiert werden. Die Funktion des "GO TO" entspricht dabei dem "EXIT"-Statement in blockorientierten Programmiersprachen:

```
        PERFORM
                ZYKLUS
                WITH    TEST            AFTER
                UNTIL   Bedingung
        END-PERFORM.
        ...
ZYKLUS  SECTION.
        Anweisungssequenz1
        IF      Bedingung               THEN
                GO      TO              ENDE-ZYKLUS
        END-IF.
        Anweisungssequenz2
ENDE-ZYKLUS.
        EXIT.
```

Kombination von Kontrollstrukturen

Diese elementaren Kontrollstrukturen lassen sich nun dadurch hierarchisch verfeinern, daß an jeder Stelle, an der eine "Anweisungssequenz" steht, selbst wieder ein Strukturblock eingesetzt werden kann. Indem z. B. "IF-THEN-ELSE-Blöcke" in den ELSE-Zweig von IF-THEN-ELSE-Blöcken eingesetzt werden, läßt sich auch in COBOL 74 formulieren:

Geschachteltes IF (CASE-Struktur):

```
IF              Bedingung1      THEN
        Anweisungssequenz1
ELSE    IF      Bedingung2      THEN
        Anweisungssequenz2
ELSE    IF      Bedingung3      THEN
        Anweisungssequenz3
ELSE
        Anweisungssequenz-Sonst.
```

COBOL 85 stellt hierfür eine eigene Konstruktion zur Verfügung:

1:n-Auswahl (CASE):

```
EVALUATE Bedingung
      WHEN   1        Anweisungssequenz1
      WHEN   2        Anweisungssequenz2
      WHEN   3        Anweisungssequenz3
      WHEN   OTHER    Anweisungssequenz-Sonst
END-EVALUATE.
```

Auf analoge Weise lassen sich andere Kontrollstrukturen aus den Grundelementen zusammensetzen (z. B. eine abweisende Schleife mit Unterbrechung). Vorteil dieser Kontrollstrukturen (die durch den Inline-Perform jetzt auch in COBOL 85 möglich geworden sind) ist, daß sich Programmtexte sequentiell "von oben nach unten" lesen lassen. Obwohl Bedingungsabfragen und Schleifen auf Rechnerebene durch Sprunganweisungen realisiert werden müssen, kann der Programmtext ohne das Vor- und Rückwärtsverfolgen von "GO TOs" gelesen werden.

Wenn bei Schleifen die Anzahl der Durchläufe bekannt oder errechenbar ist, stehen andere Befehlsformate zur Verfügung, die schneller abgearbeitet werden können:

einfache Zählschleife (FOR):

```
PERFORM anzahl  TIMES
        statement
END-PERFORM.
```

Zählschleife mit Schrittweite:

```
PERFORM WITH    TEST     AFTER
        VARYING zaehler  FROM     anfang  BY     schritt
        UNTIL   zaehler  =        maximum
        statement
END-PERFORM.
```

Analogie von Daten- und Kontrollstrukturen

Datentypen und Kontrollstrukturen dienen den gleichen Zwecken:

Verfeinerung und Abstraktion durch ...

- sie unterstützen die Technik der Top-Down-Entwicklung durch die Möglichkeit der hierarchischen Verfeinerung
- sie helfen Fehler zu vermeiden, indem sie die technischen Details hierarchisch tieferer Ebenen durch Abstraktion verbergen.

Wirth hat darauf hingewiesen, daß es Analogien zwischen Datentypen und Kontrollstrukturen in dem Sinne gibt, daß bestimmte Datentypen in der Regel bestimmte Anweisungen zu ihrer Verarbeitung erfordern:

... Datentypen und Kontrollstrukturen

Konstruktionsmuster	Anweisungstyp	Datentyp
atomares Element	Elementaranweisung	skalare Typen
Aufzaehlung	Anweisungssequenz	RECORD
Wiederholung mit bekannter Anzahl	FOR-Schleife	ARRAY
Auswahl	bedingte Anweisungen (IF, CASE)	varianter RECORD
Wiederholung mit unbekannter Anzahl	REPEAT UNTIL	Sequenz (FILE)
Rekursion	Prozeduraufruf	rekursive Typen
allgemeiner Graph	GOTO-Anweisung	Pointer-Strukturen

Abbildung 7-4: Analogie von Datentypen und Kontrollstrukturen

Kontrollstrukturen auf Programmebene

Sprachkonstrukte und Laufzeitsysteme

Die beschriebenen Kontrollstrukturen der strukturierten Programmierung steuern den Programmablauf auf der Ebene **einzelner Befehle** der jeweiligen **Programmiersprache**. Sie regeln, welcher Befehl als nächstes ausgeführt wird. Die Kontrolle des Ablaufs von **Befehlsgruppen**, die in imperativen Programmiersprachen zu größeren Einheiten zusammengefaßt werden können (Prozedur, Unterprogramm, Subroutine) ist dagegen eine Funktion des **Laufzeitsystems** der jeweiligen Sprache. Welche Varianten hier realisiert sind, bestimmt die spezifischen Möglichkeiten (und Fehlermöglichkeiten !) der jeweiligen Sprache.

Prozeduraufrufe

Solche Kontrollstrukturen sind:

sequentiell	Unterprogramme	Prozeduren Funktionen Rekursion
parallel	parallele Routinen	Coroutinen konkurrente Prozesse

Für diese Prozeduraufrufe gilt es zu beachten:

- die Art der Parameterübergabe
- mögliche Nebenwirkungen.

Unterprogramme in Assembler: Befehle

Ein Beispiel auf Assemblerebene: In einem Programm wird an vier Stellen eine Datumsprüfung benötigt. Die entsprechenden Befehle könnten nun an vier Stellen des Programms auf die gleiche Weise codiert werden. Das erfordert Schreib- und Speicheraufwand. Also wird man die Befehle, die die Datumsprüfung durchführen, an eine Stelle des Programms legen und von jeder Stelle, an der die Prüfung benötigt wird, diese Befehlsfolge anspringen und von dort wieder zur aufrufenden Stelle zurückkehren. Für die Prüfung wird ein Datenbereich benötigt: eine Tabelle, in der z. B. steht, welche Monate 31 Tage haben können. Für den Monat Februar muß berechnet werden, ob ein Schaltjahr vorliegt. Für das Tabellendurchsuchen und das Rechnen bieten sich Register an. Deren Inhalt vor der Prüfung wird vielleicht nach der Prüfung an anderer Stelle im Programm unverändert benötigt. Deshalb muß ihr Inhalt vor dem Beginn der Prüfroutine gesichert und am Ende wieder zurückgeladen werden. Alle diese Überlegungen und Aufgaben nimmt in höheren Programmiersprachen das Laufzeitsystem dem Programmierer ab:

Prozeduren

Prozedur

Imperative Programmiersprachen stellen spezielle Befehle für den Aufruf von mehrfach verwendbarem Code zur Verfügung. In COBOL bewirkt ein PERFORM-Aufruf einer Section den Sprung zu einem internen Unterprogramm; ein CALL bewirkt die Abarbeitung eines externen Unterprogramms. Da der Aufruf von Unterprogrammen an beliebiger Stelle (also auch in Unterprogrammen) gestattet ist, wird die Schachtelung von Unterprogrammen ermöglicht und damit Top-Down-Entwicklung unterstützt. Beispiel:

```
DATUMPRUEFEN
        DATUMDREHEN
        JAHRPRUEFEN
        MONATPRUEFEN
                SCHALTJAHRPRUEFEN
        TAGPRUEFEN
```

Funktionen

Funktion

In Sprachen mit Datentypbindung können Unterprogrammaufrufe mit Ergebnistypen verknüpft werden (PASCAL, MODULA-2). Das Ergebnis einer Funktionsprozedur kann dann unmittelbar in Anweisungen eingesetzt werden. Mit dem Ergebnis der Funktion kann "gerechnet" werden. Beispiel:

```
IF      DatumOkay       THEN    ...
```

wobei "DatumOkay" eine Funktion ist, die bei gültigem Datum TRUE als Ergebnis liefert:

```
DatumOkay       ( Parameter : Typ ) :   BOOLEAN ...
```

Rekursion

Rekursion

Wenn Unterprogrammaufrufe nicht nur an beliebiger Stelle, sondern auch für beliebige Unterprogramme (insbesondere also auch für sich selbst) erlaubt sind, können rekursive Datenstrukturen durch direkte oder indirekte Rekursion abgearbeitet werden. Beispiel:

```
Suche (Zeichen, abPosition,      inString);
...
IF      inString[abPosition]     <>      Zeichen AND
        abPosition      <        Length(inString) THEN
        Suche (Zeichen, abPosition+1,    inString)
        ...
```

Coroutinen

Coroutine

Wenn Unterprogramme nicht komplett durchlaufen werden müssen, sondern unterbrochen und an der gleichen Stelle wieder aufgenommen werden können, lassen sich quasi parallele Abläufe modellieren. In Modula wird z. B. durch:

```
TRANSFER        ( von, nach )
```

die Kontrolle an den Prozess "nach" übergeben, der zuvor erzeugt wurde durch:

```
NEWPROCESS      (parameterliste)
```

Konkurrente Prozesse

Paralleler Prozeß

Wenn das Programm, das den zweiten Prozeß erzeugt, selbst weiterrechnen kann, entstehen (echte) Parallelprogramme. Beispiel: Das "fork"-Kommando in UNIX.

Abbildung 7-5 stellt die Möglichkeiten für Prozeduraufrufe grafisch dar.

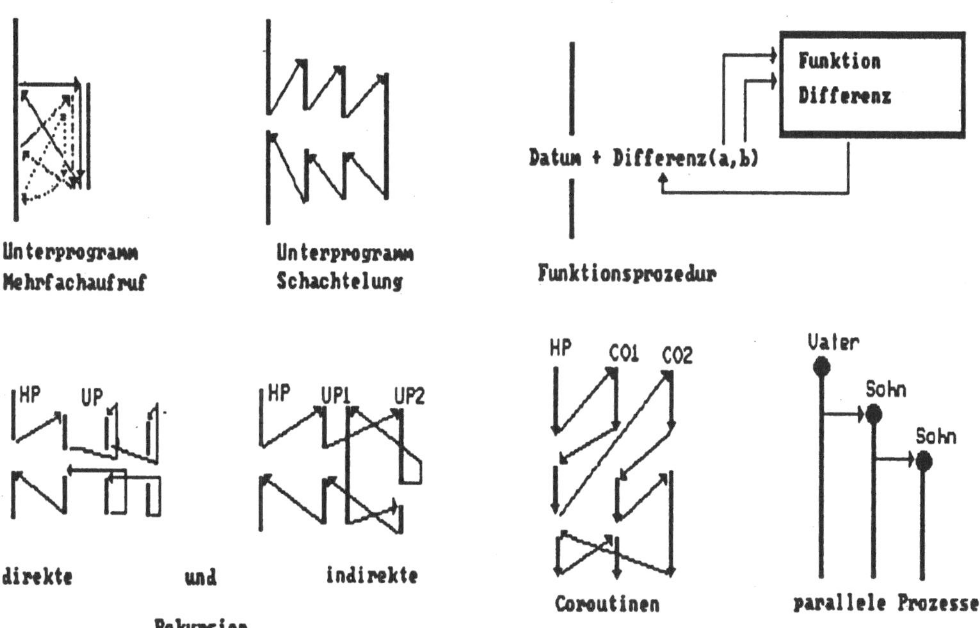

Abbildung 7-5: Kontrollstrukturen auf Programmebene

Unterprogramme in Assembler: Daten

Analoge Überlegungen lassen sich für die Datenseite des Assemblerbeispiels anstellen:

- Das Unterprogramm sollte sicherstellen, daß es keine fremden Daten verändert (Sichern von Registern).
- Es erhielt Eingabedaten (das zu prüfende Datum),
- erzeugte Ausgabedaten (das Prüfungsergebnis) und
- verwendete interne Daten (die Monatstabelle).

Sprachen mit Blockstruktur

Blockorientierte Sprachen (beginnend mit ALGOL60) unterstützen diese Unterscheidungen durch das Konzept der Sichtbarkeit: Variable sind nur innerhalb des Blocks bekannt, in dem sie deklariert wurden. Neudeklarationen in Unterblöcken unter gleichen Namen erzeugen neue lokale Variable.

Lebensdauer und Sichtbarkeit von Daten

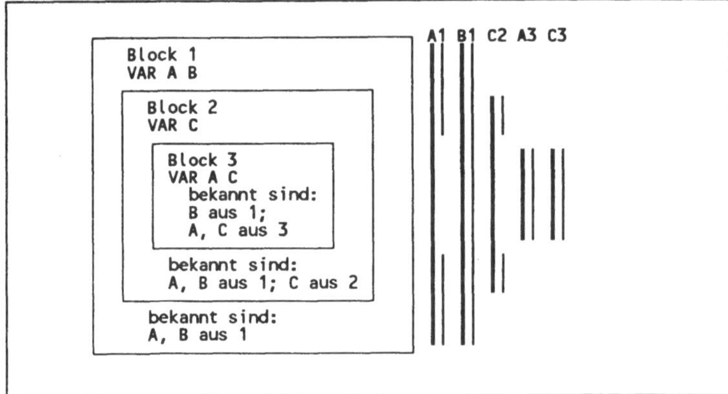

Damit unterscheiden sich Lebensdauer (|) und Sichtbarkeit (|) von Objekten.

globale und lokale Daten

In COBOL wird von der Sprache nur bei externen Unterprogrammen (CALL) eine Unterscheidung von globalem (Daten der LINKAGE) und lokalem Datenbereich (WORKING STORAGE des Unterprogramms) unterstützt. Die Daten der LINKAGE sind dem Unterprogramm zugänglich, weil deren Adresse übergeben wird. Andere Mechanismen der Wertübergabe müssen selbst programmiert und per Konvention eingehalten werden.

Parameterübergabe

Für die *Parameterübergabe* von der rufenden an die gerufene Routine existieren vier Möglichkeiten:

Wert

Wertübergabe (call by value) — Der Wert des aktuellen Parameters wird beim Aufruf ermittelt und die aufgerufene Routine erhält eine eigene Kopie dieses Wertes. Damit können nur Eingabeparameter übergeben werden. Beispiel: Wertparameter in Modula-2.

Adressübergabe (call by reference)

Der Wert wird indirekt durch die Bekanntgabe der Adresse im Hauptprogramm übergeben. Der Wert ist damit global (überall sichtbar). Somit können komplex strukturierte Daten mit einem Parameter übergeben werden, aber es besteht die Gefahr, daß das Unterprogramm globale Daten verändert, die nichts mit seiner Funktion zu tun haben (Seiteneffekt). Beispiel: Variablenparameter in Modula-2 mit dem Schlüsselwort VAR.

Adresse

Namensübergabe (call by name)

Der Wert des Parameters wird bei jeder Verwendung im Unterprogramm neu berechnet (aufwendig und fehleranfällig - möglich in ALGOL60).

Name

Ergebnisübergabe (call by value-result)

Hier werden Wert- und Adressübergabe kombiniert: Beim Aufruf werden Wert und Adresse übergeben. Die Adresse wird aber zunächst nicht ausgewertet, sondern der Wert wird in eine lokale Variable kopiert. Nach der Berechnung wird der aktuelle Wert der lokalen Variablen der Adresse in der aufrufenden Routine zugewiesen. (Dieser Übergabemechanismus ist für formale Parameter in ADA möglich. Sie können als OUT oder IN OUT gekennzeichnet werden: OUT-Parameter können nur verändert, nicht abgefragt werden, IN OUT-Parameter können auch abgefragt werden.)

Ergebnis

Beispiel

Den unterschiedlichen Effekt der Übergabearten zeigt das folgende Beispiel in Pseudocode:

```
PROCEDURE MAIN
        GLOBAL A
                B := 0
                A := 1
                SUB (B, A, A+3)
                PRINT A, B
END MAIN

PROCEDURE SUB (x, y, z)
        GLOBAL A
                y := y + 1
                A := A + z
                x := y + A
END SUB
```

Übergabe	Ausgabe A	Ausgabe B
by name	7	14
by reference	6	12
by value	5	0
by value-result	2	7

Die "verblüffenden" Ergebnisse demonstrieren, welche Wirkung Seiteneffekte haben können.

Seiteneffekte

Eine Operation hat einen **Seiteneffekt**, wenn sie

- mindestens eine Variable durch eine Zuweisung ändert,
- wobei diese Variable nicht in der Schnittstelle der Operation vorkommt
- und die Veränderung der Variablen außerhalb der Operation sichtbar wird.

Am Beispiel eines abstrakten Datentyps "Stack" läßt sich mit diesem Begriff noch einmal der Unterschied zwischen Prozeduren und Funktionen deutlich machen.

Funktion = Zugriff

Funktionen sind **Zugriffsoperationen**, die Aussagen über den Zustand eines Stacks zurückliefern. Der mehrfache Aufruf mit den gleichen Argumenten muß immer das gleiche

Ergebnis liefern - wie bei einer mathematischen Funktion. Beispiel: "LetztesElement (Stack)".

Prozeduren sind **Veränderungsoperationen**, deren Ausführung das Ergebnis mindestens einer Zugriffsoperation verändert, weil der Zustand des Objekts verändert wird. Beispiel: "Push (Element, Stack)" verändert das Ergebnis von "LetztesElement (Stack)".

Prozedur = Veränderung

> Prozeduren haben immer Seiteneffekte, Funktionen dürfen keine (nach außen sichtbaren) Seiteneffekte haben.

Zusammenfassung

Der Anhang zu diesem Kapitel faßt die Überlegungen dieses und vorangehender Kapitel zu Daten- und Kontrollstrukturen grafisch zusammen. Zu jedem Strukturblock ist dargestellt:

grafische Darstellung

- die zugrundeliegende mathematische Struktur
- die zugehörige Datenstruktur
- symbolische Darstellungen:
  - für nichtiterative Strukturen:
    eine Mengen- und eine logische Darstellung
  - für iterative Strukturen:
    eine grafische Veranschaulichung
  - die Darstellung in Entwurfstechniken:
    - Warniers Klammerdiagramme
    - Jacksons Strukturdiagramme
    - Nassi-Shneidermans Struktogramme
    - Programmablaufpläne nach DIN
- Programm-Sourcecode für
  - Modula-2
  - COBOL ANSI 74
  - COBOL ANSI 85

Mit aufgenommen ist die Darstellung der Backtracking-Varianten von Iteration und Selektion, die in Kapitel 9.4 besprochen werden.

LITERATURHINWEISE

Zwei historische Quellen zu den Grundlagen von Kontroll- und Datenstrukturen sind:

Dijkstra, E. W.; 1972: "Notes on Structured Programming",S. 1 - 82;
Hoare, C. A. R.; 1972: "Notes on Data Structuring", S. 83 - 174;
beide in: Dahl, Dijkstra, Hoare: Structured Programming, New York

Zur "ungarischen Namenskonvention" siehe das Interview mit Charles Simonyi in:

Lammers, S., 1987: Faszination Programmieren: Interviews mit 19 führenden PC-Programmierern, Haar bei München (S. 12, 20 f., 429)

Die graphische Herleitung der elementaren Kontrollstrukturen stammt aus:

Linger, R. C.; Mills, H. D.; Witt, B. I., 1979: Structured Programming: Theory and Practice, Reading, Mass. (The Systems Programming Series)

Eine sehr detaillierte programmierpraktische Einführung gibt:

Sale, A., 1987: Modula-2 , Bonn

Die Realisierung abstrakter Datentypen zeigt:

Lins, C., 1989/1990: The Modula-2 Software Component Library, Berlin (Vol. 1-3: 1989, Vol. 4: 1990)

Daten- und Kontrollstrukturen
Grafische Darstellungen

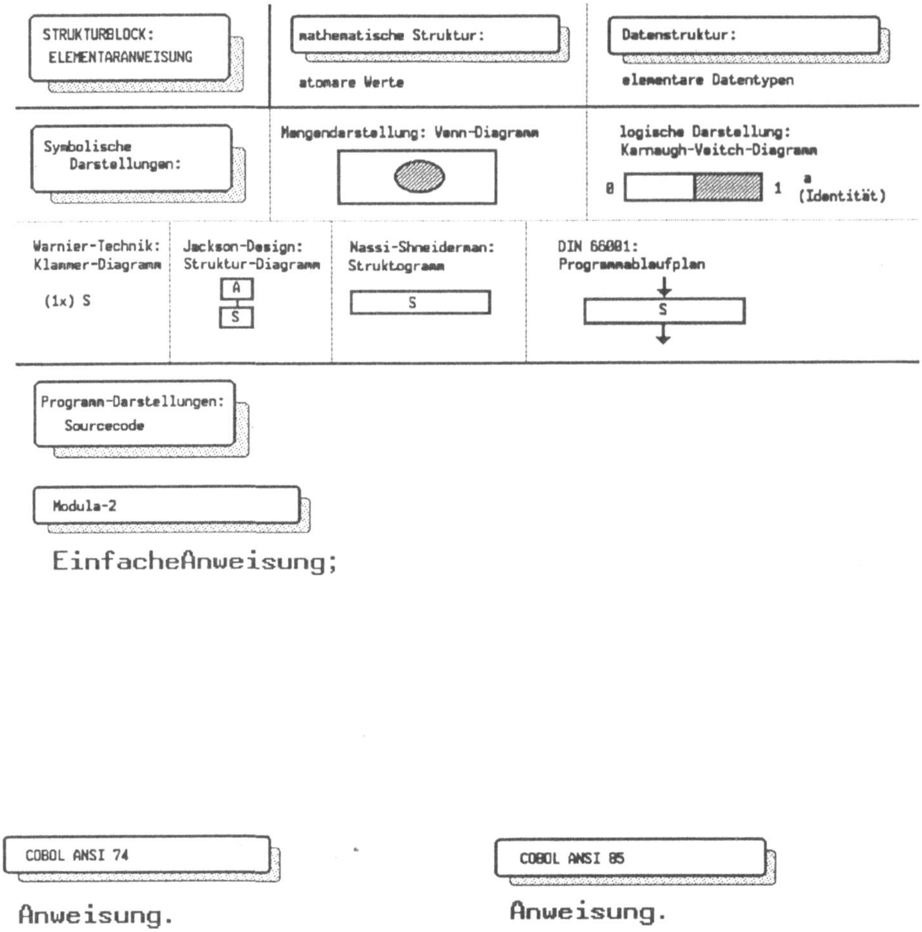

STRUKTURBLOCK:
ELEMENTARANWEISUNG

mathematische Struktur:

atomare Werte

Datenstruktur:

elementare Datentypen

Symbolische
Darstellungen:

Mengendarstellung: Venn-Diagramm

logische Darstellung:
Karnaugh-Veitch-Diagramm

0 1 a
(Identität)

Warnier-Technik:
Klammer-Diagramm

(1x) S

Jackson-Design:
Struktur-Diagramm

A
S

Nassi-Shneiderman:
Struktogramm

S

DIN 66001:
Programmablaufplan

S

Programm-Darstellungen:
Sourcecode

Modula-2

```
EinfacheAnweisung;
```

COBOL ANSI 74

```
Anweisung.
```

COBOL ANSI 85

```
Anweisung.
```

Abbildung 7A-1: Elementaranweisung

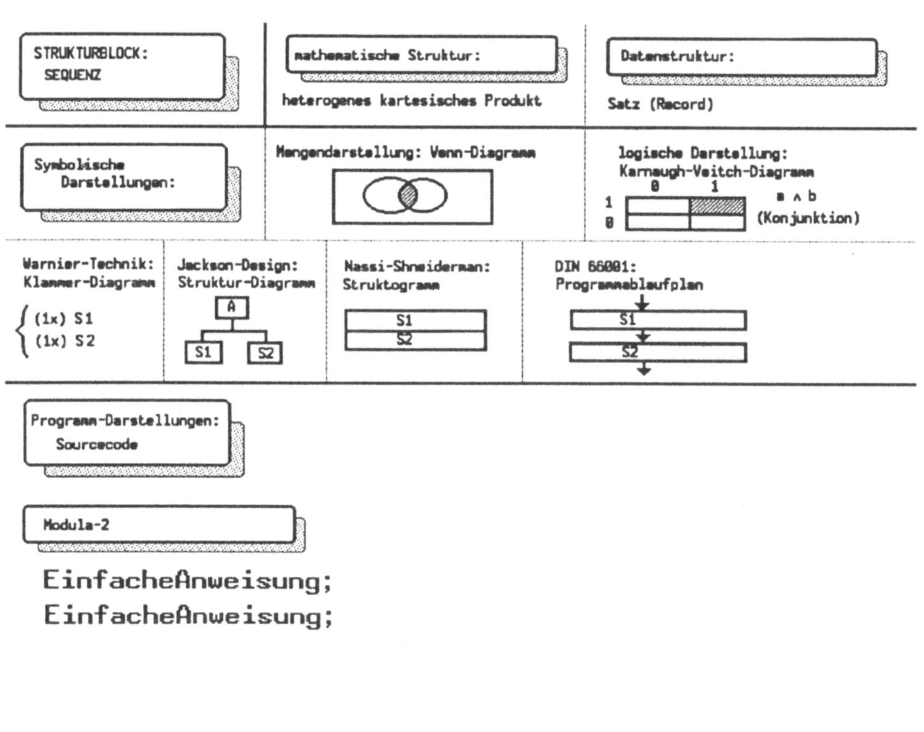

COBOL ANSI 74

```
Anweisung.
Anweisung.
```

COBOL ANSI 85

```
Anweisung.
Anweisung.
```

Abbildung 7A-2: Anweisungssequenz

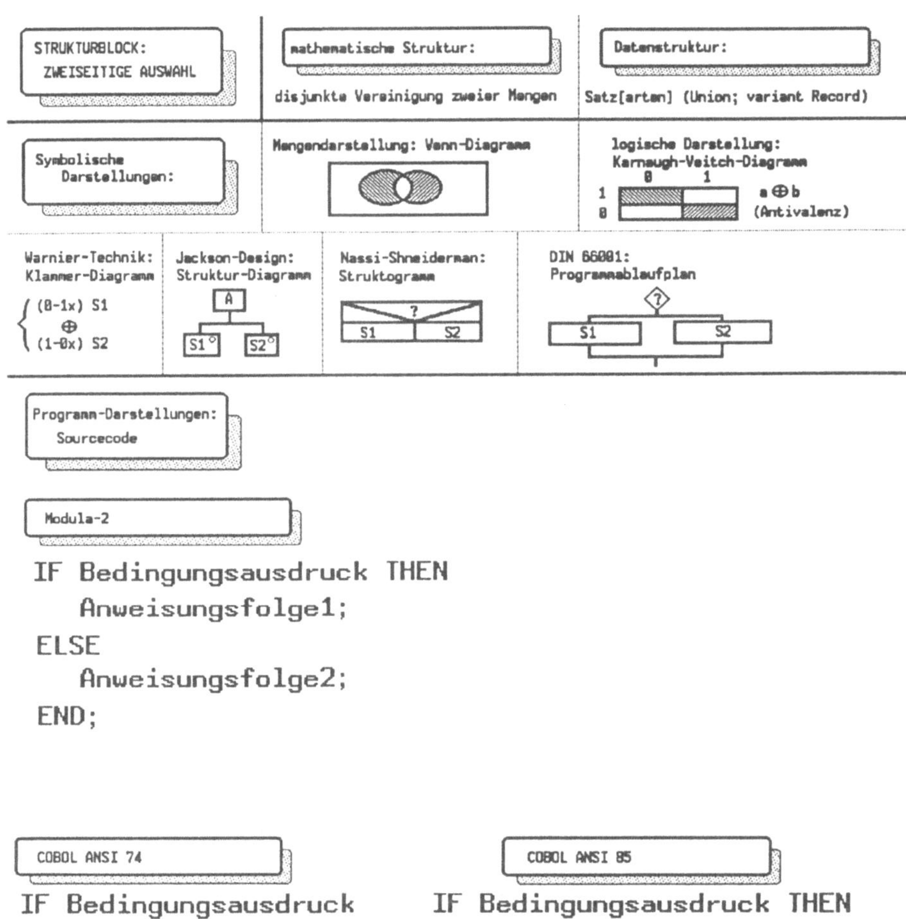

COBOL ANSI 74

```
IF Bedingungsausdruck
   Anweisungsfolge1
ELSE
   Anweisungsfolge2.
```

COBOL ANSI 85

```
IF Bedingungsausdruck THEN
   Anweisungsfolge1
ELSE
   Anweisungsfolge2
END-IF.
```

Abbildung 7A-3: Zweiseitige Auswahl

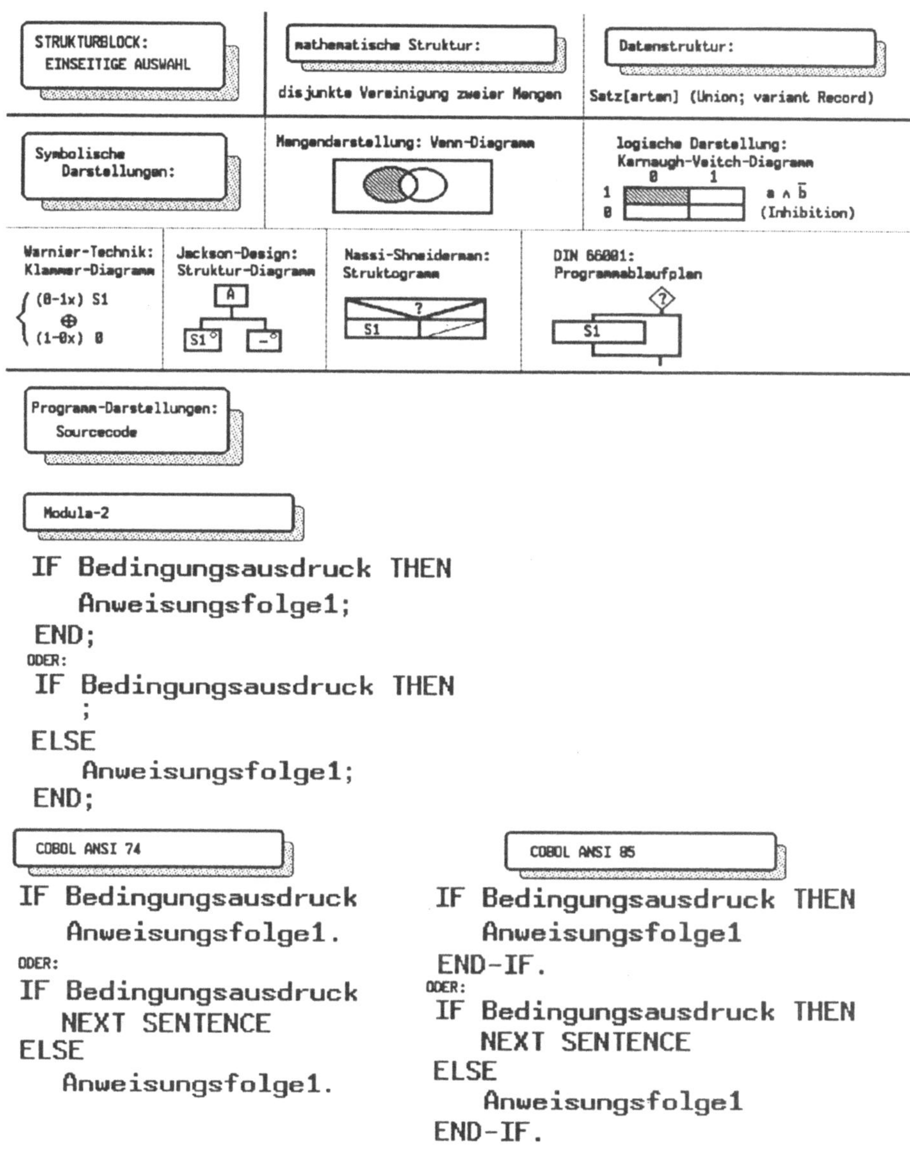

Abbildung 7A-4: Einseitige Auswahl

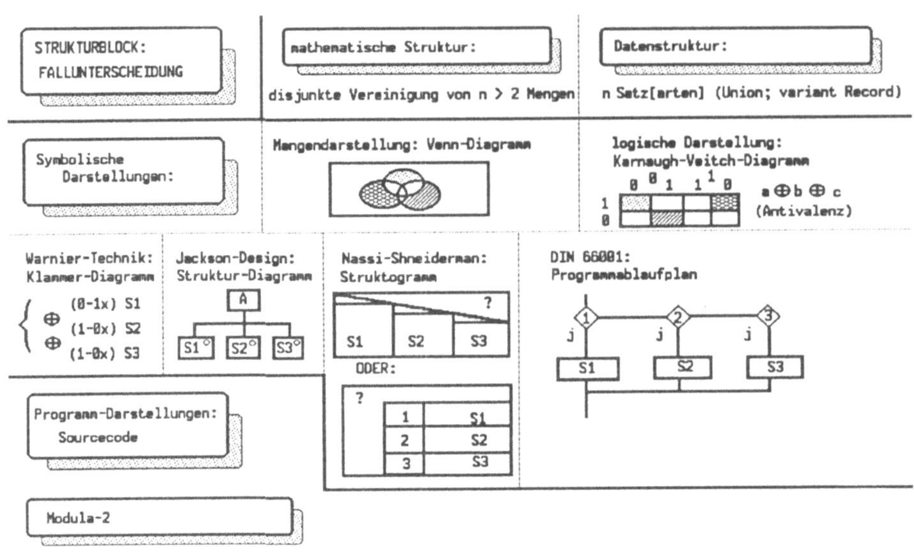


```
CASE Bedingungsausdruck OF
    1: Anweisungsfolge1;
  | 2: Anweisungsfolge2;
  | 3: Anweisungsfolge3;
END;
```

COBOL ANSI 74

```
IF Bedingungsausdruck1
   Anweisungsfolge1
ELSE IF Bedingungsausdruck2
   Anweisungsfolge2
ELSE IF Bedingungsausdruck3
   Anweisungsfolge3.
```

ODER:

```
LABEL SECTION.
LABEL0.
     GO TO LABEL1  LABEL2  LABEL3
        DEPENDING ON Zahlausdruck.
LABEL1.
     Anweisungsfolge1.
     GO TO LABEL-ENDE.
 [... usw. ...]
LABEL-ENDE.
     EXIT.
```

COBOL ANSI 85

```
EVALUATE Bedingung
  WHEN 1 Anweisungsfolge1
  WHEN 2 Anweisungsfolge2
  WHEN 3 Anweisungsfolge3
END-EVALUATE.
```

ODER:

analog mit "computed GOTO".

Abbildung 7A-5: Fallunterscheidung

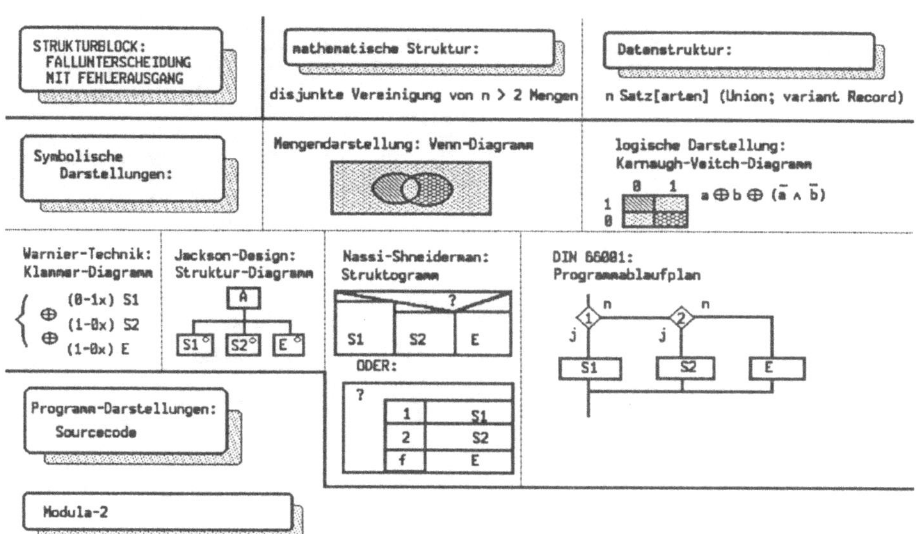


```
CASE Bedingungsausdruck OF
    1: Anweisungsfolge1;
  | 2: Anweisungsfolge2;
ELSE
        FehlerAnweisungen;
END;
```

COBOL ANSI 74

```
IF Bedingungsausdruck1
   Anweisungsfolge1
ELSE IF Bedingungsausdruck2
   Anweisungsfolge2
ELSE
   Fehleranweisungen.
```

ODER:

```
LABEL SECTION.
LABEL0.
     GO TO LABEL1  LABEL2
        DEPENDING ON Zahlausdruck.
     GO TO LABEL-FEHLER.
LABEL1.
     Anweisungsfolge1.
     GO TO LABEL-ENDE.
.....
LABEL-FEHLER.
.....Fehleranweisungen.
```

COBOL ANSI 85

```
EVALUATE Bedingung
  WHEN 1 Anweisungsfolge1
  WHEN 2 Anweisungsfolge2
  WHEN OTHER
           Fehleranweisungen
END-EVALUATE.
```

ODER:

analog mit "computed GOTO".

Abbildung 7A-6: Fallunterscheidung mit Fehlerausgang

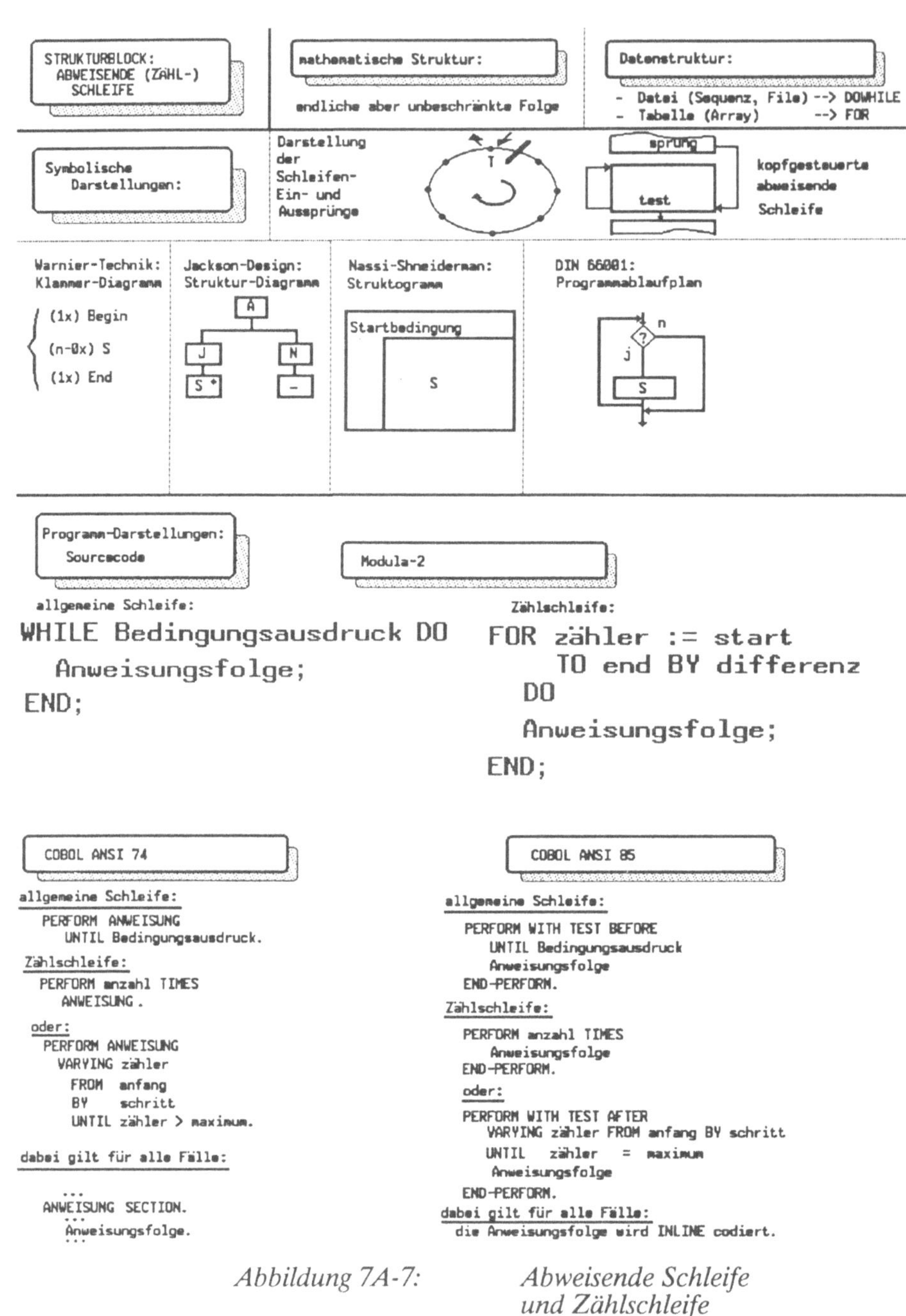

Abbildung 7A-7: Abweisende Schleife und Zählschleife

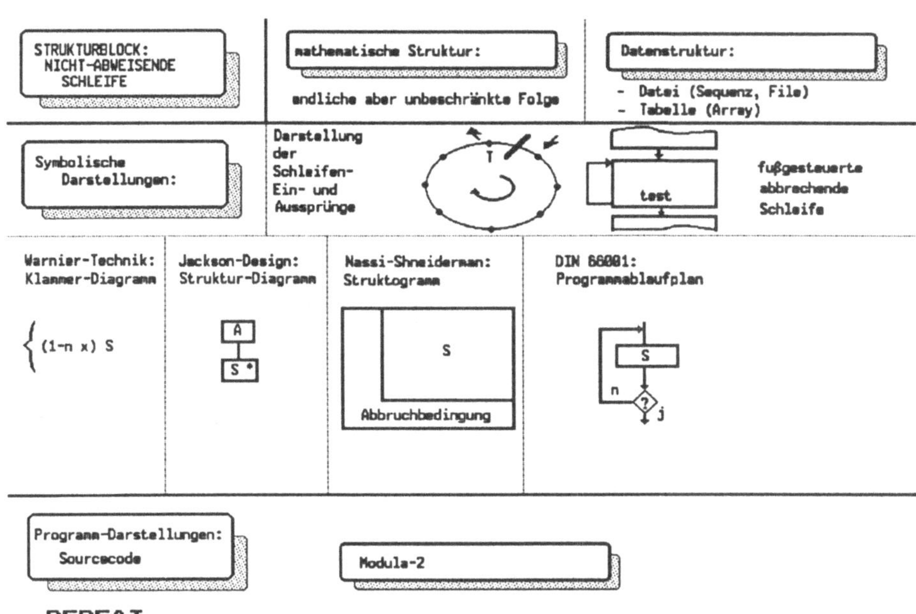


```
REPEAT
  Anweisungsfolge;
UNTIL Bedingungsausdruck;
```

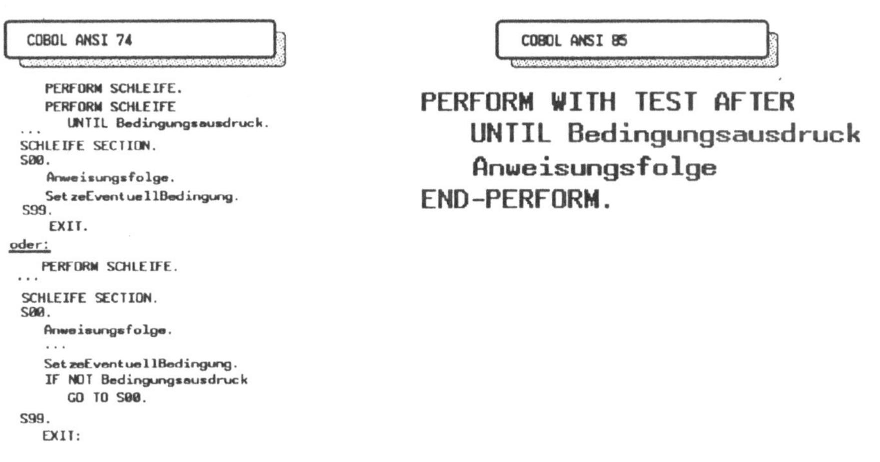

Abbildung 7A-8: Nicht-Abweisende Schleife

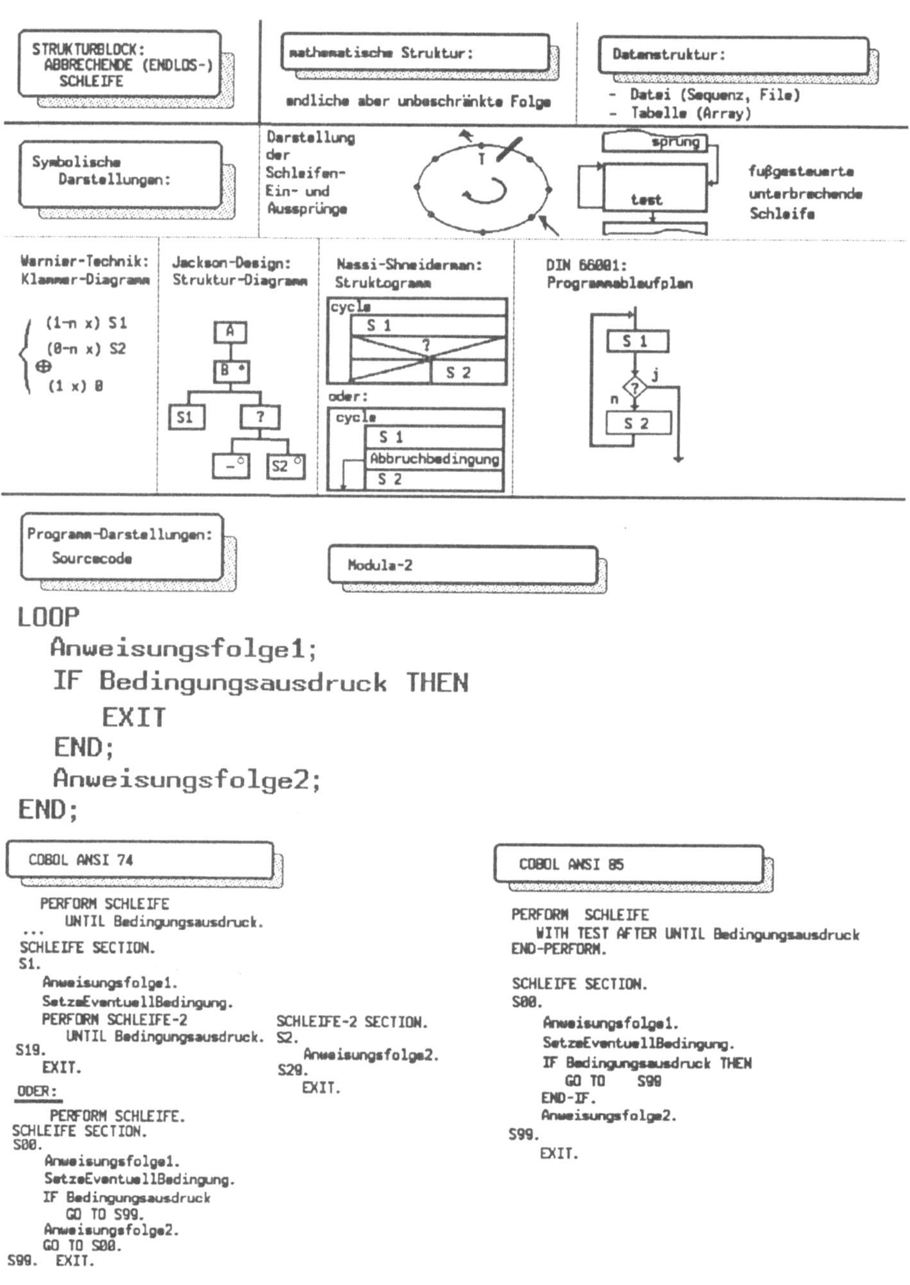

Abbildung 7A-9: Abbrechende Endlosschleife

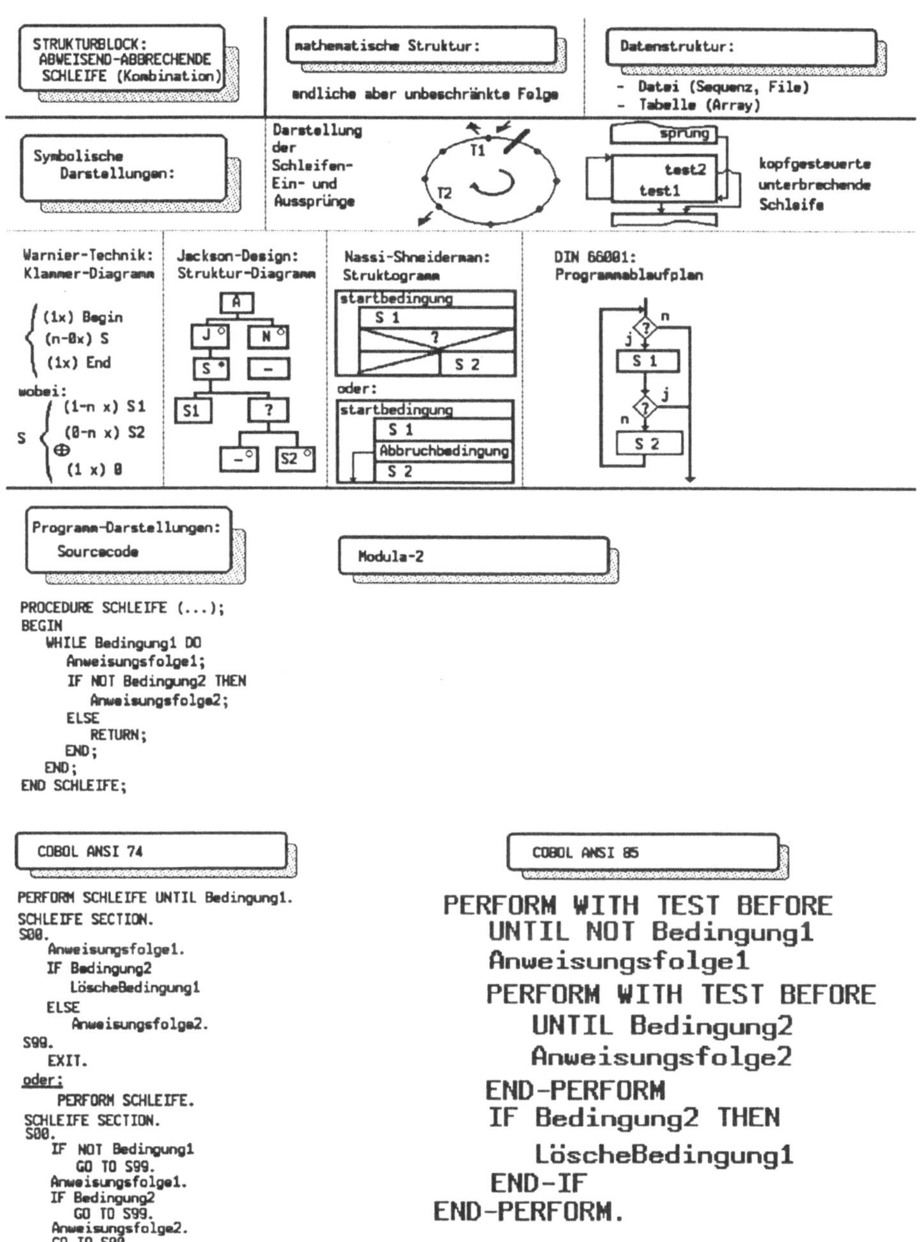

Abbildung 7A-10: Abweisend-abbrechende Schleife

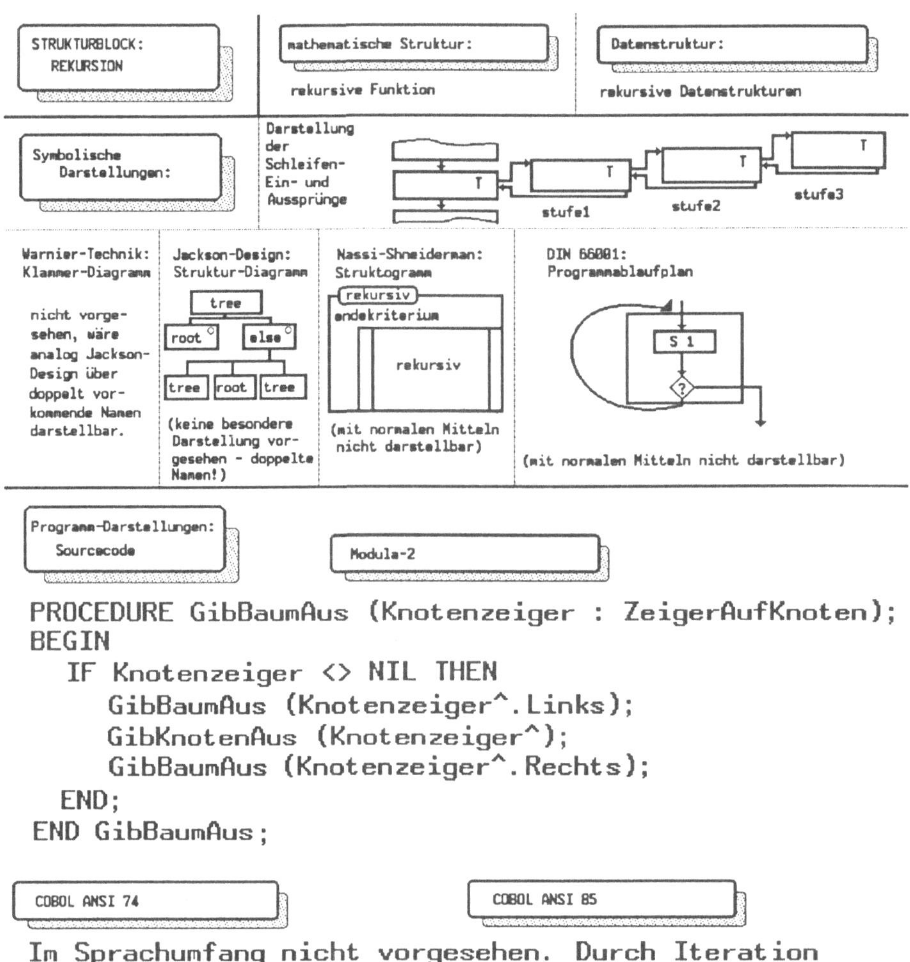

Im Sprachumfang nicht vorgesehen. Durch Iteration und evtl. selbst zu verwaltenden Stack zu ersetzen.

Abbildung 7A-11: Rekursion

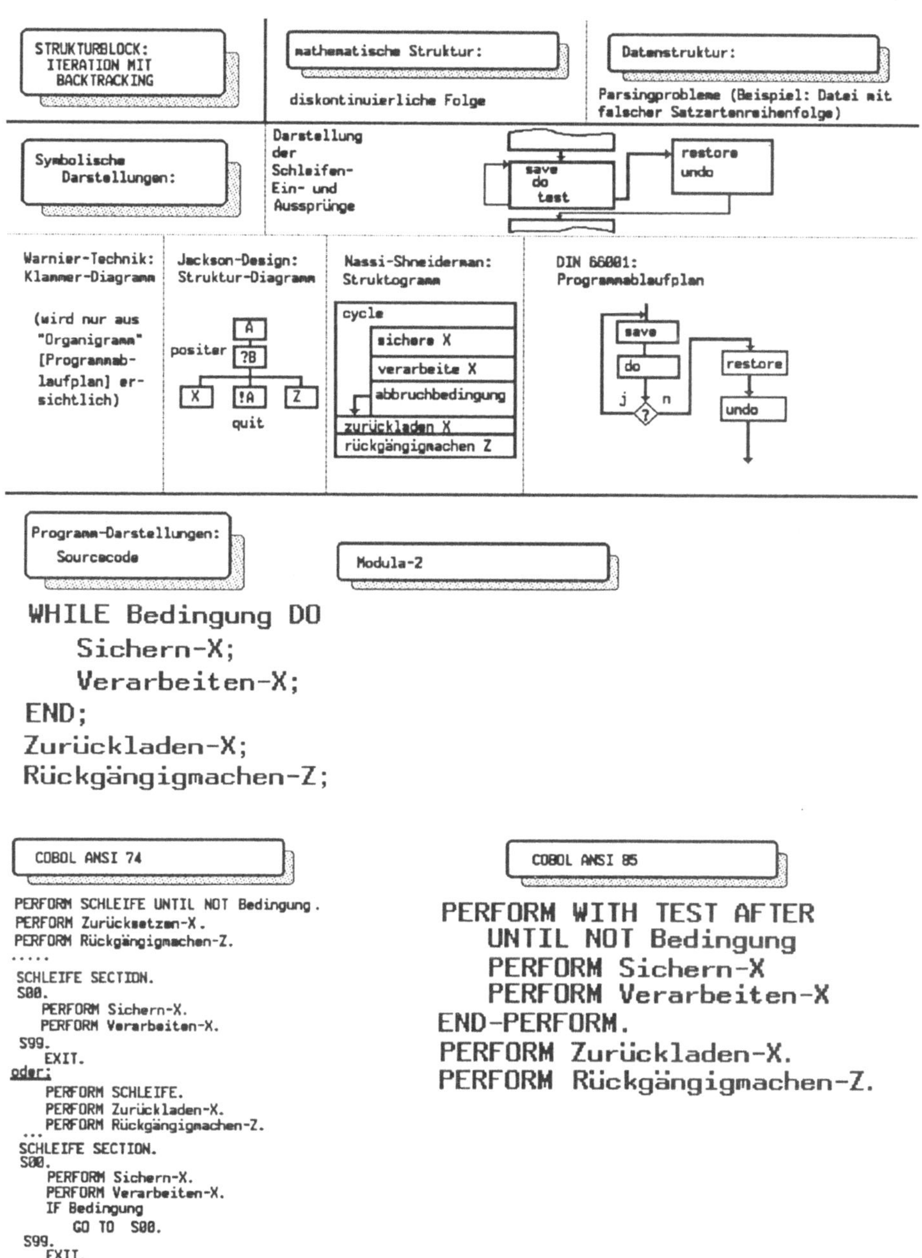

Abbildung 7A-12: Iteration mit Backtracking

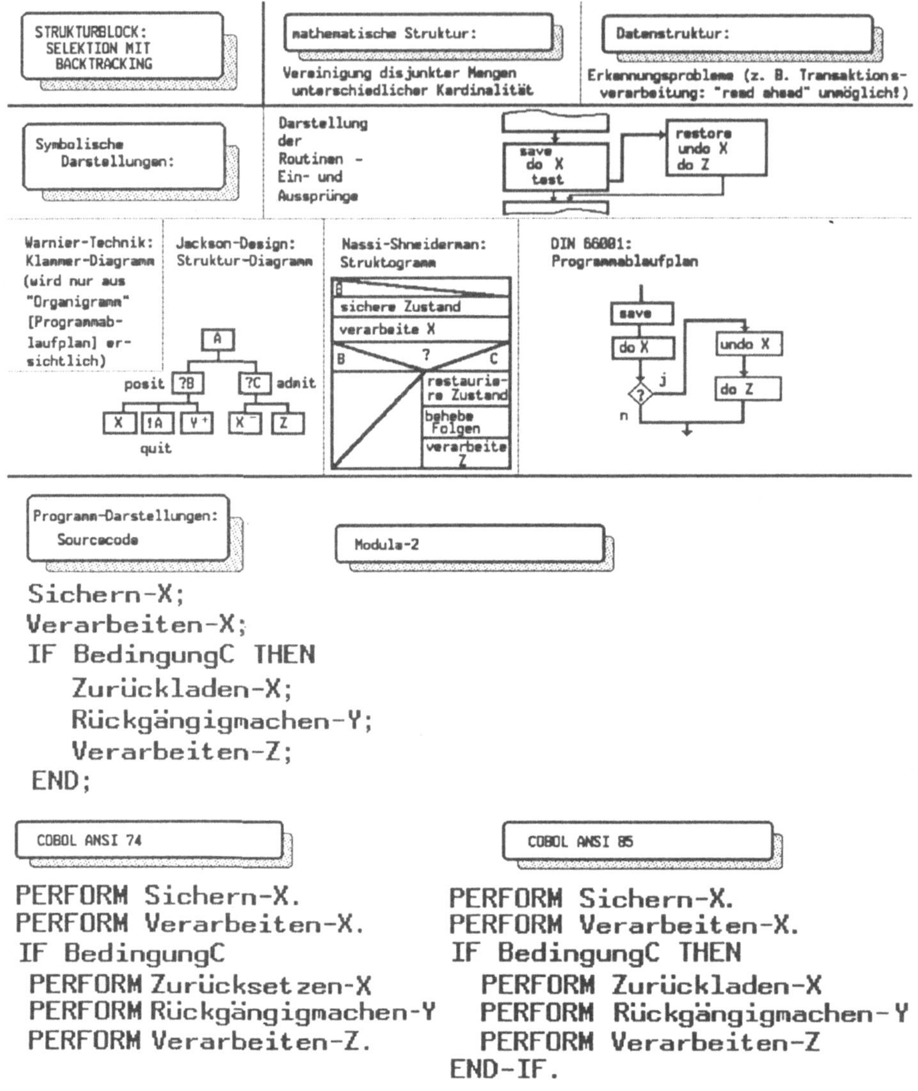

Abbildung 7A-13: Selektion mit Backtracking

Kapitel 8
Entwurf der Prozeduren

Kapitelübersicht

Entwurf der Prozeduren

8.1 Kontrollstrukturorientierung 169

8.2 Datenflußorientierung 176

8.3 Datenstrukturorientierung 180

8.4 Kontrollflußorientierung 189

Literaturhinweise 194

Stichworte

Entwurf durch:

- **schrittweise Verfeinerung**
- **strukturiertes Design**
- **Jackson Structured Programming** and System Development
- Konstruktion und **Verifikation**

8 ENTWURF DER PROZEDUREN

"The mass of tedious detail that is involved in a formal correctnes proof of even a moderatly complex algorithm is beyond the limits of human toleration; and, alas, at the present state of the art of automatic theorem proving, the prospects of obtaining correctness proofs automatically or semi-automatically are rather bleak."

Richard M. Karp, Communications of the ACM, 32(1989)12, p. 1411

Wenn wir die klassischen Unterscheidungen zwischen Daten und Code sowie zwischen statischer und dynamischer Betrachtungsweise in Tabellenform anordnen mit den Dimensionen:

- aktive/passive Einheiten
- dynamische/statische Beziehungen

erhalten wir ein mögliches Klassifikationsschema für Entwurfsmethoden.

Klassifikation von Entwurfsmethoden

Einheiten / Beziehungen		aktive	passive
		Operationen	Daten
dynamische	Fluss	Kontrollfluss	Datenfluss
statische	Struktur	Kontrollstruktur	Datenstruktur

Abbildung 8-1: Klassifikation von Entwurfsmethoden

Für jede Methode wird im folgenden ein Beispiel besprochen. Dabei wird sich zeigen, daß die Hoffnung auf eine Methode, die "automatisch" gute und fehlerfreie Entwürfe garantiert, zumindes vorläufig eine Illusion bleibt.

Objektorientierung

Objektorientierte Methoden mit ihrer Betonung der **Zusammengehörigkeit** von Daten und den auf ihnen möglichen Operationen in "Objekten", die durch Austausch von Nachrichten miteinander kommunizieren, werden hier nicht behandelt.

8.1 Kontrollstrukturorientierung

Diese Ansätze werden in der Literatur unter verschiedenen Namen beschrieben:

- Top-Down-Development (Mills)
- schrittweise Verfeinerung (Wirth)
- strukturierte Programmierung (Baker)
- funktionelle Dekomposition (Parnas)
- teile und herrsche (Horowitz/Sahni).

Gemeint ist die Verfahrensvorschrift:

Schrittweise Verfeinerung

> Teile jedes zu bearbeitende Problem so lange in kleinere (einfachere) Problemstellungen auf, bis diese sich mit den vorhandenen Mitteln lösen lassen.

Die Technik läßt sich als eine Abstraktion der Entwicklung "höherer" Programmiersprachen betrachten:

Wenn ich in Assembler programmiere, ist der Computer für mich eine Maschine, die Befehle der Art "Konvertiere in Binärformat", "Lade Register" usw. beherrscht und Berechnungen muß ich aus solchen Befehlen zusammensetzen. Programmiere ich in COBOL, ist der Computer eine Maschine, die Befehle der Art "COMPUTE A = A - B / (C - D)" beherrscht (und der Compiler übernimmt die Übersetzung in die "wirklichen" Maschinenbefehle, die ich oft gar nicht kenne).

Abstrakte Maschine

Wenn wir diese Abstraktion "von der anderen Seite" (Top-Down) betrachten, so programmiere ich in den zwei verschiedenen Sprachen jeweils eine andere "abstrakte Maschine": auch die "Nullen und Einsen" des Objektcodes sind ja nicht die "tiefste Ebene" der Maschine; darunter gibt es Decodierschaltungen, Microcodeinstruktionen usw. von denen ich wiederum als Assemblerprogrammierer nichts zu wissen brauche.

Reale Maschine

Funktionale Dekomposition besteht nun darin, durch schrittweise Verfeinerung von Befehlen an eine abstrakte Maschine diese durch immer konkretere Befehle (und damit an immer konkretere Maschinen) zu ersetzen, bis eine reale Maschine das verwendete Befehlsformat als korrekte Eingabe akzeptiert (der Compiler).

Anweisung: Prozedur

Ausdruck: Funktion

Verfeinern lassen sich Anweisungen und Ausdrücke. Die Verfeinerung einer **Anweisung** führt zu einer selbständig aufrufbaren **Prozedur**. Die Verfeinerung eines **Ausdrucks** führt zu einer **Funktion**, die nur in Ausdrücken aufgerufen werden kann. Die Prozeduren und Funktionen, die über ihre Namen aufgerufen werden, erweitern damit den Befehlsvorrat der verwendeten Sprache, indem sie die Lücke füllen zwischen den vorhandenen Basisanweisungen und den Anweisungen, die ich zur Lösung meines Problems benötige. Betrachten wir ein Beispiel:

Beispiel: Dialog-steuerung

In Dialogprogrammen muß die Verarbeitung von Anwendereingaben gesteuert werden. Auf der höchsten Steuerebene des Programms genügt dafür der Befehl:

```
PERFORM          VERARBSTEUER
         UNTIL   WM-ENDE =        WK-JA
END-PERFORM.
```

Diese Anweisung muß verfeinert werden, indem festgelegt wird, was die Dialogsteuerung leisten soll:

- Der Benutzer soll durch einfaches Auslösen vorhandene Feldinhalte übernehmen können.
- Der Benutzer soll den Dialog durch Funktionstasten steuern können.
- Wenn die Hilfetaste gedrückt wurde, soll ein Hilfstextfenster eingeblendet werden.

- Die Benutzereingaben sollen auf Zulässigkeit geprüft werden und unzulässige Eingaben sollen mit einer Fehlernachricht abgewiesen werden.

Daraus ergibt sich etwa folgende Verfeinerung:

```
       VERARBSTEUER SECTION.
       VE00.
              IF       WM-ENDE NOT     =       WK-JA
*                      fülle Tastaturpuffer mit Vorgabewerten
                       MOVE    1       TO      WM-WERTUEBERNAHME
                       PERFORM WERTUEBERNAHME  END-PERFORM

*                      lies die Tastatur
                       PERFORM LESEINGABE      END-PERFORM

*                      Hilfstext anzeigen?
                       IF      TS-AUSLOE       =       WK-HELP
                               PERFORM HILFSTEXT-STEUER END-PERFORM
                       END-IF

*                      wurde etwas eingegeben?
*                      dann aus Tastaturpuffer entnehmen
                       IF      TS-ANZSTL       >       ZERO
                               MOVE    2       TO
                                                   WM-WERTUEBERNAHME
                               PERFORM WERTUEBERNAHME  END-PERFORM
                       END-IF

*                      wurde eine Funktionstaste gedrückt?
*                      (Tastencode größer letzte Freigabetaste)
*                              dann Steuerung ausführen
                       IF      TS-AUSLOE       >       WK-BEST
                               PERFORM CURSOR-STEUERUNG END-PERFORM

*                              sonst Eingabe prüfen
                       ELSE
                               PERFORM PLAUSIBILITAET  END-PERFORM

*                              wenn kein Fehler auftrat
*                              weiter nächstes Feld
                               IF      WM-FEHL     NOT =WK-FEHL
                                       ADD     1   TO   WS-TSFELD
                               END-IF
                       END-IF
              END-IF.
       VE99.
              EXIT.
```

Jede PERFORM-Anweisung in dieser Section steht wiederum für eine Anweisung, die verfeinert werden muß. Das Anzeigen der Hilfstexte erfordert z. B.:

```
       HILFSTEXT-STEUER SECTION.
       HT00.
*               Hilfstext zu Programm, Maske, Feld suchen
                PERFORM HILFSTEXT-LESEN            END-PERFORM.
*               Hilfstext in Fenster einblenden
                PERFORM HILFSTEXT-EINBLENDEN       END-PERFORM.
*               Bildschirminhalt wiederherstellen
                PERFORM HILFSTEXT-AUSBLENDEN       END-PERFORM.
       HT99.
                EXIT.
```

Dieser Prozeß der schrittweisen Verfeinerung wird solange fortgesetzt, bis sich die Aufgaben einer Ebene mit den normalen Befehlen der Sprache oder durch den Aufruf bereits vorhandener Unterroutinen erledigen lassen. Zum Restaurieren der Maske kann z. B. eine vorhandene Routine zum zeilenweisen Anzeigen der Maske mit den vorhanden Feldinhalten benutzt werden. Diese Routine muß daher nicht weiter verfeinert werden und kann direkt codiert werden:

```
       HILFSTEXT-AUSBLENDEN SECTION.
       HTA00.
*               auf Bestätigungstaste warten!
                CONTROL TSDAT   CHECKING           BEST.
*               von unten nach oben restaurieren!
                PERFORM WITH    TEST     AFTER
                        VARYING MA-ZEIL
                                FROM     WZ-HT-LASTLINE  BY      -1
                                UNTIL    MA-ZEIL    <   WK-HT-STARTLINE
                        AUFBEREITUNG
                END-PERFORM.
       HTA99.
                EXIT.
```

Dieses Beispiel zeigt auch, daß das Kriterium der Wiederverwendbarkeit reines Top-Down-Design ausschließt:

Verfeinern und Abstrahieren

- Top-Down muß so *verfeinert* werden, daß **neue** (allgemein wiederverwendbare) Module **entstehen**.
- Bottom-Up muß so *abstrahiert* werden, daß **vorhandene** Module **kombiniert** werden können.

Diese Auslagerung von Code in separate Prozeduren und Funktionen macht aus einem anderen Blickwinkel noch einmal die Notwendigkeit von "Kontrollstrukturen" deutlich (vgl. Kapitel 7):

statischer Aufbau und dynamischer Ablauf

Bei auf diese Weise codierten Programmen stimmt die **Ablaufstruktur** (logische Struktur des Programms, dynamische Folge von Anweisungen zur Laufzeit) des Programms nicht mehr mit seiner **Aufbaustruktur** (physikalische Anordnung der Routinen, statische Folge von Anweisungen zur Übersetzungszeit) überein. Die Kontrollstrukturen Auswahl, Wiederholung und (bei Parallelverarbeitung) Gleichzeitigkeit weichen nämlich von der linearen Sequenz ab. Damit wird für das Verstehen und Testen von Programmen die Zuordnung von dynamischen Programmzuständen zum statischen Programmtext zum Problem. Auch unter diesem Gesichtspunkt erscheint es vorteilhaft, die möglichen Abweichungen vom linearen Kontrollfluß auf eine möglichst kleine Anzahl von standardisierten "Kontrollstrukturen" zu beschränken.

Nur zwei Kontrollstrukturen notwendig

Böhm und Jacopini haben 1966 für Flußdiagramme bewiesen, daß es möglich ist, mit nur **zwei** Konstrukten jedes beliebige Programm darzustellen (so wie es analog möglich ist, mit nur zwei logischen Junktoren jede beliebige logische Formel darzustellen). Seither werden heftige Kontroversen über Kontrollstrukturen ausgetragen, die über die elementaren (Sequenz, Verzweigung, Wiederholung) hinausgehen. Insbesondere der Gebrauch von "GO TO" gilt als verpönt, wobei übersehen wird, daß in "go-to-freien" Programmiersprachen Anweisungen wie "loop/exit", "return" oder zur Fehlerbehandlung ("exception handling", z. B. "raise error") vorhanden sind, die alle das vorzeitige Verlassen einer Routine erlauben, und nichts anderes als Sprungbefehle sind.

GOTO ...

In COBOL ist (solange nicht ANSI-85-Compiler mit INLINE-PERFORM allgemein verfügbar sind) Programmierung ohne GO TO kaum vorstellbar. Die ausschließliche

Verwendung von PERFORM (UNTIL) führt zu kaum mehr lesbaren, extrem zerstückelten Programmen. Um unerwünschte Nebenwirkungen auszuschließen, sind aber strikte Verwendungsregeln einzuhalten:

... *Konventionen*

- Programmblöcke sind ausschließlich als **SECTIONS** (*nicht* als Paragraphen) zu codieren.
- SECTIONS dürfen ausschließlich mit "PERFORM", "PERFORM UNTIL", "PERFORM VARYING" und "PERFORM n TIMES" aufgerufen werden. SECTIONS dürfen *nicht* mit "GO TO" angesprungen werden (Rücksprungadressen müssen vom Compiler verwaltet werden).
- GO TO darf nur verwendet werden
  - **innerhalb** einer SECTION
    (es darf *kein* GO TO *aus* der SECTION herausführen)
  - als **Sprungverteiler**
    (GO TO DEPENDING ON)
  - als **Vorwärtssprung bei Bedingungen**
    (um Zerstückelung durch mehrfache hierarchische out-of-line PERFORM-Aufrufe zu vermeiden)
  - als **Rückwärtssprung zur Schleifenkonstruktion**
    (und nur hierzu).
- Durch die Numerierung der Labels muß eindeutig erkennbar sein, in welche **Richtung** ein Sprung geht.

Obwohl sich leicht zeigen läßt, **daß** Verfeinerung sinnvoll ist, läßt sich in der Literatur wenig darüber erfahren, **wie** man verfeinern soll. Die Ergebnisse der Verfeinerung hängen aber wesentlich davon ab, **nach welchen Kriterien** die Dekomposition vorgenommen wird (z. B.: zeitliche Reihenfolge, Datenfluß, logische Zusammenhänge, Zugriff auf einen gemeinsamen Datenbereich usw.).

Die einzig praktisch verwertbare und wichtige Direktive ist Parnas' Prinzip des "Information Hiding":

- Jedes Modul ist zu charakterisieren durch seine Kenntnis einer Entwurfsentscheidung, die es vor allen anderen verbirgt.
- Jede Schnittstellendefinition ist so zu wählen, daß sie so wenig wie möglich von den inneren Abläufen des Moduls verrät.

information hiding

Damit werden die Auswirkungen der Änderung einer solchen Entscheidung soweit wie möglich begrenzt (im Idealfall: auf ein Modul). Daraus ergibt sich die Entwurfsempfehlung:

Geheimnisprinzip

> Beginne mit eine Liste schwieriger Designentscheidungen bwz. von Designentscheidungen, die sich wahrscheinlich ändern könnten. Jedes Modul wird dann so entworfen, daß es solch eine Entscheidung vor den anderen verbirgt. (Parnas 1972)

Das heißt **nicht**, daß der Benutzer die Implementierung nicht **lesen** darf, er soll vielmehr kein Modul **schreiben** können, dessen Korrektheit davon abhängt, daß er die Implementierung kennt. Das Geheimnisprinzip **entlastet** von der Notwendigkeit, Implementierungsdetails zu kennen und **verbietet** sie zu verwerten.

Solche zu verbergenden Designentscheidungen können in der Praxis z. B. sein:

geeignete Modulgeheimnisse

- eine Datenstruktur
- ein Dateiaufbau
- ein Zugriffsverfahren
- ein Berechnungsverfahren.

Auf diese Weise lassen sich von den Problemstellungen der Anwendung Kriterien gewinnen, welche Teile des Codes in separaten Prozeduren verfeinert und von den übrigen Modulen abgekapselt werden müssen.

8.2 Datenflussorientierung

Die datenflußorientierte Entwurfsmethode geht auf Vorschläge von Larry Constantine 1974 zurück. In der Literatur finden sich Darstellungen unter den Bezeichnungen:

- structured design (Stevens/Myers/Constantine)
- transform-centered design (Yourdon)
- composite design (Myers)
- source/transform/sink decomposition (Myers).

Vorgehensweise

Die letzte Bezeichnung ("Quelle/Umformung/Senke-Dekomposition") beschreibt anschaulich die prinzipielle Vorgehensweise, die in fünf Schritten abläuft:

logisches Modell

1. Bilde ein **logisches Modell** des Problems.

   Dafür wird ein Datenflußdiagramm mit Aktivitäten und Speichern erzeugt (vgl. Abschitt 2.1 oben).

logischer Datenstrom

2. Bilde ein Modell des **logischen Datenstroms**

   Der logische Datenstrom wird dabei unabhängig von physikalischen Gegebenheiten gedacht: zwei physikalische Eingabemedien können z. B. einen logischen Datenstrom konstituieren und umgekehrt.

Hauptdatenstrom

3. Identifiziere den **Hauptdatenstrom**.

   Im Hauptdatenstrom werden mit Hilfe des logischen Modells die "Punkte der höchsten Abstraktion" bestimmt. Dies sind die Stellen im Datenfluß, wo die Daten "zum letzten Mal als eingehend"/"zum ersten Mal als ausgehend" betrachtet werden können. Zwischen diesen Punkten finden die "zentralen Transformationen" statt.

4. Die **zentralen Transformationen** bilden die Top-Level-Ebene. *zentrale Transformationen*

   Sie besteht aus dem Steuerungsmodul mit den Untermodulen:
   - Eingabe (Quellen-Modul für jeden konzeptuellen Eingabestrom)
   - Verarbeitung (zentrale Transformation)
   - Ausgabe (Senken-Modul für jeden konzeptuellen Ausgabestrom).

5. Bestimme die notwendigen **Module der tieferen Ebenen.** *Module*

   Für jedes Ein-/Ausgabemodul wird die letzte Transformation bestimmt, die notwendig ist, um dessen Rückgabedaten zu erzeugen. Dafür werden wieder Eingabe-/Ausgabe-/Transformationsmodule gebildet (Top-Down-Development) bis das erste Eingabe-/letzte Ausgabe-Modul erreicht ist.

Der Entwurf wird dargestellt durch:

- "Data Flow Diagramms": Datenflußdiagramme der Problemstruktur und zur Bestimmung der "Punkte der höchsten Abstraktion"
- "Structure Charts": Dies sind Baumdiagramme der Modulhierarchie, die durch Ein-Ausgabe-Tabellen ergänzt werden.

Beispiel: Datentransformation

Wir betrachten als Beispiel die Schnittstelle zwischen dezentralem Warenwirtschaftssystem und zentraler Finanzbuchhaltung. Warenbewegungen werden in den beiden Systemen in unterschiedlichem Satzformat und unterschiedlicher Anordnung der Sätze benötigt. Ein Programm zum Erstellen der dezentralen Sendedateien (D40) transformiert die Warenbewegungen aus dem dezentralen Belegsatzformat in das zentrale Bewegungssatzformat. Die folgende Abbildung zeigt konzeptuellen Datenstrom, Structure Chart und I-O-Tabelle für dieses Problem.

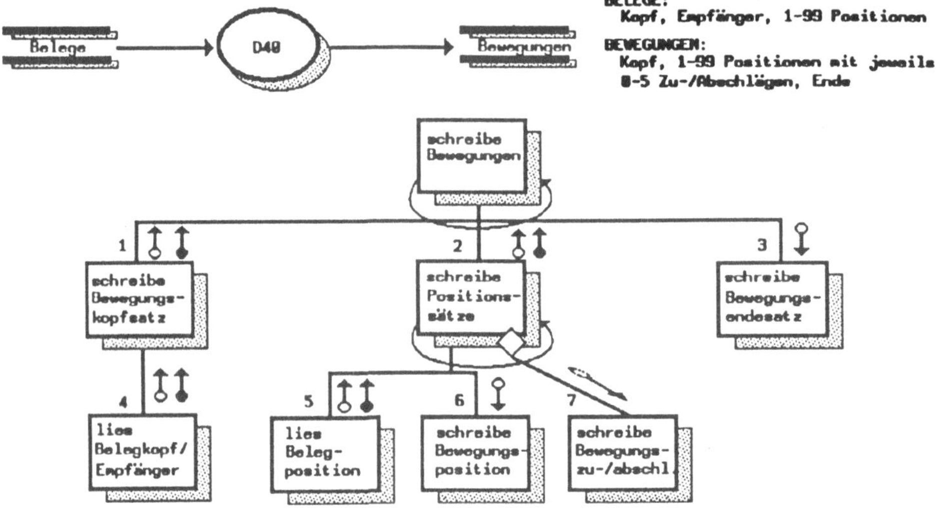

	in	out
1	Belegkopfsatz Belegempfängersatz ENDE-DATEI	Bewegungskopfsatz ENDE-DATEI
2	Belegpositionsdaten ENDE-BELEG	kumulierte Daten ENDE-BELEG
3	kumulierte Daten	Bewegungsendesatz
4	--	Belegkopfsatz Belegempfängersatz ENDE-DATEI
5	--	Belegpositionssatz ENDE-BELEG
6	Belegpositionsdaten (Artikel)	Bewegungspositionssatz
7	Belegpositionsdaten (Zu- und Abschläge)	Bewegungszu-/abschlagessatz

Abbildung 8.2-1: Datenflußorientierter Entwurf

Structure Charts

- **Datenflüsse** werden in der Structure Chart durch leere Kreise dargestellt, von denen ein Pfeil in die Richtung des Flußes zeigt.
- **Kontrollflüsse** werden analog durch ausgefüllte Kreise angezeigt. (Die Schaltervariablen für Beleg- und Dateiende wurden in der Tabelle in Großbuchstaben geschrieben.)
- **Sequenzen** von Modulen werden durch die Aneinanderreihung auf der gleichen Baumebene dargestellt. (Das Hauptmodul ruft nacheinander die Module "schreibe Bewegungskopfsatz", "schreibe Positionssätze", "schreibe Bewegungsendesatz" auf.)

- **Iterationen** werden durch einen Pfeil vom aufrufenden Modul auf sich selbst dargestellt. (Das Modul "schreibe Positionssätze" ruft seine Untermodule so oft auf, wie noch Belegpositionen für den gleichen Beleg vorhanden sind.)
- **Selektionen** werden durch eine Raute beim aufrufenden Modul dargestellt. (Zu- oder Abschlagssätze werden pro Positionssatz 0-5-mal in die Bewegungsdatei geschrieben, je nachdem ob und wieviele Zu- und Abschläge im jeweiligen Belegpositionssatz vorhanden sind.)

Bei dieser Entwurfsmethode wird nun ein Kriterium für die Dekomposition angegeben (identifiziere die zentralen Transformationen) - es erweist sich jedoch als formal und die zu treffenden Designentscheidungen bleiben subjektive Schritte.

Weitere Entwurfsempfehlungen beziehen sich auf die Realisierung von "sauberen" Modulen (optimale Größe, Vermeidung von Seiteneffekten, Erkennung und Behebung von Fehlern). Hervorgehoben sei das Prinzip der **Datenkapselung**:

Prinzip der Datenkapselung

Isoliere Spezifikationen, d. h. verstecke alle Abhängigkeiten von einem bestimmten Datentyp, einem bestimmten Satzformat, einer bestimmten Indexstruktur usw. in einem oder einer minimalen Anzahl von Modulen.

Dies ist vor allem wegen der anzustrebenden **Portabilität** der Programme wichtig:

"Wenn alle Programme in einer Form geschrieben wären, wo es z. B. ein Modul gibt, das bei gegebenem Schlüssel einen Satz einer Datei liefert, dann würden Betriebssystemwechsel, Änderung von Dateizugriffstechniken, der Blockung oder von Ein-/Ausgabegeräten sehr vereinfacht werden. Und wenn **alle** Programme einer Installation aus einer bestimmten Datei mit dem gleichen Modul lesen würden, dann würde **ein** überarbeitetes Programm **alle** Programme der Installation mit neuen Bedingungen für diese Datei korrekt arbeiten lassen." (Stevens u. a. 1974, S. 138)

8.3 Datenstrukturorientierung

Datenstrukturorientierte Methoden wurden unabhängig voneinander entwickelt von J. D. Warnier in Frankreich und Michael Jackson in England. Die beiden Ansätze unterscheiden sich im theoretischen Ausgangspunkt, basieren aber auf dem gleichen Grundgedanken und führen zu prinzipiell gleichen Ergebnissen.

Warnier

Warnier-Methode

Warnier geht von logischen bzw. mengentheoretischen Überlegungen aus:

Datenverarbeitung erzeugt aus einer Menge von Eingabedaten eine Menge von Ausgabedaten. Die gesamte Menge der Daten läßt sich dabei bezüglich der für sie gewünschten Verarbeitung unterteilen in Untermengen, die

- ineinander enthalten sind (Teilmengen) oder
- elementfremd zueinander sind (Mengen mit leerer Durchschnittsmenge).
- Liegt keiner der beiden Fälle vor - d. h. überschneiden sich zwei Mengen teilweise - so handelt es sich um einen sogenannten Strukturkonflikt (s. unten und Abschnitt 9.1).

Mengen-darstellungen

Diese Unterteilung erfolgt sukzessive so weit, bis alle für das zu bearbeitende Problem bedeutsamen Untermengen definiert sind. Die so entstandenen Mengenbeziehungen lassen sich nun auf verschiedene Arten darstellen als:

- Klammerdiagramme (sogenannte Warnier-Diagramme - vgl. den grafischen Anhang zu Kapitel 7)
- Venn-Diagramme (vgl. ebd. u. Abschnitt 9.1)
- Karnaugh-Veitch-Diagramme (ebd.)

- Baumdiagramme, wobei die Besonderheit der Warnier-Darstellung ist, daß in den Klammer- und Baumdiagrammen gekennzeichnet wird, ob eine Menge:
  - nur einmmal: "(1x)"
  - mehrfach: "(nx)" oder
  - nicht oder einmal: "(0-1x)"

  auftritt. (Dies entspricht den Symbolen für Sequenz, Iteration und Selektion in der Darstellung von Jackson.)
- Organigramm (entspricht einem Programmflußplan).

Die Besonderheit der Unterteilung in entweder inklusive oder disjunkte Teilmengen ist nun, daß sich so untergliederte Mengen leicht in eine hierarchische Baumdarstellung überführen lassen:

Mengen-diagramme

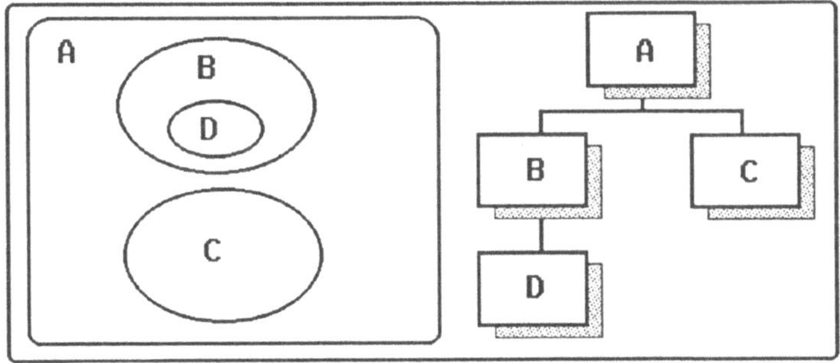

Abbildung 8.3-1: Venn- und Baumdiagramm einer Mengenunterteilung

In diesem Beispiel sind:

Mengen-begriffe

- B und C disjunkte Mengen
- D und C disjunkte Mengen
- B, C und D Teilmengen von A
- ist D Teilmenge von B.

Wir können uns nun auch A bis D als hierarchisch untergliederte Menge von Befehlen vorstellen: nämlich jeweils als die Teilmenge der Befehle des gesamten Programms, die eben die jeweiligen Datenuntermengen (A bis D) zu bearbeiten haben.

Entwurfsschritte bei Warnier:

- *Gliederung*
- *Phasen*
- *Sequenzen*
- *Anweisungen*

Die Warnier-Methode besteht aus den Schritten:

- Erstellung der hierarchischen Gliederung der logischen Ein- und Ausgabedaten.
- Ermittlung der logischen Phasen des Programms aus dem Vergleich von Ein- und Ausgabedaten und Bestimmung der hierarchischen Gliederung der Eingabedaten für die logischen Phasen.
- Ermittlung der logischen Befehlssequenzen aus den hierarchischen Datenstrukturen (wobei zur Vereinfachung und Optimierung Entscheidungstabellen und Karnaugh-Veitch-Diagramme als Hilfsmittel eingesetzt werden - vgl. Abschnitt 9.1).
- Ermittlung der notwendigen Programmanweisungen und Zuordnung zu den logischen Sequenzen, wobei die Anweisungen nach den Kategorien
  - Eingabe
  - Verzweigungen und Vorbereitungen dafür
  - Vorbesetzungen und Rechenbefehle
  - Ausgabe und
  - Unterprogramaufrufe

  erfaßt werden.

Jackson

Entwurfsschritte bei Jackson

Die Methode von **Jackson** läßt sich mit den folgenden fünf Schritten beschreiben:

1. Modellschritt

- *Modell SND*

Erstellen eines Datenflußdiagramms. Dabei werden Daten durch ein Kreissymbol, Verarbeitungen durch ein Rechtecksymbol dargestellt. Jackson nennt das "System Network Diagramms" (SND).

2. Datenstrukturschritt

Erstellen der Datenstrukturdiagramme (DSD) für alle Datenströme aus den Komponenten Sequenz, Selektion und Iteration (vgl. Anhang zu Kapitel 7). Dabei ist darauf zu achten, daß keine Strukturen vermischt werden: Für Iterationen oder Selektionen müssen Rümpfe erzeugt werden, sie dürfen nicht unmittelbar in Sequenzen vorkommen.

▪ *Datenstruktur DSD*

3. Programmstrukturschritt

Ermittlung der Programmstrukturdiagramme (PSD) aus den Datenstrukturen. Ziel ist dabei wieder eine Entsprechung der beiden Strukturdiagramme.

▪ *Programmstruktur PSD*

4. Operationsschritt

Ermittlung und Zuordnung der elementaren Anweisungen zu den Strukturblöcken.

▪ *Operationen*

5. Textschritt

Umsetzung der Programmstruktur und der Elementaranweisungen in Strukturtext (Pseudocode). Maschinelle oder manuelle Übersetzung des Strukturtextes in Quellcode.

▪ *Strukturtext*

Für die Verknüpfung von Programmen und die physische Implementierung des Systems werden die SND's in Systemimplementierungsdiagramme (SID) umgeformt, mit denen die Programmhierarchie und die Zuordnung zu physischen I-O-Geräten dargestellt wird (vgl. Kilberth 1988, S. 162 - 195).

Implementierung SID

Im folgenden Beispiel (Drucken eines Wareneingangsbelegs) wird zur Vereinfachung die vorausgehende Dialogverarbeitung (Auswahl einer Belegnummer, Prüfung, ob der Beleg vorhanden und gültig ist) ausgespart.

Beispiel

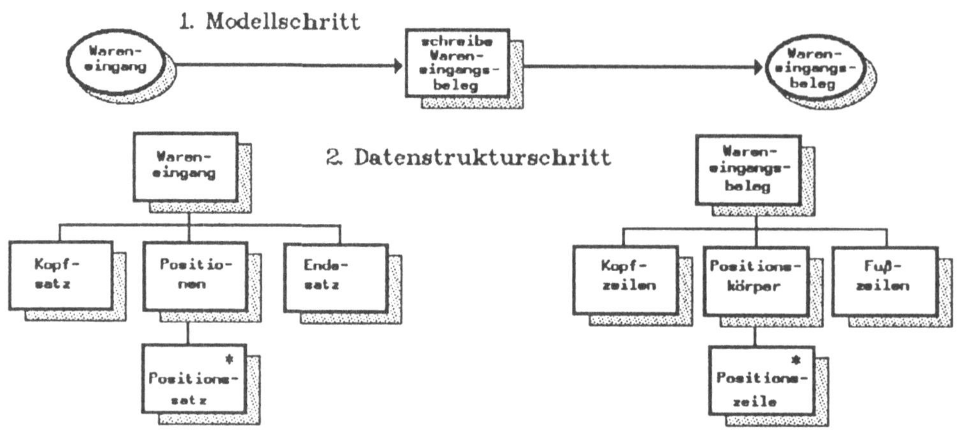

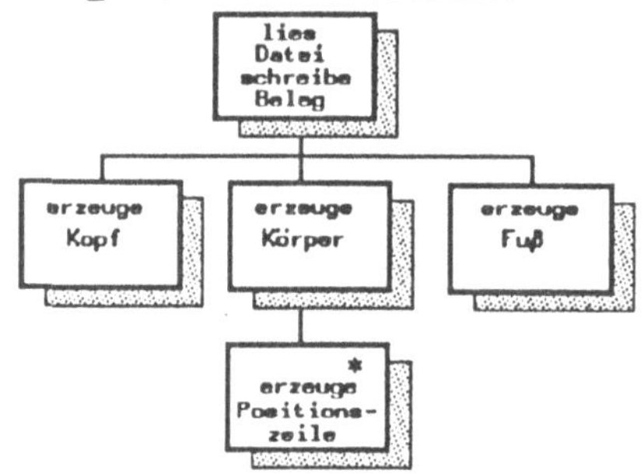

4. Operationsschritt

a) Liste ausführbarer Operationen b) Zuordnung der Operationen

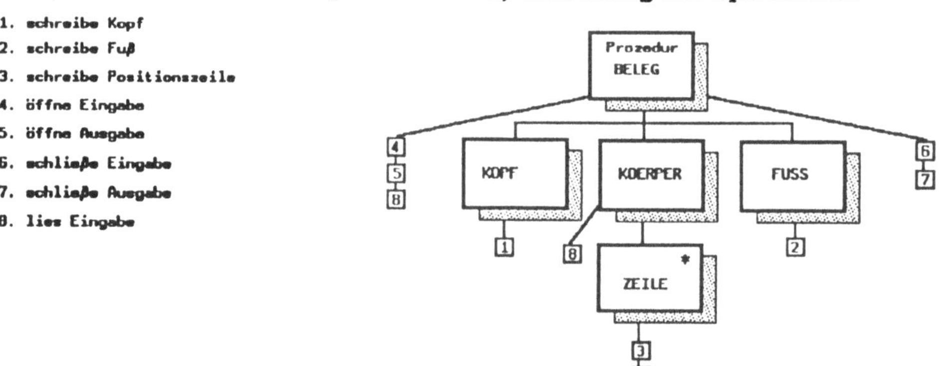

Abbildung 8.3-2: Entwicklungsschritte der Jackson-Methode

Im 5. Schritt (Textschritt) wird die Programmstruktur mit den zugeordneten Operationen in Strukturtext übersetzt:

Textschritt

```
BELEG seq
        öffne Eingabe
        öffne Ausgabe
        lies Eingabe
        KOPF seq
                schreibe Kopfzeilen
        KOPF end
        KOERPER seq
                lies Eingabe
                ZEILE itr while (Satz <> Endesatz)
                        schreibe Positionszeile
                        lies Eingabe
                ZEILE end
        KOERPER end
        FUSS seq
                schreibe Fußzeilen
        FUSS end
        schließe Eingabe
        schließe Ausgabe
BELEG end
```

Struktur-konflikte:

Solche 1:1-Entsprechungen zwischen den Strukturen von Eingabedaten - Programm - Ausgabedaten sind aber nicht immer zu erreichen: nämlich dann nicht, wenn **Strukturkonflikte** zwischen den Ein- und Ausgabedaten vorliegen.

Solche Strukturkonflikte können sein:

Abgrenzung Auf einer oder mehreren mittleren Ebenen gibt es keine Übereinstimmung, während die oberen und unteren Ebenen der Strukturen übereinstimmen. *Abgrenzungskonflikt*

Reihenfolge Die Nicht-Übereinstimmung entsteht durch eine andere Sortierreihenfolge. *Reihenfolgekonflikt*

Verflechtung Die Datenelemente der Eingabe sind zwar bezogen auf eine höhere Hierarchieebene in der richtigen Reihenfolge; die Elemente der niederen Hierarchieebene sind jedoch untereinander vermischt. *Verflechtungskonflikt*

Beispiele: Beispiele für die Strukturkonflikte:

Abgrenzung Eine Datei enthält Kopfsätze "Jahr-Monat-Woche" und Folgesätze "Tag-Umsatz" für die Umsätze an den Wochentagen. Wenn Umsätze für Monate ausgegeben werden sollen, besteht der **Abgrenzungskonflikt** darin, daß in den Folgesätzen für **eine** Woche Umsätze für **zwei** Monate vorkommen können.

Reihenfolge Ein **Reihenfolgekonflikt** entsteht, wenn die nach Buchungsdatum abgespeicherten Umsätze nach Kunden oder nach Wert sortiert ausgegeben werden sollen.

Verflechtung Eine Datei enthält Sätze, sortiert nach Terminen, für "Warenausgang-Wert-Kunde" und "Zahlungseingang-Wert-Kunde". Bezogen auf einen Kunden stehen dann Warenausgang und Zahlungseingang in der richtigen Ordnung, aber verflochten mit den Daten anderer Kunden. Wenn in einer Ausgabedatei der Ausgleich zwischen Ausgangs- und Eingangsbuchungen - ebenfalls chronologisch sortiert nach Ausgangsbuchungen - überprüft werden soll, liegt ein **Verflechtungskonflikt** vor.

Aufteilung in Teildatenströme Die prinzipielle Lösung dieser Strukturkonflikte ist immer die Aufteilung des Datenstroms in zwei Teildatenströme und dementsprechend des Programms in zwei Teilprogramme: das erste produziert eine Zwischendatei in der richtigen Struktur (durch Vorauslesen, Sortieren usw.), das zweite verarbeitet diese Datei als Eingabe:

```
Eingabe -> Programm1 -> Zwischendatei -> Programm2 -> Ausgabe
```

Coroutinentechnik Man sieht leicht, daß die Zwischendatei nicht nötig wäre, wenn sich die beiden Programme abwechseln könnten: das eine Programm produziert Sätze, das andere verarbeitet sie und die Kontrolle wechselt dabei zwischen den beiden Programmen. Eine solche Coroutinentechnik (Erzeuger-Verbraucher-System, vgl. Kapitel 7 und Abschnitt 9.2) läßt sich aber in COBOL nicht unmittelbar realisieren: Erforderlich ist, daß ein Programm die Kontrolle abgeben kann und wenn es sie zurückerhält, genau an der unterbrochenen Stelle fortfährt, statt wieder am Programmanfang.

Programminversion

Jackson hat nun eine Technik entwickelt, die **Programminversion**, mit der sich solche Abläufe durch Unterprogrammaufrufe mit normalen Sprachmitteln abbilden lassen. Um die Unterbrechung des invertierten Programms zu simulieren, merkt sich das Unterprogramm seinen Zustand in einem "Statusvektor" (Darstellung im SND durch ein Rautensymbol). Der Statusvektor dient beim Eintritt ins Programm als Sprungadresse für die Simulation des "resume"-Aufrufs. Der Sprung erfolgt durch ein "GO TO DEPENDING ON". Der Statusvektor kann in der LINKAGE-Section enthalten sein, über die die beiden Programme kommunizieren oder im Datenbereich des Unterprogramms, wenn dies mit der "NO CLEAR"-Klausel (keine Initialisierung von Datenbereichen) aufgerufen werden kann.

Die Technik der Programminversion hat weitere wichtige Anwendungsmöglichkeiten

Anwendungen

"bei der Implementierung von

- Vorprogrammen zur Lösung von Erkennungsproblemen;
- Strukturkonflikten;
- Unterprogrammen;
- großen Programmen, die für den Entwurf in Teilmodule zerlegt wurden;
- Online-Anwendungen.

Durch Anwendung der Programminversion wird erreicht, daß

Vorteile

- über die hierarchische Struktur eines Programmsystems erst bei der Implementierung entschieden werden muß;
- Zwischen-Datenströme nicht physisch implementiert werden müssen;
- der Entwurf von Haupt- und Unterprogrammen äquivalent ist;
- es genügt, einheitlich eine Entwurfsmethode für Hauptprogramme anzuwenden;
- Probleme der Schnittstellen und der Implementierung nach festen Regeln gelöst werden können."
  (Loczewski 1980, S. 173)

Die datenstrukturorientierten Methoden sind von den besprochenen Ansätzen die einzigen, die als eine Folge von nachvollziehbaren Arbeitsschritten beschrieben sind. Das Haupthindernis für den praktischen Einsatz sind fehlende (oder nur zu immensen Preisen erhältliche) Werkzeuge für das Erstellen und die konsistente Pflege der grafischen Darstellungen.

8.4 Kontrollflussorientierung

"Die reine Mathematik besteht sämtlich aus Behauptungen derart, daß, wenn eine bestimmte Aussage für jedes beliebige Ding einer gewissen Art gilt, eine andere Aussage für dasselbe Ding richtig ist. Es ist nicht wichtig, zu untersuchen, ob die erste Aussage richtig ist oder nicht, und es ist auch nicht wichtig zu wissen, was dieses Ding selbst ist, für das die Aussage gilt. ... So kann also die Mathematik definiert werden als diejenige Wissenschaft, in der wir niemals das kennen, worüber wir sprechen, und niemals wissen, ob das, was wir sagen, wahr ist."

Bertrand Russell, Mystik und Logik

Die Verfahren zur Verifikation von Programmen gehen auf einen Aufsatz von Floyd (1967) zurück.

Hoare (1969) hat daraus eine axiomatische Technik zum Beweisen von Programmen entwickelt; Dijkstra (1968) eine konstruktive Technik zum Entwickeln von Programmen.

Das Konstruktionsverfahren besteht aus den folgenden Schritten: *Entwurfsschritte*

- Das erwünschte Resultat des Algorithmus wird mit Mitteln des Prädikatenkalküls formal spezifiziert als eine zugesicherte Eigenschaft (assertion), die **nach** Ausführung des Programms gilt (**postcondition**).
- Durch "Rückwärtsgehen" im Programm (schrittweise Verfeinerung) werden die Bedingungen ermittelt, die jeweils **vor** Ausführung gelten müssen (so daß nach Ausführung die postcondition gilt). Insbesondere werden dabei die am wenigsten restriktiven Vorbedingungen gesucht (**weakest precondition**).
- In dieser Form werden Nach- und Vorbedingungen "abwärts" (vom Programm über das Modul zum Block usw.) untersucht bis die Ebene der elementaren Strukturblöcke erreicht ist, wo Beweisregeln für Zuweisung, Sequenz, Selektion und Iteration angegeben werden.

Schleifen

- Für Schleifen besteht die formale Ableitung insbesondere in den Schritten:
  - bestimme eine Schleifeninvariante
    (eine Beziehung, die für alle Schleifendurchläufe gilt)
  - entwickle eine Schleife so, daß
    a) die Invariante vor Eintritt in die Schleife gilt
    b) die Invariante während jedem Schleifendurchlauf gültig bleibt
    c) die Invariante nach Beendigung der Schleife gültig ist und
    d) zeige, daß die Schleife endet, indem
    da) eine Variable t gewählt wird, die zu Beginn positiv ist (Schleifenzähler)
    db) und mit jedem Schleifendurchlauf reduziert wird.

- Wenn auf diese Weise der komplette Programmtext - beginnend mit der formalen Spezifikation, endend auf der Ebene einzelner Statements - parallel bewiesen und entwickelt ist, so wurde in einer langen Kette von Schlüssen jeweils gezeigt, daß eine bestimmte Eigenschaft nach einer Befehlsausführung gilt, **wenn** eine bestimmte Eigenschaft vor ihrer Ausführung galt. Da dies alles formal bewiesen wurde, **muß** das Programm korrekt sein.

(Da Beweisverfahren in praktischen Anwendungen sicher noch lange irrelevant bleiben, wird auf die Angabe eines Beispiels verzichtet.)

Konstruktion und Verifikation

Das Programm und die einzelnen Anweisungen haben also einen doppelten Status:

- unter dem Gesichtspunkt der Programm**konstruktion** sind sie ausführbare Anweisungen;
- unter dem Gesichtspunkt der Programm**verifikation** sind sie Prädikatentransformationen (predicate transformers). Sie übertragen Eigenschaften, d. h.: **wenn** ein Zustand vor Ausführung einer Anweisung eine bestimmte

Eigenschaft hat (die precondition gilt), **dann** hat er nach der Ausführung der Anweisung ebenfalls eine bestimmte definierte Eigenschaft (die postcondition gilt).

Untersucht wird also, wie bestimmte Eigenschaften von Programmzuständen durch den Kontrollfluß des Programms "hindurch" erreicht oder erhalten werden (daher unsere Einordnung als "kontrollstrukturorientiert").

Der Beweis/die Konstruktion eines Programms besteht also aus einer immer länger werdenden Kette von Schlußfolgerungen. Wie man von einer Schlußfolgerung zur nächsten übergehen kann, wird durch ein Axiomensystem (grundlegende, nicht bewiesene Postulate) und Schlußregeln (wie dürfen aus gültigen Sätzen - zunächst: aus den Axiomen - weitere gültige Sätze abgeleitet werden?) festgelegt.

Kritik ...

Zum Beweis eines Programms ist also eine formale Semantikdefinition der verwendeten Programmiersprache und eine formale Spezifikation nötig. Beweise selbst kleinerer Programme erfordern einen hohen Grad logischer und mathematischer Fähigkeiten und werden um ein Vielfaches länger als das eigentliche Programm. Es gibt viele Argumente gegen die Hoffnung auf die Anwendbarkeit solcher Verfahren. Letzlich wird das Problem des Korrektheitsbeweises ja nur eine Stufe vorverlagert: wer beweist, daß die formale Spezifikation (die kein Anwender lesen kann) mit den Anwenderwünschen übereinstimmt?

... praktisch

De Millo u. a. (1979) argumentieren eher praktisch, daß

- der soziale Prozeß der Kontrolle von Beweisen beim Programmieren im Unterschied zur Mathematik nicht gegeben sei;
- die häufigen Programmänderungen ein wesentlicher Unterschied zu den "stabilen" Objekten der Mathematik seien;

- Programmsysteme von wesentlich größerer und nicht (wie in der Mathematik durch Abstraktion) reduzierbarer Komplexität seien.

... theoretisch

Fetzer (1988) argumentiert theoretisch, daß eine Verwechslung von Algorithmus (logische Struktur) und Programm (kausale Modelle solcher Strukturen) vorliege und daß eben nur erstere - **weil** sie mit der Realität "nichts zu tun haben" - beweisbar seien.

Die Mathematiker Davis und Hersh zeigen darüber hinaus, wie auch die (schätzungsweise 200.000 jährlich!) mathematischen Beweise gegen Überprüfung abgeschottet werden. Sie stellen fest: "Die vollkommen strenge, gänzlich formalisierte Mathematik ist tatsächlich ein Mythos."

Von diesen grundlegenden Einwänden abgesehen, gibt es jedoch auch praktisch verwertbare Direktiven:

- Die Technik des Beweisens von Schleifen durch den Nachweis einer Invarianten und einer Endebedingung verweist nachdrücklich auf eine durchaus alltägliche Fehlerquelle.
- Die Beweistechnik der "weakest precondition" und "strongest implication" kann erläutern, wie das Prinzip der "konstruktiven Voraussicht" konkreter zu bestimmen ist:

Vor- und Nachbedingungen

Eine Schnittstelle zwischen zwei Modulen läßt sich unter den Gesichtspunkten betrachten:

- welche Vorbedingungen das rufende Modul leistet und das gerufene Modul erwartet und
- welche Nachbedingungen das rufende Modul erwartet und das gerufene Modul leistet.

Mögliche Schnittstellenänderungen lassen sich nun dahingehend präzisieren, daß jede dieser vier Bedingungen schwächer (weniger restriktiv) oder strenger (restriktiver) werden kann. Um die Auswirkungen solcher nachträglichen Änderungen von vornherein zu begrenzen (Konstruktion stabiler Schnittstellen), müssen also

konstruktive Voraussicht

- für gerufene Module
  - möglichst schwache Vorbedingungen und
  - möglichst strenge Nachbedingungen
- für rufende Module
  - möglichst strenge Vorbedingungen vor dem Aufruf
  - möglichst schwache Nachbedingungen nach dem Aufruf

spezifiziert werden. Damit wird "Spielraum" geschaffen, der spätere Änderungen "auffangen" kann.

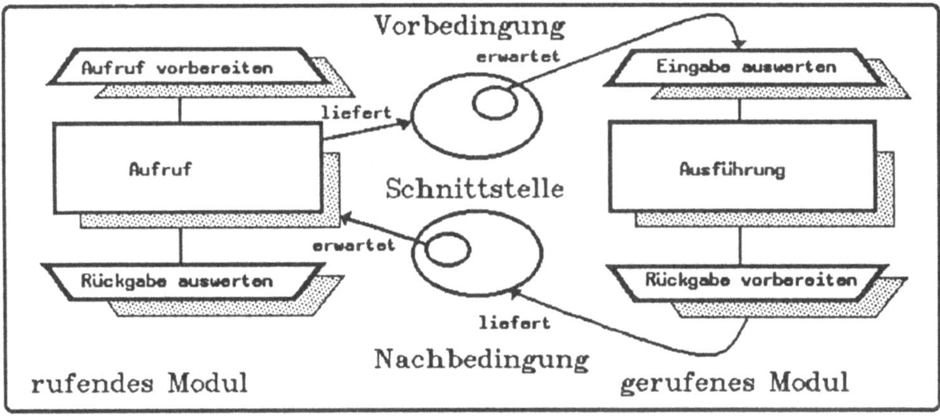

Abbildung 8.4-1: Konstruktion stabiler Schnittstellen

LITERATURHINWEISE

8 Entwurf der Prozeduren

Einen ersten Überblick geben drei Zeitschriftenaufsätze:

Detailliert zu den vier hier besprochenen Ansätzen:

Bergland, G. D., 1981: "A Guided Tour of Program Design Methodologies", Computer, Oct. 1981, pp. 18-37

Umfassender und systematisierend aber weniger detailliert:

Hesse, W., 1981: "Methoden und Werkzeuge zur Software-Entwicklung - Ein Marsch durch die Technologie-Landschaft", Informatik-Spektrum, 4, S. 229-245

Ein Sammelartikel von einigen Methodenentwicklern:

Orr, K.; Gane, C.; Yourdon, E.; Chen, P. P.; Constantine, L. L.; 1989: "Methodology: The Experts Speak", BYTE, Vol. 14, No. 4, pp. 221-233

Zum objektorientierten Entwurf:

Booch, G., 1983: Software Engineering with Ada, Menlo Park (Calif.)

Booch, G., 1986: "Object oriented development", IEEE Transactions on Software Engineering, Vol. SE-12, No. 2, pp. 211-221

Cox, B. J., 1986: Object-Oriented Programming: An Evolutionary Approach, Reading (Mass.)

Sutcliffe, A. G., 1991: "Object-oriented systems development: survey of structured methods", Information and Software Technology, Vol. 33, No. 6, pp. 433-442

Als deutsche Einführung am Beispiel der objektorientierten Sprache "Eiffel" siehe vom Sprachentwickler:

Meyer, B., 1990: Objektorientierte Softwareentwicklung, aus dem Amerikanischen übersetzt von Werner Simonsmeier, München, Wien, London

8.1 Kontrollstrukturorientierung

Schrittweise Verfeinerung wird an einigen Beispielen dargestellt bei:

Wirth, N., 1985 (5. Aufl.): Systematisches Programmieren, Stuttgart, (Leitfäden der angewandten Mathematik und Mechanik 17), S. 120-147

Angewandt auf das klassische Acht-Damen-Problem:

Wirth, N., 1971: "Program Development by Stepwise Refinement", Communications of the ACM, 14, 4, pp. 221-227

Für den Versuch, schrittweise Verfeinerung auch für das "Programmieren im Großen" anzuwenden, vergleiche:

Rajlich, V., 1985: "Stepwise refinement revisited", Journal of System Software, Vol. 5, No. 1, pp. 80-88

Rajlich, V., 1987: "Refinement Methodology for Ada", IEEE Transactions on Software Engineering, Vol. SE-13, No. 4, pp. 472-478

Der Beweis für das Ausreichen von zwei Kontrollstrukturen findet sich in:

Böhm, C.; Jacopini, G., 1966: "Flow Diagrams, Turing Machines, And Languages with only two formation rules", Communications of the ACM, 9, 366-371

Für eine Darstellung vergleiche:

Stetter, F., 1987 (4. Auflage): Software-Technologie, Eine Einführung, Mannheim, (Reihe Informatik 33), S. 44-55

Ein interessanter Versuch, Kontrollstrukturen (Sequenz, Selektion, Iteration, Parallelität) aus der Gestalt von Input und Output für eine Aufgabe abzuleiten:

Weber, E., 1987: Software Engineering nach dem GIPSY-Modell, München, S. 45-58 und 213-234

8.2 Datenflußorientierung

Die Originalarbeit zu strukturiertem Design ist:

Stevens, W. P.; Myers, G. J., Constantine, L. L., 1974: "Structured Design", IBM Systems Journal, 2, pp. 115-139

Ausführlichere Darstellungen in zwei Büchern:

Yourdon, E. N.; Constantine, L. L., 1979: Structured Design. Fundamentals of a Discipline of Computer Program and Systems Design, New York (zuerst 1975)

Myers, G. J., 1978: Composite/structured Design, New York

Ein Überblick in deutscher Sprache, der zusätzlich strukturierte Analyse, Realtime-Erweiterungen zur strukturierten Analyse (Ward/Mellor) und semantische Datenmodellierung (Chen) behandelt:

Raasch, J., 1991: Systementwicklung mit strukturierten Methoden, Ein Leitfaden für Praxis und Studium, Mit 270 Bildern, München, Wien

Von "Structured Design" unabhängig (?), aber sehr ähnlich:

Maynard, J., 1972: Modular Programming, London

Für zwei andere Ansätze, die ebenfalls eine vollständige (Elemente, Datenfluß, Kontrollfluß) grafische Darstellung anstreben, vergleiche:

Interaktionsdiagramme:

Weber, E., 1987: Software Engineering nach dem GIPSY-Modell, München, S. 59-67, 82-84

Sequence Schematic Diagrams:

Murphy, J. S.; Balke, K. G., 1989: Software Diagramming, New York (Software Engineering Series)

8.3 Datenstrukturorientierung

Von **Warnier** *liegen seit 1970 sechs Buchveröffentlichungen in französischer Sprache vor. Darstellungen finden sich in:*

Orr, K. T., 1977: Structured Systems Development, New York

Loczewski, P. G., 1980: Logik der Strukturierung von Programmen. Programmentwicklung nach Warnier, München

Jackson *Structured Programming (JSP) wurde zuerst 1975 vorgestellt:*

Jackson, M. A., 1985 (6. Auflage): Grundsätze des Programmentwurfs, Darmstadt

Die seit 1986 angekündigte Übersetzung des Buches über Jackson System Development (JSD) ist noch nicht erschienen:

Jackson, M. A., 1982: System Development, Englewood Cliffs, New Jersey

Als Darstellungen in englischer Sprache liegen vor:

Ingevaldson, L, 1980: JSP: a practical method of program design, Lund
Cameron, J. R., 1986: "An Overview of JSD", IEEE Transactions on Software Engineering, Vol SE-12, No. 2, pp. 222-240
Sutcliffe, A. G., 1988: Jackson System Development, Englewood Cliffs, New Jersey
Cameron, J. R., 1989 (2nd. ed.): JSP and JSD: the Jackson approach to software development, Washington
Borgers, M., 1991: "Contribution to further development of JSD", Information and Software Technology, Vol. 33, No. 5, pp. 321-334

Zwei ausführliche Darstellungen zu JSP mit Beispielen und Übungsaufgaben:

Kilberth, K. 1988: JSP, Einführung in die Methode des Jackson Structured Programming, Mit einem Geleitwort von Michael Jackson, Braunschweig, Wiesbaden

Truöl, K.; Viebeg, U., 1985: Strukturierter Programmentwurf, Die datenorientierte Methode, München, Wien (GMD-Bericht Nr. 150)

8.4 Kontrollstrukturorientierung

Quellen:

Floyd, R. W., 1967: "Assigning meanings to programs", Proc. Symp. on Appl. Math., 19 (Mathematical Aspects of Computer Science), New York

Hoare, C. A. R., 1969: "An axiomatic basis of computer programming", Communications of the ACM, 12, 10, pp. 576-583

Dijkstra, E. W., 1968: "A constructive approach to the problem of program correctness", BIT, 8, pp. 174-186

Darstellungen:

Alagic, S.; Arbib, M. A., 1978 (2. Auflage): The Design of Well-structured and Correct Programs, New York, Heidelberg, Berlin, (Texts and Monographs in Computer Science)

Backhouse, R. C., 1989: Programmkonstruktion und Verifikation, München, Wien, London
(Die Übersetzung des englischen Originals von 1986 enthält leider viele sinnentstellende Druckfehler.)

Loeckx, J.; Sieber, K., 1987 (2. Auflage): The Foundations of Program Verification, Chichester, New York et al., (Wiley-Teubner Series in Computer Science)

Kritik:

De Millo, R.; Lipton, R.; Perlis, A., 1979: "Social Processes and proofs of theorems and programs", Communications of the ACM, 22, 5, pp. 271-280

Fetzer, J. H., 1988: "Program Verification: the very idea", Communications of the ACM, 31, 9, pp. 1048-1063

Davis, P. J.; Hersch, R.; 1988: Descartes' Traum, Über die Mathematisierung von Zeit und Raum, Frankfurt (S. 96 zu Beweisen, das Zitat auf S. 107)

Kapitel 9
Spezielle Techniken

Kapitelübersicht

Spezielle Techniken

9.1 Entscheidungstabellen 201
9.2 Parallelität und wechselseitiger Ausschluß 214
9.3 Parallelität und Reihenfolgesteuerung 222
9.4 Erkennungsprobleme:
Parsing und Backtracking 226
9.5 Ersatz von Rekursion durch Iteration 236
Literaturhinweise 242

Stichworte

- **Entscheidungstabellen**: Baumstruktur und komplexe Alternativstruktur
- **Petrinetze** zur Darstellung des **wechselseitigen Ausschlusses** paralleler Prozesse
- Petrinetze und **endliche Automaten** zur Darstellung des **Vorrangs** paralleler Prozesse
- EBNF, **Syntaxgraphen** und endliche Automaten zur Analyse von Parsingproblemen
- Programmverwalteter Stack in **iterativen Versionen rekursiver Programme**

9.1 Entscheidungstabellen

Verallgemeinerte Selektion

Unter den Kontrollstrukturen der strukturierten Programmierung haben wir mehrere Selektionsanweisungen beschrieben, die Programmaktionen von **einer** Bedingung abhängig machen (Kapitel 7). Häufig sind Programmabläufe aber von **mehreren** Bedingungen abhängig. Verallgemeinert man die Selektion in diesem Sinn, so entspricht:

- die 1:1-Selektion der einseitigen Auswahl (IF)
- die 1:2-Selektion der zweiseitigen Auswahl (IF ELSE)
- die 1:n-Selektion der Fallunterscheidung (CASE)
- die m:n-Selektion der Fallunterscheidung mit m Bedingungen.

COBOL 85: EVALUATE

In COBOL ANSI 85 steht hierfür inzwischen der Befehl EVALUATE in folgendem Format zur Verfügung:

```
EVALUATE Bedingung1     ALSO    Bedingung2
         WHEN   Wert11  ALSO    Wert12
                Anweisung1
         WHEN   Wert21  ALSO    Wert22
                Anweisung2
         WHEN   OTHER
                SonstAnweisung
END-EVALUATE
```

Entscheidungstabellen sind eine Technik, um solche komplexen, von mehreren Bedingungen abhängigen Fallunterscheidungen systematisch zu untersuchen. Sie bestehen aus einem Bedingungs- und einem Aktionsteil, denen eine Werte- bzw. eine Funktionsmatrix zugeordnet ist:

Ent-scheidungs-tabellen

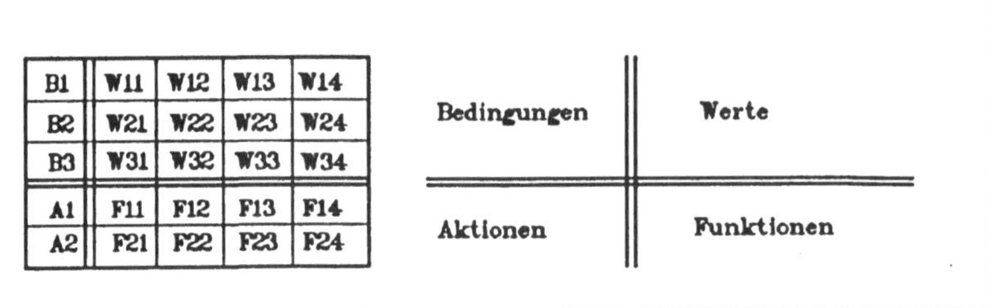

Abbildung 9.1-1: Allgemeine Form der Entscheidungstabelle

Dabei ist

Komponenten

- jedes Bn eine **Bedingung**
- jedes Wnn ein Wert aus der Menge "J", "N", "-" ("J" = Wahr, trifft zu; "N" = Falsch, trifft nicht zu; "-" = beliebig, kommt nicht darauf an)
- jedes Ann eine **Anweisung**
- jedes Fnn ein Wert aus der Menge "X", " " (X = Anweisung ausführen; " " = Anweisung nicht ausführen).

Vereinfachen

Dabei entstehen die "-"-Werte im Werteteil erst beim Zusammenfassen (Vereinfachen) der Entscheidungstabelle; zunächst kann diese ganz schematisch erzeugt werden:

- Es werden alle relevanten Bedingungen untereinandergeschrieben.
- Es werden alle relevanten Aktionen darunter aufgelistet.
- Es werden alle möglichen Wertekombinationen für die Bedingungsliste eingetragen.
- Es wird im Funktionsteil für jede Wertekombination ein "X" immer dann gesetzt, wenn bei dieser Kombination diese Aktion ausgeführt werden soll.

Da nur zwei Werte (J, N) zur Verfügung stehen, muß die Wertetabelle 2^b (b = Anzahl der Bedingungen) Spalten haben, so daß eine Vollständigkeitskontrolle einfach ist.

In der Regel entspricht aber nicht genau einer Wertekombination eine Aktion (dann wären Entscheidungstabellen überflüssig), sondern

- mehrere Wertekombinationen können zu den gleichen Aktionen führen
- der Wert einzelner Bedingungen kann für eine oder mehrere Aktionen bedeutungslos sein ("-") usw.

Redundanz

Im Normalfall ist also die vollständige Entscheidungstabelle redundant; sie enhält **zuviel** (unnötige) Informationen und die schematische Übersetzung in ein geschachteltes "IF" führt zu überflüssigen Bedingungsabfragen oder zur sinnlosen Mehrfachcodierung von Aktionen.

Optimierung

Wie kann man nun Entscheidungstabellen optimieren und in Programme umsetzen? Statt ausgefeilter heuristischer Regeln und Unterscheidungsmerkmalen für unterschiedliche Typen von Entscheidungstabellen wird hier ein Verfahren der logischen Analyse für die Vereinfachung von Entscheidungstabellen demonstriert. Wir betrachten folgendes Beispiel:

B1	J	J	N	N
B2	N	J	J	N
A1	X	X		
A2	X	X		
A3		X	X	X

```
IF     NOT  B1
  AND NOT  B2
  PERFORM  A3   END-PERFORM
END-IF.

IF     NOT  B1
  AND      B2
  PERFORM  A3   END-PERFORM
END-IF.

IF          B1
  AND NOT  B2
  PERFORM  A1   END-PERFORM
  PERFORM  A2   END-PERFORM
END-IF.

IF          B1
  AND      B2
  PERFORM  A1   END-PERFORM
  PERFORM  A2   END-PERFORM
  PERFORM  A3   END-PERFORM
END-IF.
```

Abbildung 9.1-2:

Entscheidungstabelle Beispiel

Wenn ein Programm diese Entscheidungstabelle "sche-matisch" abarbeiten soll (wir nehmen an, daß A1, A2, A3 die Namen von Unterprogrammen sind und B1, B2 COBOL-Bedingungsausdrücke), ergäbe sich der oben notierte Quellcode.

Das ist zwar leicht verständlich (eben weil es redundant ist) - aber offensichtlich nicht sehr effizient. Da A3 **immer** ausgeführt wird, wenn Bedingung 1 nicht gilt (Bedingung 2 hierfür also bedeutungslos ist), lassen sich die beiden Befehle (und die beiden Regeln) zusammenfassen:

Regeln zusammenfassen

> Wenn mehrere Bedingungsspalten (= Regeln) die gleichen Aktionen bewirken, werden sie zu einer Spalte (Regel) zusammengefaßt.

Die Entscheidungstabelle läßt sich somit vereinfachen und das entsprechende Programm läßt sich schon leichter als verschachteltes "IF" schreiben:

B1	J	J	N
B2	N	J	-
A1	X	X	
A2	X	X	
A3		X	X

```
IF   B1
 IF     B2
  PERFORM  A1   END-PERFORM
  PERFORM  A2   END-PERFORM
  PERFORM  A3   END-PERFORM
 ELSE
  PERFORM  A1   END-PERFORM
  PERFORM  A2   END-PERFORM
 END-IF
ELSE
 PERFORM  A3   END-PERFORM
END-IF.
```

Abbildung 9.1-3:

Vereinfachte Entscheidungstabelle

Wir müssen aber immer noch den Aufruf von A1 und A2 zweimal codieren: **Wenn** Bedingung 1 gilt, ist die Ausführung von A1 **und** A2 von Bedingung 2 unabhängig oder anders ausgedrückt: Aktion A1 und A2 werden **immer gemeinsam** ausgeführt. Also lassen sich die beiden Aktionen zusammenfassen:

Aktionen zusammenfassen

> Wenn mehrere Aktionszeilen (= Funktionen) immer zusammen ausgeführt werden, werden sie zu einer Zeile (Funktion) zusammengefaßt.

In der Entscheidungstabelle können wir das ausdrücken, indem wir A1 und A2 in eine Aktionszeile schreiben; für unser Programm heißt das, die Ausführung von A1 und A2 muß **vor** der Abfrage auf Bedingung 2 erfolgen:

Baumstruktur

```
IF  B1
  PERFORM  A1   END-PERFORM
  PERFORM  A2   END-PERFORM
  IF  B2
   PERFORM A3   END-PERFORM
  ELSE
   NEXT SENTENCE
  END-IF
ELSE
  PERFORM  A3   END-PERFORM
END-IF.
```

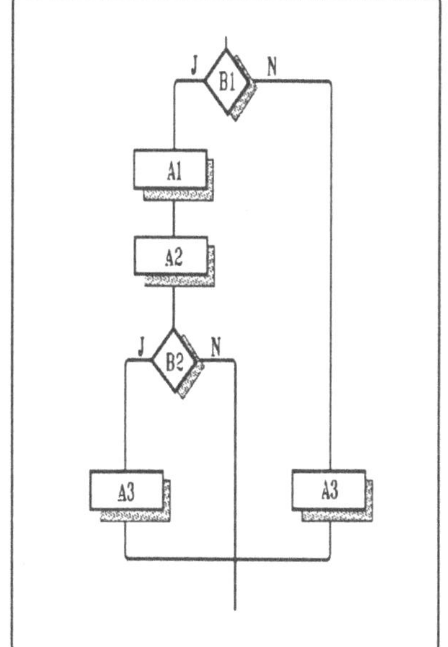

Abbildung 9.1-4: Baumstruktur einer Entscheidungstabelle

Bei der Abarbeitung von Entscheidungstabellen mit **einfachen Bedingungsabfragen** entstehen die im Flußdiagramm ersichtlichen **Baumstrukturen**.

Noch immer codieren wir einen Aufruf doppelt: **Weil** A3 bei **mehreren komplexen Bedingungen** ausgeführt wird.

Wenn wir das Zusammenfassen von A1 und A2 durch ein Unterprogramm A12 realisieren, müssen nur noch **zwei** Aktionen durchgeführt werden:

- der Aufruf von A12, wenn Bedingung 1 gilt
- der Aufruf von A3
  - wenn Bedingung 1 **und** Bedingung 2 gilt

  oder
  - wenn Bedingung 1 **nicht** gilt.

Komplexe Alternativstruktur

Als Programm und Flußdiagramm:

```
IF     B1
  PERFORM  A12 END-PERFORM
END-IF.
IF     (B1 AND B2)
   OR (NOT B1)
  PERFORM  A3  END-PERFORM
END-IF.
```

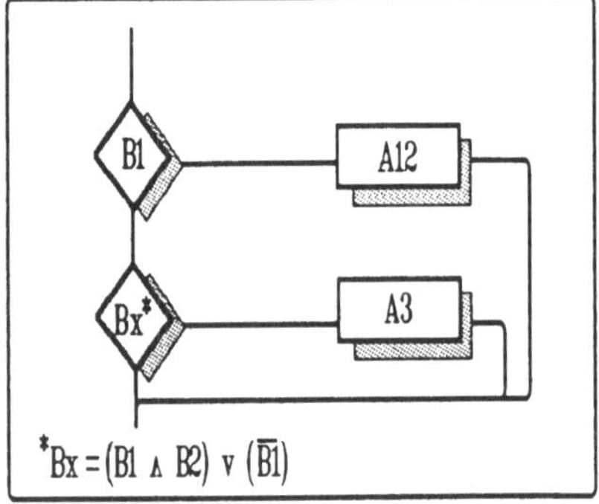

Abbildung 9.1-5: Komplexe Alternativstruktur

Statt **Aktionen** mehrfach zu codieren, mußten wir also eine Bedingungsabfrage (gilt B1?) wiederholen, um das Programm auf die wesentlichen **Alternativen** zu reduzieren. Bei **mehrfachen Bedingungsabfragen** erhalten wir also eine **komplexe Alternativstruktur** bei der Abarbeitung der Entscheidungstabelle.

KV-Diagramm

Diese Bearbeitungsform können wir in der Entscheidungstabelle nicht mehr unmittelbar darstellen. Trotzdem läßt sie sich unmittelbar feststellen, wenn wir zur Vereinfachung der Entscheidungstabelle die sogenannten "Karnaugh-Veitch-Diagramme" benutzen, die im Schaltungsentwurf zur Vereinfachung logischer Funktionen dienen. KV-Diagramme sind eine Matrix von Wahrheitswerten, die am Rand der Diagramme aber nicht in der lexikographischen Ordnung (Dualcode) sondern im sogenannten Gray-Code aufgetragen werden. Beim Gray-Code unterscheiden sich zwei aufeinanderfolgende Werte immer nur um eine Stelle (die sogenannte "Hamming-Distanz" ist "1"). Eine Gegenüberstellung der Ziffern von 0 bis 7 zeigt, was gemeint ist:

Dualcode und Graycode

Ziffer	Dual	Gray
0	000	000
1	001	001
2	010	011
3	011	010
4	100	110
5	101	111
6	110	101
7	111	100

Der Code entsteht so: wenn eine neue Variable dazukommt (die Anzahl der Werte verdoppelt sich), werden die vorhandenen Werte "vorne" um eine "0" vermehrt; sie werden "nach unten geklappt/gespiegelt" und "unten" "vorne" um eine "1" vermehrt. So wird aus

0
1

00
01
11
10

und daraus die obige Liste usw.

Minimierung

Analog entsteht auch aus einer Matrix mit 2 Feldern (1 Variable) durch "Klappen" eine mit 4 Feldern (2 Variable) usw. Die Besonderheit der KV-Diagramme ist nun, daß in einer Zeile oder Spalte benachbarte Felder sich immer nur in **einer** Stelle in der Belegung mit Wahrheitswerten unterscheiden. Dies gilt **auch**, wenn man am Ende der Zeile oder Spalte wieder "vorne" oder "oben" vergleicht: auch diese Felder sind also **Nachbarn**. Genau diese Eigenschaft ermöglicht es, die KV-Diagramme zur Vereinfachung (Minimierung) logischer Ausdrücke zu benutzen: indem benachbarte Felder mit gleicher Belegung zusammengefaßt werden. Am KV-Diagramm läßt sich unmittelbar ablesen, auf welche **minimale** Anzahl von Abfragen sich die Verarbeitung der Entscheidungstabelle reduzieren läßt.

Karnaugh-Veitch-Diagramm

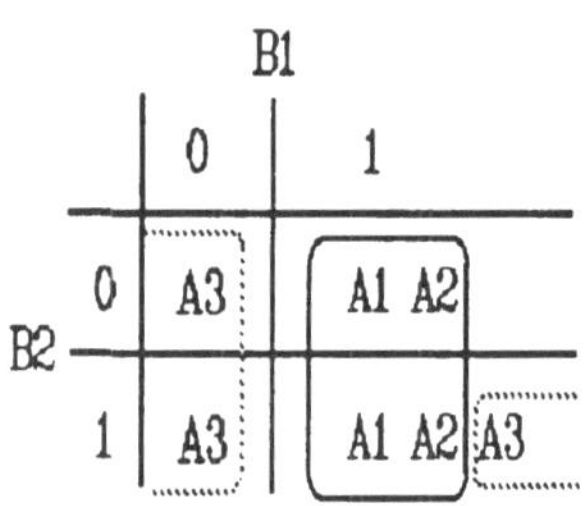

Abbildung 9.1-6: KV-Diagramm einer Entscheidungstabelle

Wir tragen dazu bei jeder Bedingungskombination (= Belegung der Variablen mit Wahrheitswerten) die dafür vorgesehenen Aktionen in das KV-Diagramm ein (J=1, N=0). Dann können wir alle benachbarten Felder mit gleicher Belegung einrahmen (durchgezogene Linie für A1 A2, unterbrochene Linie für A3) - wobei Feld 0/1 und Feld 1/1 benachbart sind! - und daraus unmittelbar die komplexen Bedingungsabfragen ablesen.

Verknüpfung von Entscheidungstabellen

Bei mehr als 5 Bedingungen wird natürlich auch dieses Verfahren (bei 6 Bedingungen sind bereits 2^6 = 64 Felder = 64 Bedingungskombinationen zu berücksichtigen!) schnell unübersichtlich - das gleiche gilt dann allerdings auch für die Entscheidungstabelle. Für solche Fälle ist es möglich, Entscheidungstabellen in Teiltabellen aufzuspalten und diese miteinander zu verknüpfen. Als Verknüpfungsformen für den Entscheidungstabellen-Verbund sind erlaubt:

strukturierte Verknüpfung

Verknüpfung	entspricht
Folge	Sequenz
Verzweigung	Selektion
Schleife	Iteration
Verschachtelung	Unterprogramm

Damit entsprechen die in DIN 66241 genannten Konstrukte den vertrauten Strukturblöcken der strukturierten Programmierung.

Zwei Möglichkeiten

Für die Abarbeitung **einzelner** Entscheidungstabellen wurden zwei Möglichkeiten aufgezeigt:

Baumstruktur	mehrfache Codierung von Aktionen
Komplexe Alternativstruktur.	mehrfache Abfrage von Bedingungen

Überlegungen zur Laufzeit und zum Speicherbedarf zeigen, daß je nach Aussehen der Entscheidungstabelle die eine oder die andere Abarbeitungsform vorzuziehen ist.

Zur Bewertung dieser Alternative müssen zunächst einige Begriffe eingeführt werden:

Minterme

"Minterme" sind logische Ausdrücke, in denen jeweils die Belegungen **aller** Variablen vorkommen und die untereinander mit "oder" verknüpft sind. Das heißt: mit jeweils einem Minterm ist genau ein Feld im KV-Diagramm identifiziert; z. B. ist "nicht B1 oder nicht B2" der Minterm für das obere linke Feld in unserem Beispiel.

Mengenbegriffe

Wir können das KV-Diagramm auch als eine **Mengendarstellung** auffassen (Venn-Diagramm): Das gesamte Diagramm stellt alle zu verarbeitenden Daten dar. Diese Menge teilen wir in 4 Teilmengen auf: die Teilmenge der Daten, bei denen Bedingung 1 **und** Bedingung 2 gilt usw. usw. Dann können wir folgende Begriffe definieren (vgl. Abbildung 9.1-7):

- Zwei Mengen sind **komplementär**, wenn sie keine gemeinsamen Elemente haben und zusammen die Gesamtmenge bilden.
- Eine Menge ist eine **Untermenge** einer zweiten Menge, wenn sie vollständig in ihr enthalten ist.

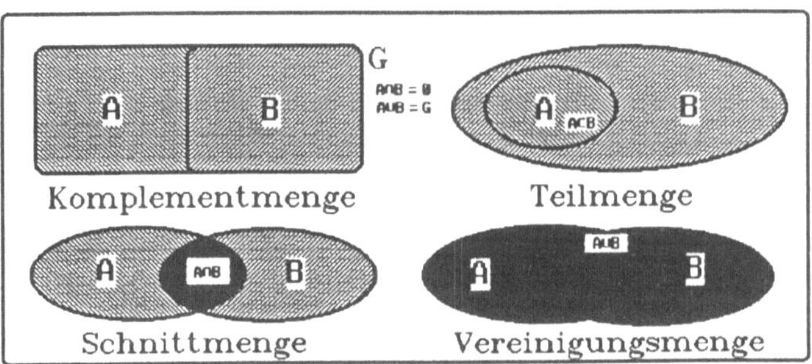

Abbildung 9.1-7: Begriffe der Mengenlehre

- Die **Durchschnittsmenge** zweier Mengen besteht aus den gemeinsamen Elementen beider Mengen.
- Die **Leermenge** enthält keine Elemente.
- Die **Vereinigungsmenge** zweier Mengen besteht aus den Elementen beider Mengen.

Vereinfachung von Mintermen

In dieser Sicht besteht die Vereinfachung einer Entscheidungstabelle in der konjunktiven Verknüpfung von Mintermen, die nach den Regeln der Booleschen Algebra vereinfacht werden, bis alle überflüssigen Ausdrücke entfernt sind. Die Zusammenfassung der Minterme entspricht einer Vereinigung der durch sie repräsentierten Mengen. Unsere Vereinfachung der Entscheidungstabelle hat die Menge aller Daten in zwei Teilmengen aufgeteilt bzw. die vier Teilmengen zu zwei Teilmengen zusammengefaßt:

- die Menge der Daten, für die Bedingung 1 gilt und bei denen deshalb A1 und A2 (oder A12) auszuführen ist
- die Menge der Daten, für die Bedingung 1 nicht gilt oder für die Bedingung 1 gilt und Bedingung 2 gilt und bei denen A3 auszuführen ist.

Unsere beiden Teilmengen überschneiden sich also, ihre Durchschnittsmenge ist nicht leer - dies entspricht dem zweifachen Auftauchen von A3 im ersten Programmablaufplan (Abbildung 9.1-4).

Aus der Mengensicht besteht die Vereinfachung der Entscheidungstabelle also darin, die Teilmengen von Daten, mit denen das gleiche geschehen soll, auch gemeinsam zu verarbeiten.

Mit diesen Begriffen lassen sich nun Kriterien für die Wahl der Programmstruktur formulieren:

ET-Typen

Die Auswahlkriterien lassen sich ebenfalls unmittelbar an den KV-Diagrammen der Entscheidungstabellen ablesen:

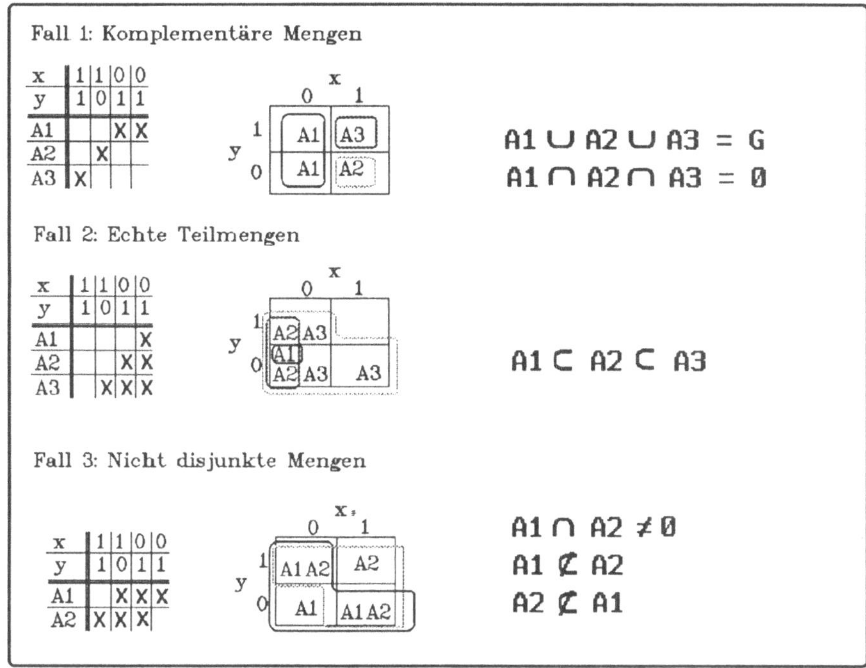

Abbildung 9.1-8: Typen von Entscheidungstabellen

- **Baumstrukturen** sind vorteilhaft, wenn entweder *Baumstrukturen*
  - die Minterme einer Aktion komplementär zu den Mintermen der anderen Aktionen sind (Fall 1) oder *... Fall 1*
  - die Minterme einer Aktion eine Untermenge der Minterme einer oder mehrerer anderer Aktionen sind (Fall 2). *... Fall 2*
- **Komplexe Alternativstrukturen** sind vorteilhaft, wenn die Durchschnittsmenge der Minterme einer Aktion mit den Mintermen einer anderen Aktion nicht leer ist - wobei die Minterme der ersten Aktion keine Untermenge der Minterme der zweiten Aktion sind (Fall 3). *Komplexe Alternativstrukturen ... Fall 3*
- Wenn ein Teil der Aktionen eher als Baumstruktur, ein anderer eher als komplexe Alternativstruktur zu codieren wäre, sind die beiden Strukturformen zu kombinieren. *Kombinationen*

Damit ergeben sich folgende Programmstrukturen:

Baumstrukturen

Für die Varianten der Baumstrukturen:

... Fall 1

Fall 1:

```
IF      NOT X
        PERFORM          A1      END-PERFORM
ELSE
        IF      NOT Y
                PERFORM A2      END-PERFORM
        ELSE
                PERFORM A3      END-PERFORM
        END-IF
END-IF.
```

... Fall 2

Fall 2:

```
IF      X
        IF      NOT Y
                PERFORM A3      END-PERFORM
        ELSE
                NEXT SENTENCE
        END-IF
ELSE
        PERFORM          A2      END-PERFORM
        IF      NOT Y
                PERFORM A1      END-PERFORM
        END-IF
END-IF.
```

Eine andere Codierung könnte hier erforderlich sein, wenn es auf die **Reihenfolge** der Aktionen ankommt:

Fall 2 mit Mehrfachcodierung:

```
IF      NOT X
        IF      NOT Y
                PERFORM A1      END-PERFORM
                PERFORM A2      END-PERFORM
                PERFORM A3      END-PERFORM
        ELSE
                PERFORM A2      END-PERFORM
                PERFORM A3      END-PERFORM
        END-IF
ELSE
        IF      NOT Y
                PERFORM A3      END-PERFORM
        END-IF
END-IF.
```

Fall 2 als Alternativstruktur:

```
IF      (NOT X  AND     NOT Y)
        PERFORM A1      END-PERFORM
END-IF.
IF      (NOT X)
        PERFORM A2      END-PERFORM
END-IF.
IF              (X      AND     NOT Y)
        OR      (NOT X)
        PERFORM A3      END-PERFORM
END-IF.
```

Für die komplexe Alternativstruktur:

Komplexe Alternativ-strukturen

Fall 3:

... Fall 3

```
IF              (NOT X)
        OR      (X      AND     NOT Y)
        PERFORM A1      END-PERFORM
END-IF.
IF              (X)
        OR      (NOT X  AND     Y)
        PERFORM A2      END-PERFORM
END-IF.
```

9.2 Parallelität und wechselseitiger Ausschluss

"... computers only solve the easier problems at the price of creating much harder ones"

Edsger W. Dijkstra 1989

Parallele Prozesse

Als Beispiel für die in Kapitel 7 erwähnten parallelen Prozesse betrachten wir zwei Anweisungsfolgen:

```
Prozeß 1                  Prozeß 2

1    a := x               4    b := x
2    a := a+2             5    b := b-2
3    x := a               6    x := b
```

Dabei sei "x" ein gemeinsam benutzter Speicherbereich, der zu Beginn den Wert "2" hat. Als Ergebnis der Ausführung der 6 Anweisungen würden wir erwarten, daß "x" wieder den Wert 2 hat. Dies wäre der Fall, wenn die Anweisungen 1 bis 6 sequentiell ausgeführt würden. Bei paraller Ausführung können die Anweisung 1 bis 3 und 4 bis 6 jedoch in beliebig gemischter zeitlicher Reihenfolge auftreten, wobei "x" nach dem Ausführen der letzten Anweisung jeweils andere Werte enthält:

Anweisungsfolge	Wert von x
1 4 2 3 5 6	0
1 4 5 6 2 3	4

Synchronisation nicht disjunkter Prozesse

Das Beispiel zeigt: wenn parallele Prozesse nicht **disjunkt** sind (die Schnittmenge der bearbeiteten Daten ist nicht leer), müssen sie in ihrem Ablauf koordiniert werden, die Prozesse müssen **synchronisiert** werden.

Definition von Parallelität

Das heißt aber, daß das Problem nicht erst auf der Ebene z. B. von Betriebssystemen relevant ist, sondern bereits bei allen mehrbenutzerfähigen Programmen. **Parallel** sind zwei Prozesse dann, wenn die erste Aktion des einen begonnen wurde, bevor die letzte des anderen abgeschlossen wurde. Bei Dialogprogrammen im Timesharingbetrieb ist die (Quasi-)Parallelität damit durch die Abarbeitung der Benutzerprozesse in Zeitscheiben gegeben; die gemeinsam benutzten Speicherbereiche sind Datensätze auf externen Speichermedien.

Kritische Abschnitte

In obigem Beispiel könnten **vor** Anweisung 1 oder 4 und **nach** Anweisung 3 oder 6 andere Anweisungen stehen, die sich auf die lokalen Variablen "a" und "b" beziehen. Deren Ausführung hätte auf die Korrektheit des Ergebnisses für "x" keinen Einfluß. Das heißt, daß es immer nur kleine "**kritische Abschnitte**" der parallelen Programme sind, für die eine bestimmte Ausführungsreihenfolge gesichert werden muß. Es sind die Abschnitte, in denen verändernd auf gemeinsame Speicherbereiche zugegriffen wird.

Für dieses Synchronisationsproblem sind zwei Fälle zu unterscheiden:

Vorrang

- Ist die **Reihenfolge** der beteiligten Prozesse für die Korrektheit des Ergebnisses entscheidend, so muß der **Vorrang** der Prozesse in der richtigen Reihenfolge sichergestellt werden (Sequentialisierung, Zustandssynchronisation). Ein Beispiel dazu wird in Abschnitt 9.3 betrachtet.

wechselseitiger Ausschluß

- Kommt es dagegen auf eine korrekte **Kooperation** nebenläufiger Prozesse an, so muß (nur) ihr **wechselseitiger Ausschluß** bei Zugriff auf die gemeinsam benutzten Speicherbereiche sichergestellt werden. Ein Beispiel dazu wird in diesem Abschnitt behandelt.

Unteilbare Operationen

Das Ergebnis der Ausführung der Anweisungen 1 bis 6 wird immer dann korrekt, wenn sichergestellt werden kann, daß die Anweisungen 1 bis 3 und die Anweisungen 4 bis 6 jeweils vollständig nacheinander ausgeführt werden können, ohne daß dazwischen Anweisungen des anderen Prozesses ausgeführt werden. Dies ist unabhängig davon, welche der beiden Anweisungsfolgen zuerst ausgeführt wird. Der wechselseitige Ausschluß muß also bewirken, daß die Anweisungen im kritischen Abschnitt wie eine einzige unteilbare Operation betrachtet werden können.

Determiniertheit

Damit wird sichergestellt, daß bei ansonsten beliebigem Ablauf der beteiligten Prozesse das Ergebnis (Wert von "x") immer korrekt ist. Das heißt allgemeiner: ein System paralleler Prozesse muß trotz einer beliebigen Folge nichtdeterminierter Ereignisse **als Ganzes** jederzeit determiniert sein. Genau auf diese Eigenschaft müssen wir uns ja beim Testen eines Programms verlassen können: nur so können wir - wenn **tatsächlich** zwei **gleiche** Testläufe **verschiedene** Ergebnisse bringen - schließen: da muß ein Fehler im Programm sein, der wie ein "Zufallsgenerator" wirkt.

Korrektheit

Für die Determiniertheit paralleler Abläufe ist ihre **Korrektheit** notwendig. Darunter sind folgende Eigenschaften zu verstehen:

Sicherheit

- **Sicherheit**:
  - *wechselseitiger Ausschluß*: Bei zwei Zugriffen auf die gleichen Daten, von denen mindestens einer schreibend ist, ist sichergestellt, daß nur einer zu einem Zeitpunkt möglich ist.
  - *partielle Lauffähigkeit*: Jeder Prozeß terminiert, d. h. jeder Prozeß kann in endlicher Zeit über seinen kritischen Abschnitt - wo er auf andere warten muß - hinaus.

- **Lebendigkeit:** *Lebendigkeit*
  - *totale Lauffähigkeit*: Jeder Prozeß terminiert **und** ist korrekt. D. h. die Prozesse können *behinderungsfrei* ablaufen. Hier wird unterschieden zwischen:
    - *lokaler Behinderung*: Einzelne Prozesse können ihren kritischen Abschnitt nie erreichen (Aushungern, starvation) und
    - *globaler Behinderung*: Mehrere Prozesse warten gegenseitig aufeinander und die Behinderung ist nie mehr aufzulösen (Verklemmung, deadlock).

  Für die Behinderungsfreiheit muß die Erlaubnis zum Betreten kritischer Abschnitte also **fair** vergeben werden. *Fairness*

Für die Darstellung paralleler Prozesse eignen sich **Petrinetze**. Dies sind gerichtete Graphen mit zwei Knotenarten: *Petrinetze*

- **Stellen** (symbolisiert durch Kreise) und
- **Transitionen** (symbolisiert durch Balken)

und zwei Kantenarten:

- **Vorbereich** (Pfeile zwischen Stelle und Transition, Eingabekante der Transition) und
- **Nachbereich** (Pfeile zwischen Transition und Stelle, Ausgabekante der Transition).

Die Stellen können **Marken** enthalten (symbolisiert durch ausgefüllte Kreise), die durch die gerichteten Kanten transportiert werden können (markiertes Petrinetz). Dabei gelten folgende Regeln:

- Eine Transition kann **schalten** (ist **zulässig**), wenn alle Stellen in ihrem Vorbereich mindestens eine Marke enthalten. *Schaltregeln*
- Wenn mehrere Transitionen zulässig sind, ist die Auswahl der zu schaltenden Transition beliebig.
- Eine Transition schaltet, indem sie genau eine Marke aus jeder Stelle in ihrem Vorbereich entfernt und jede Stelle in ihrem Nachbereich mit genau einer Marke belegt.

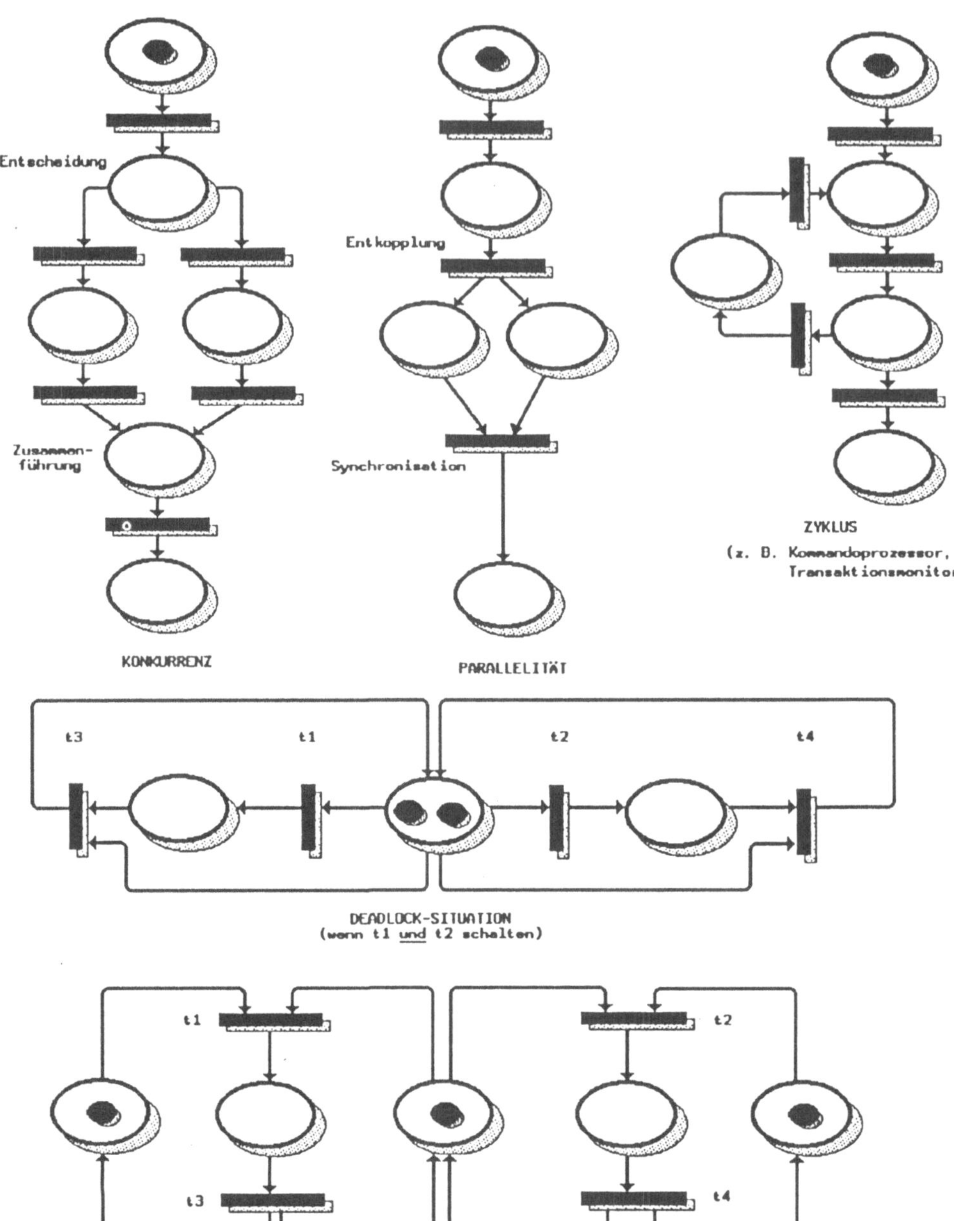

Abbildung 9.2-1: Begriffe der Parallelprogrammierung in Petrinetzdarstellung

Mit diesem Darstellungsmittel lassen sich nun parallele Prozesse modellieren und auf gewünschte Eigenschaften untersuchen (Erreichbarkeit, Sicherheit, Lebendigkeit).

Begriffe der Parallelprogrammierung

Abbildung 9.2-1 erläutert einige Begriffe der Programmierung paralleler Prozesse mit Petrinetzen:

- konkurrente Prozesse, von denen nur entweder der eine oder der andere lauffähig wird
- parallele Prozesse, die gleichzeitig lauffähig werden
- ein zyklischer Prozeß, der ständig wiederholt werden kann
- eine Deadlock-Situation, die entsteht, wenn t1 und t2 gleichzeitig schalten und
- ein Modell für den wechselseitigen Ausschluß.

Semaphore

Mit welchen technischen Mitteln läßt sich nun ein gegenseitiger Ausschluß realisieren? Ein Konzept ist das des Semaphors (vom griechischen Ampel): ein Datenbereich, der durch einen Zugriff für weitere Zugriffe gesperrt wird, wobei die Tatsache der Sperrung für andere Zugriffsversuche als "Lampe" dient. Voraussetzung dafür ist, daß der Zugriff eine sogenannte "unteilbare Aktion" (d. h. nicht unterbrechbar) ist. Auf Assemblerebene ist das z. B. mit dem Befehl "TST" (Test-and-SeT) erreichbar; auf COBOL-Ebene stellen Betriebssysteme etwa mit dem Lesezugriff auf eine Input-Output eröffnet Indexdatei eine analoge Möglichkeit zur Verfügung.

Projektbeispiel

Damit läßt sich folgendes Problem aus der Verarbeitung von Wareneingängen lösen:

Konkurrierendes Schreiben in eine sequentielle Datei

Wenn ein Beleg zur Sendung an das zentrale System freigegeben wird, wird er in eine sequentielle Übergabedatei kopiert, die vor der Datenfernübertragung komplett in die Sendedatei kopiert wird. In dieser Übergabedatei können die Belege in beliebiger Reihenfolge stehen, aber die zu einem Beleg gehörenden Sätze müssen vollständig und in der korrekten Reihenfolge vorhanden sein. Dies wäre nun nicht sicherzustellen, wenn jeder Benutzer zu jedem beliebigen Zeitpunkt in die Übergabedatei schreiben dürfte. Da es nicht auf die Reihenfolge der Belege ankommt, sondern nur sichergestellt werden muß, daß zu einem Zeitpunkt nur ein Programm Sätze eines Belegs in die Übergabedatei schreibt, handelt es sich um ein Problem des wechselseitigen Ausschlusses.

Benutzung der Dateiverwaltung

Deshalb wird ein Sperrmechanismus der Dateiverwaltung des Betriebssystems ausgenutzt. Wenn ein Satz in einer indexsequentiellen Datei mit Update-Wunsch gelesen wurde, werden alle weiteren Lesewünsche für diesen Satz gesperrt. Das COBOL-Laufzeitsystem kann auf die entsprechende Fehlermeldung der Dateiverwaltung entweder in eine Warteschleife gehen oder die Meldung zum Anwenderprogramm hochreichen. Um diese Sperrmöglichkeit auszunutzen, wird in einer indexsequentiellen Parameterdatei ein Satz abgestellt mit unter anderem folgenden Variablen:

- Fehler aufgetreten (Wertebereich: "j", "n")
- Nummer des fehlerhaften Belegs (Wertebereich: "0" oder BELEGNUMMER).

Im Kasten auf der folgenden Seite ist beschrieben, wie dieser Mechanismus zum **wechselseitigen Ausschluß** benutzt wird, um die Vollständigkeit von Belegen und die korrekte Reihenfolge von Belegsätzen in der Übergabedatei sicherzustellen.

In Abschnitt 9.3 betrachten wir ein Beispiel, bei dem eine bestimmte **Reihenfolge** der kooperierenden Prozesse sicherzustellen ist.

Wechselseitiger Ausschluß durch Benutzung eines Satzsperr-Mechanismus

Jedes Programm, das Sätze in die Übergabedatei schreiben will, versucht zunächst den Parameter zu lesen.

Gelingt dies nicht, so schreibt gerade ein anderer Benutzer in die Datei und das Programm gibt in einer Schleife eine Wartemeldung an den Benutzer aus und versucht den Satz wieder zu lesen.

Hat ein Programm den Satz gelesen, werden durch die Dateiverwaltung alle weiteren Aufrufe automatisch in eine Warteschlange eingereiht.

Das Programm, das den Parameter gelesen hat, prüft zunächst, ob der Fehlerschalter gesetzt ist.

Ist er gesetzt, wird der Satz unverändert zurückgeschrieben und dem Benutzer wird gemeldet, daß keine weiteren Wareneingänge freigegeben werden können.

Ist der Schalter nicht gesetzt, beginnt das Programm die Belegsätze in die Übergabedatei zu schreiben.

Kann es keinen einzigen Satz in die Datei schreiben, so wurde die Datei mit dem letzten Satz des vorigen Belegs genau voll. Dann wird der Schalter "Fehler aufgetreten" gesetzt und das Programm mit einer entsprechenden Meldung beendet.

Kann das Programm mindestens einen aber nicht alle Sätze in die Übergabedatei schreiben, wird der Fehlerschalter gesetzt und die Nummer des teilweise übertragenen Belegs eingetragen.

Nach dem Ende des Schreibens in die Übergabedatei wird der Parameter zurückgeschrieben und damit für das nächste Programm zum Lesen freigegeben.

Das Übergabeprogramm im Rahmen der Datenfernübertragung löscht nach dem Kopieren der Übergabedatei in die Sendedatei den Fehlerschalter und die evtl. vorhandene Belegnummer. Wenn eine Belegnummer eingetragen war, wird dieser nur teilweise vorhandene Beleg nicht in die Sendedatei kopiert.

9.3 Parallelität und Reihenfolgesteuerung

Projektbeispiel

Für die Datenfernübertragung zwischen Subsystemen und Zentrale sind einige Vor- und Nacharbeiten an den Subsystemen nötig, z. B.:

- Sichern des aktuellen Systemzustandes vor der Datenfernübertragung
- Erstellen einer Sendedatei für die Übertragung
- Senden der Bewegungsdaten aus der Sendedatei
- Empfangen von Stammdaten in die Sendedatei
- Übernehmen von Stammdaten aus der Sendedatei
- Zurücksetzen einer Sicherung bei Fehlern.

Datenfernübertragung

Diese Arbeiten können nicht in einen starren Ablauf gepreßt werden, da es möglich sein muß, einzelne Tätigkeiten bei Fehlern zu wiederholen, andere in bestimmten Situationen ausfallen zu lassen usw. Deshalb sind die Tätigkeiten auf einzelne Programmmodule verteilt, u. a.:

- Sicherung (Programm: Z40)
- Sendedatei erstellen (D40)
- Senden (Z54)
- Empfangen (Z55)
- Stammdaten übernehmen (D30)
- Sicherung zurücksetzen (Z46)

Diese Module können von den Benutzern einzeln zu beliebigen Zeitpunkten aufgerufen werden. Trotzdem muß aber bei jeder Datenfernübertragung sichergestellt werden, daß die angewählten Programme nur in einer sinnvollen Reihenfolge angestartet werden. Damit liegt hier ein Beispiel für ein Synchronisationsproblem vor, bei dem eine Steuerung der Ablaufreihenfolge erforderlich ist.

Einschränkungen für die Reihenfolge der Programmaufrufe sind z. B.:

Reihenfolge-Bedingungen

- Eine Sendedatei darf nur erstellt werden, wenn zuvor der Systemzustand gesichert wurde oder auf einen alten Sicherungszustand zurückgesetzt wurde.
- Gesendet werden darf nur, wenn vorher eine Sendedatei erstellt wurde oder zumindest die empfangenen Stammdatenänderungen durch Übernahme aus der Sendedatei entfernt wurden.
- Stammdatenänderungen können nur übernommen werden, wenn zuvor welche empfangen wurden usw.

Damit lassen sich etwa folgende Vorrangrelationen angeben (die sich auch in Form eines **Präzedenzgraphen** aufzeichnen lassen):

Vorrangbeziehungen

- Z55 vor D30
- Z40 oder Z46 vor D40
- D30 vor D40
- D40 oder D30 vor Z54
- Z54 vor Z55

Diese Ablaufreihenfolge wird durch das folgende Petrinetz modelliert:

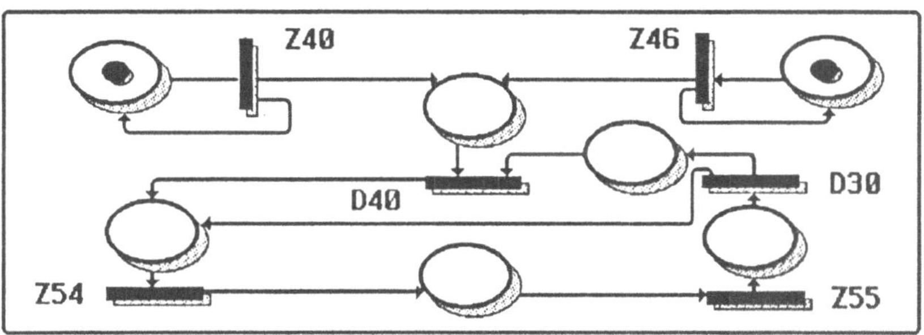

Abbildung 9.3-1: DFÜ-Steuerung als Petrinetz

Realisierung durch Schalterleisten

Die Marken, die im Petrinetz durch das Schalten der Transitionen von einer Stelle an die andere weitergegeben werden, lassen sich programmtechnisch durch das Setzen von

Zustandsschaltern für einzelne Verarbeitungsschritte realisieren. Jedes am Verbund beteiligte Programm kann z. B. in den Zuständen "Okay", "Wartet", "Abgebrochen" und "Fehlerhaft" sein und speichert diese Zustände in einer gemeinsam benutzten Parameterleiste. Und jedes an der Verarbeitung beteiligte Programm prüft diese Parameterleiste und kennt den Zustand, in dem es selbst ablaufen darf. Z. B. darf die Übernahme von Stammdatenänderungen nur starten, wenn der Parameter für das Empfangen auf "okay" steht.

endlicher Automat

Damit läßt sich diese Ablaufsteuerung auch so beschreiben: Ausgehend von einem **Anfangszustand** dürfen nicht beliebige, sondern immer nur bestimmte **ausgezeichnete Folgezustände** erreicht werden können. Das System darf von einem konsistenten Zustand nicht in beliebige andere Zustände übergehen, sondern immer nur in einen konsistenten Folgezustand. Und da die Datenfernübertragung immer wieder läuft, muß schließlich ein Folgezustand wieder der Anfangszustand sein. Die Steuerung der Ablaufreihenfolge läßt sich so als **endlicher Automat** beschreiben. Endliche Automaten sind ein Modell für Vorgänge, die sich durch Tabellen und beschränkten Speicher ohne Verzögerung beschreiben lassen. Der Automat liest Eingaben und verarbeitet sie durch Zustandswechsel, wobei sein Zustand (beschränkter Speicher) seine Reaktion auf nachfolgende Eingaben festlegt und er nur eine beschränkte Anzahl von Zuständen (**endlicher** Automat) einnehmen kann. Für die vereinfachte Darstellung der Datenfernübertragung erhalten wir damit folgende Zustandsübergangstabelle:

Zustands-übergangs-tabelle

Zustand	Eingabe	Folgezustand
1	Z40	2
1	Z54	4
1	Z46	6
2	Z40	2
2	D40	3
3	Z54	4
4	Z55	5
5	D30	1
6	D40	1

Diese **Zustandsübergangstabelle** beschreibt die Steuerung der Verarbeitungsreihenfolge als endlicher Automat, der sich grafisch darstellen läßt.

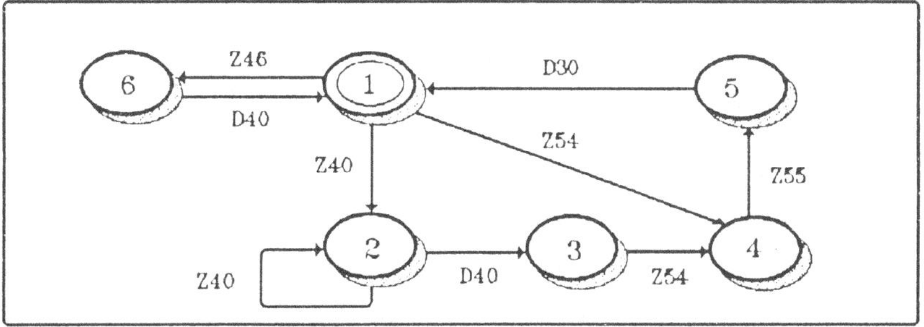

Abbildung 9.3-2 DFÜ-Steuerung als endlicher Automat

Die einzelnen Zustände lassen sich dabei so beschreiben:

Zustandsliste

1 Die Sendedatei ist leer (Stammdaten sind übernommen) oder nach Zurücksetzen neu erstellt.
2 Die Sicherung vor dem Erstellen der Sendedatei ist erfolgt.
3 Die Sendedatei ist erstellt (mit Bewegungsdaten gefüllt).
4 Die Bewegungsdaten aus der Sendedatei (oder die Meldung, daß die Sendedatei leer ist) sind übertragen.
5 Die Stammdatenänderungen stehen in der Sendedatei.
6 Die Sicherung ist zurückgesetzt auf einen Stand **vor** dem Erstellen einer Sendedatei.

Dabei muß durch die beteiligten Programme sichergestellt werden, daß es keine anderen als die genannten Zustände gibt und daß keine anderen als die genannten Eingaben akzeptiert werden.

9.4 Erkennungsprobleme: Parsing und Backtracking

Batchprobleme

Dieser Abschnitt soll zeigen, wie sich ein klassisches Problem der Batchverarbeitung mit formalen Hilfsmitteln leichter darstellen, analysieren und behandeln läßt. Dafür wird folgende Transformation eines Eingabedatenstroms in einen Ausgabedatenstrom betrachtet:

Projektbeispiel: Satzreihenfolgeprüfung

Im Verlauf der Datenfernübertragung werden an einem zentralen Verwaltungssystem in einer zentralen Datei "ESDAT" die von den Subsystemen gesandten Sendedateien "SEDAT" gesammelt. Von dieser Datei werden die eigentlichen Bewegungsdaten an den Host-Rechner weitergegeben; Daten die eine weitere Bearbeitung erfordern und Protokolldaten werden in zwei separate Dateien abgestellt. Unabhängig von der Aufspaltung des Eingabedatenstroms in drei Ausgabedatenströme wird hier lediglich die Aufgabe betrachtet, nur korrekte Daten weiterzureichen. Dafür muß unter anderem geprüft werden, ob eine vorgeschriebene Satzreihenfolge eingehalten wird.

Die ESDAT kann dabei:

- leer sein
- Bewegungsdaten von einem oder mehreren Subsystemen enthalten
- von jedem vorhandenen Subsystem Protokollsätze (PS) enthalten.

Die Bewegungsdaten müssen mindestens einen Außenstellenkopfsatz (AK) und einen Außenstellenendesatz (AE) enthalten. Sind Belege in den Bewegungsdaten, so muß ein Beleg mindestens enthalten:

- einen Belegkopfsatz (BK)
- einen Belegpositionssatz (BP)
- einen Belegendesatz (BE).

Zu jedem Belegkopfsatz kann es maximal 99 Belegpositionssätze geben. Zu jedem Belegpositionssatz kann es maximal 99 Zu-/Abschlagssätze geben, die in beliebiger Reihenfolge auf den zugehörigen Positionssatz folgen können (BA und BZ).

Mit dieser Beschreibung in Textform ist es sehr schwierig, gültige und ungültige Satzreihenfolgen zu erkennen. Hier können vorteilhaft Techniken angewandt werden, die aus dem Compilerbau bekannt sind:

- die Prüfung der Satzreihenfolge ist ein Erkennungsproblem, wie es ein Parser zu lösen hat. Dafür muß die Satzreihenfolge als eine Sprache mit einer bestimmten Syntax beschrieben werden. *Parsing*
- die Feststellung einer ungültigen Satzreihenfolge muß zu einem Wiederaufsetzen an einem früheren Punkt der Verarbeitung führen, um immer nur korrekte Satzreihenfolgen an die folgenden Verarbeitungsprogramme weiterzugeben (Backtracking). *Backtracking*

Für die Beschreibung der Syntax in Erweiterter Backus-Naur-Form (EBNF) nach Wirth werden folgende Metazeichen benötigt: *EBNF*

- A|B" bezeichnet eine Alternative (A oder B)
- "[A]" kennzeichnet eine Option (A kommt nicht oder einmal vor)
- "{A} kennzeichnet eine mögliche Wiederholung (A kommt nicht oder einmal oder mehrfach vor)
- "()" kennzeichnet den Vorrang in der Auswertungsreihenfolge.

Syntax der Satzreihenfolge

Damit läßt sich die "Syntax" der ESDAT so niederschreiben:

Die Datei ist entweder leer oder enthält Daten; dies können eine oder mehrere Sendedateien sein:

```
ESDAT := {daten}
```

Daten können Bewegungsdaten und evtl. dazugehörige Protokollsätze sein:

```
daten := [bewegungen protokolle]
```

Bewegungen fanden entweder gar nicht statt (dann sind nur die Kennsätze der Außenstelle vorhanden) oder es gibt mindestens einen Beleg.

```
bewegungen := AK {belege} AE
```

Wenn ein Beleg vorkommt, besteht er mindestens aus Belegkopfsatz, Belegpositionssatz und Belegendesatz. Dem Belegpositionssatz können weitere Satzarten folgen.

```
belege := [BK BP folge BE]
```

Der ersten Belegposition können Zu-/Abschlagssätze folgen. Es können weitere Positionen folgen, denen ebenfalls Zu-/Abschlagssätze folgen können:

```
folge := {BA|BZ}{BP{BA|BZ}}
```

Protokollsätzen können weitere Protokollsätze folgen:

```
protokolle := {PS}
```

Zusammengefaßt ergibt das folgende Syntax:

```
{[AK{[BK BP{BA|BZ}{BP{BA|BZ}}BE]}AE{PS}]}
```

Dabei gelten folgende Kontextregeln: *Kontextregeln*

- Jeder Satz enthält eine identifizierende Systemnummer.
- Alle Elemente einer gültigen Satzreihenfolge AK ... PS enthalten die gleiche Systemnummer.
- Diese Systemnummer darf in keinem anderen Satz der Datei mehr auftreten.

Die kontextfreie Syntax läßt sich zeichnerisch als Syntaxgraph darstellen, auf dem durch Verfolgen der Pfeile mühelos alle gültigen Satzreihenfolgen abzulesen sind. *Syntaxgraph*

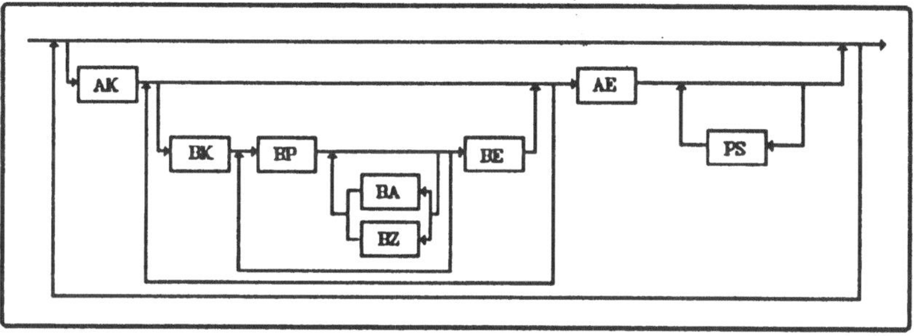

Abbildung 9.4-1: Syntaxgraph für gültige Satzreihenfolgen

Aus dieser Darstellung lassen sich die möglichen Zustände eines Prüfprogramms während der Verarbeitung leicht ablesen:

Zustandsliste

1: Anfangszustand:
Dateiende (EOF) oder AK muß folgen
2: zuletzt AK oder BE gelesen:
BK oder AE muß folgen
3: zuletzt BK gelesen:
BP muß folgen
4: zuletzt BP gelesen:
BP oder BA oder BZ oder BE muß folgen
5: zuletzt BA oder BZ gelesen:
BP oder BA oder BZ oder BE muß folgen

(Zustand 4 und 5 müssen unterschieden werden, weil mindestens ein BP vorhanden sein muß.)

6: zuletzt AE oder PS gelesen:
AK oder PS oder EOF muß folgen

Daraus läßt sich folgende Zustandsübergangstabelle konstruieren:

Zustands-übergangs-tabelle

Zustand	Eingabe	Folgezustand
1	AK	2
1	EOF	7
2	BK	3
2	AE	6
3	BP	4
4	BP	4
4	BA	5
4	BZ	5
4	BE	2
5	BP	4
5	BA	5
5	BZ	5
5	BE	2
6	PS	6
6	AK	2
6	EOF	7

Damit läßt sich die Prüfung der Satzreihenfolge als endlicher Automat darstellen:

endlicher Automat

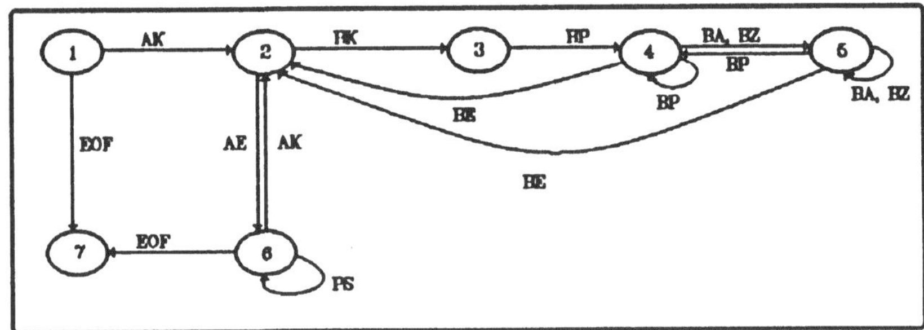

Abbildung 9.4-2: Satzreihenfolgeprüfung als endlicher Automat

Aus beiden Darstellungen lassen sich nun Kriterien für den Entwurf des Prüfprogramms ableiten:

Ableitung der Prüfroutine:

In der Syntaxdarstellung ordnet man den auftretenden Symbolen Attribute zu ("attributierte Grammatik"), zu deren Berechnung Prozeduren ("semantische Aktionen") eingesetzt werden. Das Auftreten eines bestimmten Symbols im Datenstrom wird also zum Auslöser für bestimmte Berechnungen. In den Beleg- und Außenstellenendesätzen werden z. B. Kontrollzähler und Kontrollsummen mitgeliefert, die zur Korrektheitsprüfung verwendet werden. Semantische Aktionen, die diese Prüfung durchführen, sind dann etwa:

Attribute

Semantische Aktionen

- AK:
  setze alle Prüfzähler und Summen auf Null
- BK:
  erhöhe den Zähler Belege
- BP:
  erhöhe den Zähler Belegpositionen
  erhöhe die Summe Belegwert
- BE:
  prüfe den Zähler Belegpositionen gegen den Kontrollzähler
  prüfe die Summe Belegwert gegen den Kontrollwert
  usw.

Mit Hilfe der Darstellung als endlicher Automat läßt sich untersuchen, was beim Auftreten ungültiger Symbole im Datenstrom geschehen soll. Wenn z. B. auf einen Belegpositionssatz ein Belegkopfsatz einer **anderen** Außenstelle folgt, liegen zwei Fehler vor:

Fehlerzustände:

- kontextfrei muß auf den Belegpositionssatz mindestens ein Belegendesatz folgen (es läßt sich nicht feststellen, ob weitere Belegpositionssätze oder Zu-/Abschlagssätze fehlen),
- kontextabhängig muß dem Belegkopfsatz eines Beleges einer anderen Außenstelle mindestens ein neuer Außen-

kontextfreie

kontextabhängige

stellenkopfsatz vorausgehen (es läßt sich nicht feststellen, ob von der vorigen Außenstelle weitere Belege und evtl. Protokolle fehlen; von der neuen Außenstelle läßt sich an dieser Stelle nicht feststellen, ob evtl. weitere Belege fehlen).

Rekonstruktion

Da die Folgeprogramme nur gültige Satzreihenfolgen erhalten sollen, müssen die mindestens fehlenden Sätze als Platzhaltersätze mit Standardwerten in den Datenstrom eingefügt werden. Damit sind die Belege usw. formal vollständig und können mit Korrekturprogrammen inhaltlich berichtigt werden. Einige Fehler können auf diese Weise **vollständig behoben** werden: Wenn z. B. nur ein Außenstellenkopfsatz fehlt, läßt er sich aus dem Datenstrom korrekt erzeugen und mit Hilfe der Kontrollzähler und Kontrollsummen des Außenstellenendesatzes läßt sich feststellen, daß die Daten der Außenstelle komplett und korrekt übertragen wurden.

Erkennungsprobleme ...

Diese Prüfung ist jedoch erst möglich, wenn bereits alle Sätze verarbeitet sind. Wird dann festgestellt, daß die Datei doch fehlerhaft ist, muß die vorangegangene Verarbeitung auf irgendeine Weise "rückgängig" gemacht werden. Für dieses "Erkennungsproblem" wurden in den 60er Jahren die Techniken des "Backtrack Programming" (Lehmer, Walker, Golomb/Baumert) entwickelt. Die Notwendigkeit für Backtracking kann sowohl bei Iterationen (vgl. Abbildung 7A-12) wie bei Selektionen (vgl. Abbildung 7A-13) auftreten.

... bei Selektion

Bei **Selektionen** ist jeweils einer von verschiedenen Verarbeitungswegen zu wählen, je nachdem, welche Satzart z. B. gelesen wurde. Dieser Fall wird dann kompliziert, wenn:

- jeweils eine Folge von Sätzen zu verarbeiten ist,
- die Verarbeitungsart **nicht** am ersten Satz erkennbar ist,
- die Verarbeitung aber unmittelbar nach dem Lesen des ersten Satzes beginnen muß.

Normalerweise wird das Problem durch die Verwendung einer der beiden folgenden Techniken gelöst:

Vorprogramm

Vorprogrammtechnik	Ein Programm prüft die Satzfolgen und teilt dem Verarbeitungsprogramm jeweils beim ersten Satz die zu wählende Verarbeitungsart mit.
Vorauslesen	Vor der eigentlichen Verarbeitung werden jeweils Sätze im voraus gelesen ("Reading ahead") und zwischengespeichert, so daß das Programm bei der Verarbeitung des 1. Satzes bereits auf Informationen aus Folgesätzen zugreifen kann.

Vorauslesen

Problemfälle

Es gibt jedoch Fälle, in denen keine dieser Techniken anwendbar ist:

- Transaktionsverarbeitung im Dialog (Bedienereingaben müssen verarbeitet werden),
- Datenbankzugriffe,
- technische Beschränkungen (weil z. B. auf dem zentralen Verwaltungssystem nicht Tausende von Sätzen zwischengepuffert werden können).

... bei Iteration

Bei **Iterationen** tritt ein analoges Problem auf, wenn erst **nach** dem Beginn einer Verarbeitungsschleife festgestellt werden kann, daß dieser letzte Schleifendurchlauf **nicht** hätte stattfinden dürfen und wenn dabei mehr als eine Datei aktualisiert wird (Das Prüfprogramm hat z. B. Sätze in drei verschiedene Dateien abgestellt.).

In beiden Fällen wird durch Backtracking die "Spur zurück verfolgt" bis zur letzten "problematischen" Entscheidung und dort wird wieder aufgesetzt.

Backtracking

Backtracking besteht aus folgenden Komponenten:

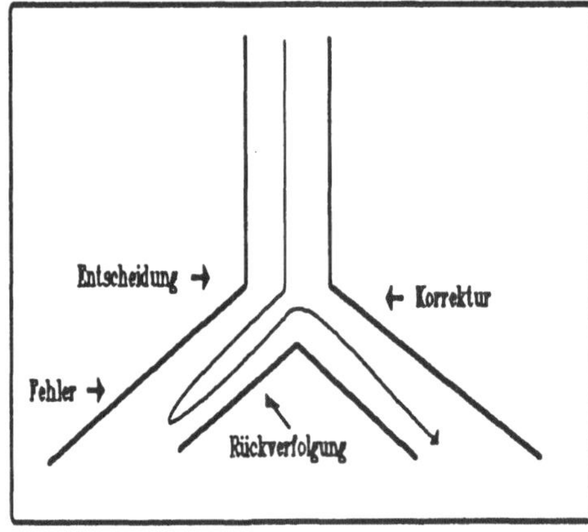

Abbildung 9.4-3: Backtracking

- Sicherung eines Zustandes vor Verarbeitungsbeginn
- Verarbeitung unter der Annahme, daß
  - der richtige Weg bekannt ist (Selektion)
  - die Schleife auszuführen ist (Iteration)
- Prüfen der Annahme
- Rückgängigmachen der Folgen falscher Annahmen.

Dies ist im einfachsten Fall ein Zurückladen gesicherter Werte. Oft sind auch unzulässige Nebenwirkungen zu beseitigen, manchmal können günstige Nebenwirkungen ausgenützt werden.

In Anlehnung an Konstrukte in Sprachen der 4. Generation werden dafür z. B. folgende Techniken benutzt:

Techniken:

DO/UNDO	Das Prüfprogramm sichert die Keys bereits geschriebener Sätze, um sie im Fehlerfall wieder löschen zu können.
NOTE/ RESTORE	Verschiedene Dateien werden vor Beginn der Verarbeitung gesichert, dieser Stand wird bei schweren Verarbeitungsfehlern wieder zurückgeladen.

PRETEND/ REALLY DO — Ausgaben in sequentielle Dateien (z. B. auf den Drucker) können nicht wirklich rückgängig gemacht werden; die Ausführung muß also simuliert werden, bis feststeht, daß sie wirklich stattfinden darf.

Weiterreichen von Fehlercodes

Für die Übergabe an den Host werden diese Probleme mit Hilfe einer Fehlerleiste am Ende jedes Satzes gelöst. Hier werden bereits entdeckte Fehler des jeweiligen Satzes markiert (z. B. falsche Wertsumme), damit diese Prüfungen nicht nochmals auszuführen sind. In den Endesätzen sind Fehlermarken für den vorangegangenen Beleg oder die vorangegangene Außenstelle vorhanden. In der Hostverarbeitung wird dann der Datenbestand einer Außenstelle bzw. eines Beleges zwischengespeichert, bis anhand der Endesätze über die Verarbeitung entschieden werden kann (Vorauslesen in diesem Umfang ist hier technisch möglich).

9.5 Ersatz von Rekursion durch Iteration

In kaufmännischen Anwendungen gibt es sicher wenig Beispiele für rekursive Prozeduren/Funktionen - die immer noch am häufigsten verwendete Sprache COBOL erlaubt auch keine Rekursion. Dieser Abschnitt zeigt, wie in der Literatur gefundene rekursive Funktionen (z. B. Algorithmen zur Stringsuche) schematisch in COBOL übersetzt werden können.

Rekursion kann durch Iteration ersetzt werden

Grundsätzlich kann **jede** rekursive Prozedur in eine iterative transformiert werden, indem Rücksprungadressen und Zwischenergebnisse vom Programmierer selbst auf einem Stack verwaltet werden - nichts anderes tun die Laufzeitsysteme rekursiver Sprachen.

rekursive Datenstruktur: Baum

Wir betrachten eine typisch rekursive Struktur, einen Baum. Dafür wird der folgende Beispielbaum

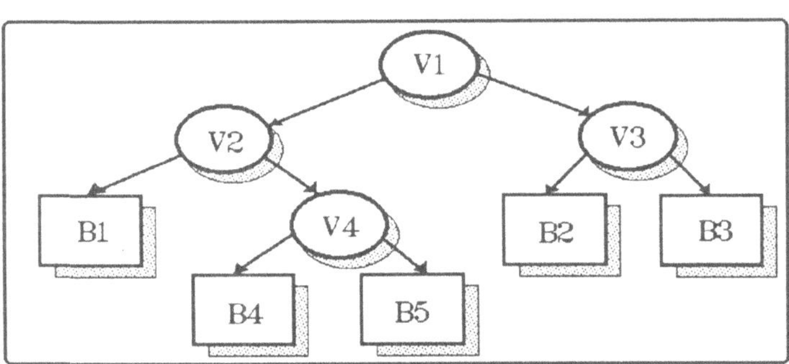

Abbildung 9.5-1: Baumstruktur

als Tabelle abgespeichert. Die Zuordnung zu den Speicherstellen ist willkürlich. Man kann sich vorstellen, sie sei durch Baumoperationen (einfügen, löschen) entstanden.

Abspeicherung als Tabelle

Adresse	Inhalt	Links	Rechts
1	Wurzel	6	--
2	V4	9	5
3	V2	4	2
4	B1	0	0
5	B5	0	0
6	V1	3	8
7	B2	0	0
8	V3	7	10
9	B4	0	0
10	B3	0	0

Die Blätter als inhaltstragende Elemente sind daran erkennbar, daß sie keine Söhne und dementsprechend keine Zeiger in der Tabelle haben. Eine rekursive Prozedur zum Ausdruck der Informationen in den Blättern (z. B. die Ausgabe einer alphabetischen Cross-Reference-Liste) läßt sich einfach angeben:

rekursive Prozedur

```
PROCEDURE SYMORD (V)
        IF              zeiger.links(V) =       NIL
                AND     zeiger.rechts(V)=       NIL
                THEN    drucke  inhalt(V)
        ELSE
                SYMORD(zeiger.links(V))
                drucke  (inhalt(V))
                SYMORD(zeiger.rechts(V))
        END.
END SYMORD.
```

Die nicht-rekursive Version in COBOL erfordert einen Stack (Kellerspeicher), der groß genug ist, um alle Rücksprungadressen und Zwischenergebnisse aufzunehmen.

Ein Stack ist ein Speicherbereich, dessen Verwaltung mit einem Tellerstapel auf einem Federmechanismus verglichen werden kann:

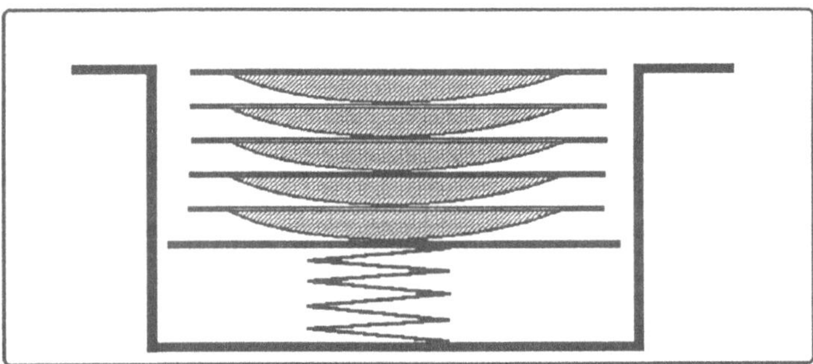

Abbildung 9.5-2: Ein Stapel (von Tellern)

Definition eines Stacks

- Es kann immer nur ein Teller (der oberste)
  - weggenommen oder
  - dazugestellt werden.
- Der Stapel kann leer sein, dann kann kein Teller entnommen werden.
- Der Stapel kann voll sein, dann kann kein weiterer Teller abgestellt werden.
- Der Mechanismus sorgt automatisch dafür, daß Teller in der umgekehrten Reihenfolge entnommen werden, in der sie eingestellt wurden (LIFO = Last In, First Out).

in COBOL als Tabelle implementieren

In COBOL kann ein Stack durch eine subskribierte oder (bessere Laufzeit!) indizierte Tabelle realisiert werden:

- TOP ist der letzte Eintrag.
- TOP + 1 entspricht der PUSH-Operation (ein Element auf dem Stapel ablegen).
- TOP - 1 entspricht der POP-Operation (ein Element vom Stapel entfernen).

Mit diesen Mitteln ergibt sich die nachfolgend wiedergegebene COBOL-Version. Die acht "GOTOs" sind natürlich in ihrer Schwerverständlichkeit ein überzeugendes Argument für strukturierte Programmierung. Der Vergleich mit der eleganten und knappen rekursiven Fassung zeigt die Mächtigkeit des rekursiven Aufrufs von Prozeduren.

iterative COBOL-Version

```
*       Baumstruktur
        01      BAUM    OCCURS  10.
                05      INHALT  PIC X(20).
                05      LSOHN   PIC 9(02).
                05      RSOHN   PIC 9(02).
        01      WURZEL          PIC 9(02)       VALUE   6.

*       Stack
        01      STACK.
                05      STACK-ELPIC X(02)
                        OCCURS  100     INDEXED BY      TOP.

*       Prozedur:
PROCEDURE BEGIN.
BEG.
        SET     TOP     TO      1.
        MOVE    WURZEL  TO      STACK-EL(TOP+1).
        MOVE    'HP'    TO      STACK-EL(TOP+2).
*               Rücksprungadresse
        GO      TO      SYMORD.
*               Aufruf SYMORD(WURZEL)

HP.
        EXIT.

SYMORD.
*       Der Knoten V steht immer in STACK-EL(TOP+1)
*       die Rücksprungadresse in STACK-EL(TOP+2)
        IF              LSOHN(STACK-EL(TOP+1)   =       0
                AND     RSOHN(STACK-EL(TOP+1)   =       0
*                       damit ist es ein Blatt
                PERFORM DRUCKE-INHALT
                GO      TO      RUECK
        ELSE
*                       es ist ein Knoten
*                       Aufruf von SYMORD(LSOHN(V))
                SET     TOP     UP      BY      2
*               Stackadresse erhöhen
                MOVE    LSOHN(STACK-EL(TOP-1))  TO      STACK-
EL(TOP+1)
*               nicht bearbeiteten Knoten und
                MOVE    'M1'                    TO      STACK-
EL(TOP+2)
*               Rücksprungadresse merken
                GO      TO      SYMORD
*               'rekursiver' Aufruf.
        END-IF.

M1.
        SET     TOP     DOWN    BY      2.
*       Knoten bearbeiten:
        PERFORM DRUCKE-INHALT.
*       Aufruf von SYMORD(RSOHN(V)):
        SET     TOP     UP      BY      2.
*       Stackadresse erhöhen
        MOVE    RSOHN(STACK-EL(TOP-1))  TO      STACK-EL(TOP+1).
*       nicht bearbeiteten Knoten und
        MOVE    'M2'                    TO      STACK-EL(TOP+2).
*       Rücksprungadresse merken
        GO      TO      SYMORD.
*       'rekursiver' Aufruf.

M2.
*       nächstes Element aus dem Stack
        SET     TOP     DOWN    BY      2.
        GO      TO      RUECK.
*       hier endet das 'IF' aus der rekursiven Fassung!

...
```

```
...
RUECK.
*     noch ein rechter Sohn abzuarbeiten?
      IF      STACK-EL(TOP+2) =      'M1'
              GO      TO      M1
      END-IF.

*     noch Einträge in Stack?
      IF      STACK-EL(TOP+2) =      'M2'
              GO      TO      M2
      END-IF.

*     sonst: Programmende
      GO      TO      HP.
```

Damit ist gezeigt, daß rekursive Prozeduren auch in nicht-rekursiven Sprachen wie COBOL oder FORTRAN über einen selbstverwalteten Stack programmierbar sind. Oft sind sogar die Laufzeiten dieser selbstprogrammierten Stackverwaltung besser als die des Laufzeitsystems rekursiver Sprachen (PASCAL, MODULA).

Transformationsregeln:

Verallgemeinert können rekursive Prozeduren immer nach folgenden Regeln in iterative transformiert werden:

Vorbereitung

Vorbereitung:

1. Am Anfang der Prozedur wird ein leerer Stack vereinbart, der Parameterwerte, lokale Variable, Funktionswerte und Rücksprungadressen bei rekursiven Aufrufen aufnehmen soll.
2. Die erste ausführbare Anweisung erhält eine Sprungadresse (im Beispiel: SYMORD).

Ersatz der Rekursion

Ersetzung der rekursiven Aufrufe:

3. Speichere alle Werte des aktuellen Aufrufs im Keller.
4. Erzeuge die i-te Marke Mi und lege sie im Keller ab. Sie dient zur Errechnung der Rücksprungadresse und wird im Programm angebracht, wie unter 7. beschrieben.
5. Werte die Argumente des Aufrufs aus und weise die Ergebnisse den formalen Parametern zu.

6. Füge einen unbedingten Sprung zum Anfang der Prozedur ein.
7. Falls die Prozedur eine Funktion ist, schreibe die in Schritt 4. erzeugte Marke vor eine Anweisung, welche den Funktionswert vom obersten Stackelement beschafft. Falls die Prozedur keine Funktion ist, schreibe die Marke vor die Anweisung, die unmittelbar auf den Sprungbefehl aus Schritt 6. folgt. (Im Beispiel: 'M1'.)

Änderung der Rückkehranweisungen

Änderung der return-Anweisungen:

8. Führe einen normalen Rücksprung aus, falls der Keller leer ist. (Im Beispiel 'GO TO HP' in 'RUECK'.)
9. Ansonsten weise die aktuellen Werte aller Parameter den zugehörigen Variablen im Keller zu. (Im Beispiel: der Paragraph 'M1'.)
10. Füge Befehle ein, die die Rücksprungadresse aus dem Keller entnehmen. (Im Beispiel: der Paragraph 'M2'.)
11. Ist die Prozedur eine Funktion, füge Befehle ein, die den der return-Anweisung folgenden Ausdruck auswerten und speichere das Ergebnis im Keller.
12. Benutze den Wert der Rücksprungadresse zu einem Sprung zu dieser Adresse. (Im Beispiel: der Paragraph 'RUECK'.)

Die Ausführungszeit der iterativen Prozedur wird bei vielen Compilern wesentlich kürzer sein, zumal die iterative Prozedur anschließend oft weiter vereinfacht werden kann.

LITERATURHINWEISE

9.1 Entscheidungstabellen

Entscheidungstabellen werden in fast allen Programmierlehrbüchern dargestellt. Als Monographie siehe:

Jókathy, B. v.; Schupp, W., 1976: Anwendung der Entscheidungstabellentechnik - Programmierter Selbstunterricht, Berlin, München

Die Verwendung von Karnaugh-Veitch-Diagrammen in der Methode von Warnier erläutert:

Loczewski, P. G., 1980: Logik der Strukturierung von Programmen. Programmentwicklung nach Warnier, München, Wien

Eine kurze Einführung in die "Mengenlehre für Informatiker" findet sich auf S. 387-416 von:

Vetter, M., 1989 (5. durchges. Aufl.): Aufbau betrieblicher Informationssysteme mittels konzeptioneller Datenmodellierung, Stuttgart

9.2 Parallelität und wechselseitiger Ausschluß

Einen guten Überblick über Implementierungen von Parallelität und Synchronisationsmechanismen auf der Basis geteilter Speicherbereiche und des Nachrichtenaustauschs geben:

Andrews, G. R.; Schneider, F. B., 1983: "Concepts and Notations for Concurrent Programming", ACM Computing Surveys 15, 1, 3 43

Eine gute Zusammenfassung findet sich im Abschnitt 3.2 auf den Seiten 52 - 72 von:

Weck, G., 1989 (3. Aufl.): Prinzipien und Realisierung von Betriebssystemen, Stuttgart (Leitfäden und Monographien der Informatik)

Einführend zu Petri-Netzen:

Herzog, O.; Reisig, W.; Valk, R., 1984: "Petri-Netze. Ein Abriß ihrer Grundlagen und Anwendungen, Teil I", Informatik-Spektrum, 7, 20 - 27

9.3 Parallelität und Reihenfolgesteuerung

Neben den Hinweisen zu Abschnitt 9.2 siehe zur Automatentheorie:

Noltemeier, H., 1981: Informatik I, Einführung in Algorithmen und Berechenbarkeit, München, Wien

und einführend:

Artikel "endlicher Automat", S. 205 - 210 in: Engesser, H. (Hg.), 1988: Duden Informatik, Ein Sachlexikon für Studium und Praxis, Mannheim, Wien, Zürich

9.4 Erkennungsprobleme: Parsing und Backtracking

Die beschriebenen Techniken sind Lehrbüchern zum Compilerbau zu entnehmen. Als leicht zu lesender Einstieg eignet sich:

Wirth, N., 1986 (4. Aufl.): Compilerbau. Eine Einführung, Stuttgart (Studienbücher Informatik; Leitfäden der angewandten Mathematik und Mechanik 36)

Zwei Titel enthalten neben der Einführung in die Theorie vollständige Implementationen im Quelltext.

Einen vollständigen Compiler-Compiler (ein Compiler, der Compiler generiert) in Modula-2 enthält:

Rechenberg, P.; Mössenböck, H., 1988 (2. Aufl.): Ein Compiler-Generator für Mikrocomputer. Grundlagen, Anwendung, Programmierung in Modula-2, München, Wien

Quellen für Parser, Parsergenerator, Compiler und Interpreter in PASCAL enthält:

Kopp, H., 1988: Compilerbau: Grundlagen, Methoden, Werkzeuge, München, Wien

9.5 Ersatz von Rekursion durch Iteration

Das in COBOL übertragene Beispiel stammt von:

Lipschutz, S., 1987: Datenstrukturen, Hamburg (Schaum's Überblicke), S. 195-200, 217f., 383-388

Der Vergleich rekursiver und iterativer Prozeduren findet sich in vielen Algorithmensammlungen, z. B.:

Horowitz, E.; Sahni, S., 1981: Algorithmen. Entwurf und Analyse, Berlin, S. 20-29

Kapitel 10
Testen, Fehlersuche, Wartung

Kapitelübersicht

Testen, Fehlersuche, Wartung

Testen 247
Fehlersuche 253
Wartung 254
Literaturhinweise 258

Stichworte

Unter ökonomischen Bedingungen ist
- fehlerfreie Software **nicht möglich**
- die Fehlerfreiheit von Software **nicht beweisbar**.

- Getestet wird nicht auf Fehlerfreiheit, sondern um Fehler zu finden!

- Der **Test** aller Anweisungen reicht nicht!

- **Fehlersuche** bleibt eine Kunst, die Erfahrung verlangt.

- **Wartung** bleibt notwendig, weil der Einsatz von Programmen ihre Umgebung verändert.

10 TESTEN, FEHLERSUCHE, WARTUNG

"Computerprogrammierer haben zwei große Illusionen: Die eine besteht darin, zu glauben, daß man dem Fehler auf der Spur sei, und die zweite, daß es der letzte Fehler sei. Und diese Illusionen sind sehr mächtig."

Joseph Weizenbaum, 1987

"Programmierer wissen, daß sie sich, wenn ein neues, kompliziertes Programm gleich beim ersten Versuch funktioniert, in ernsten Schwierigkeiten befinden. Es bedeutet nämlich, daß der Fehler so subtil ist, daß sie ihn nicht einmal bemerken."

George Greenstein, Der gefrorene Stern, München 1988, S. 135

Testen

Fehlerfreie Software ist möglich?

1989 fand sich in der Computerpresse eine gute Nachricht: "Fehlerfreie Software ist möglich!" Die schlechte Nachricht: die Software stammte von IBM, war für die NASA bestimmt und kostete 1000 US-Dollar pro Codezeile. IBM benutzte den Bericht der Untersuchungskommission zum Challenger-Absturz von 1986, um sich mit einer Fehlerrate von 0,1 pro 1000 Codezeilen ins Gespräch zu bringen, während man in der Industrie mit 8 bis 10 Fehlern auf 1000 Codezeilen rechnet.

Diese Zahlen sind allerdings Schätzungen auf der Basis der **gefundenen** Fehler: wäre man in der Lage **sämtliche** Fehler eines Programms anzugeben, dann könnte man tatsächlich fehlerfreie Software herstellen.

Vollständige Tests sind unmöglich!

Es ist in vielen Varianten demonstriert worden, daß "vollständige Tests" unmöglich sind: selbst endliche Anzahlen von "allen möglichen" Testfällen werden so groß, daß ein vollständiger Test einfach zeitlich nicht durchführbar ist: Dijkstra berechnet für einen vollständigen Test einer simplen Multiplizierschaltung unter günstigen Bedingungen 10.000 Jahre und folgert:

Tests können Fehlerfreiheit nicht beweisen

> "Program testing can be used to show the presence of bugs, but never to show their absence."

Aus dieser Tatsache lassen sich zwei Schlüsse ziehen:

Entweder müssen Testfälle auf eine solche Weise entworfen werden, daß die Anzahl der (mit Sicherheit!) verbleibenden Fehler nach Möglichkeit minimiert wird, der Test aber in vertretbarer Zeit durchgeführt werden kann.

Oder man schließt, daß Testverfahren durch Beweisverfahren ersetzt werden müssen, weil nur so Qualitätseigenschaften von Software zugesichert werden könnten.

Auch Beweisverfahren unterliegen aber zwei Einschränkungen:

- Sie stützen sich auf eine formale Spezifikation - und die kann natürlich auch falsch sein.
- Die "Beweise" selbst können fehlerhaft sein, was inzwischen in einigen Beispielen demonstriert wurde.

Verifikation kann Fehlerfreiheit nicht beweisen

Wenn also Testen nur die Anwesenheit, aber nicht die Abwesenheit von Fehlern zeigen kann, so

> "muß man unglücklicherweise zugeben, wenn wir 'Fehler' so definieren müssen, daß sie jene einschließen, die auf die beiden oben genannten Einschränkungen zurückzuführen sind (Fehler in Spezifikationen und Fehler in Beweisen), daß 'Programmverifikation benutzt werden kann, um die Anwesenheit von Fehlern zu demonstrieren, aber niemals ihre Abwesenheit'". (Boehm, 1976)

Solange Beweisverfahren (und sei's nur aus ökonomischen Gründen) praktisch unanwendbar sind, besteht der einzige Weg zur Qualitätssicherung von Programmen also im Testen:

Ziel des Testens

Ein Programm verarbeitet eine Teilmenge aus der Menge aller möglichen Eingaben und wenn es nicht gelingt, mit dieser Teilmenge Fehler zu erzeugen (**das** ist das **Ziel** des Tests!), wird darauf geschlossen, daß das Programm mit anderen Teilmengen ebenfalls korrekt arbeitet. Wie gerechtfertigt dieser Schluß ist, hängt entscheidend von der Auswahl dieser Testfälle ab. Dafür existieren praktische Regeln (s. die angegebene Literatur) aber kein allgemein angebbares Verfahren.

Statische Analysen:

Empirische Untersuchungen haben gezeigt, daß die meisten Fehler in "Schreibtischtests" ohne Computereinsatz gefunden wurden (**statische Überprüfung der Programmsource**). Am effektivsten waren dabei **Gruppen**verfahren:

Gruppenverfahren

- Bei Reviews (Weinberg) werden Entwurfsdokumente vollständig begutachtet.
- Bei Codeinspektionen (Fagan 1976) werden alle Programmteile Befehl für Befehl durchgegangen.
- Bei "structured walk throughs" (Yourdon) werden Testfälle manuell durchgespielt.

Fehlerlisten

Als Arbeitsunterlage für die Prüfung dienen Fehlerlisten, in denen häufig vorkommende Programmfehler nach Kategorien zusammengestellt sind.

Datenflußanomalien und Metriken

Andere Verfahren der statischen Analyse sind die Untersuchung von Datenflußanomalien (Variable werden referenziert, bevor sie definiert wurden) und die Errechnung von Metriken (Maße für die Komplexität von Programmen). Datenflußanomalien weisen auf mögliche Fehler im dynamischen Programmablauf hin. Die Überschreitung von vorgegebenen Grenzwerten für Komplexitätsmaße deutet auf eine mögliche Verletzung von Qualitätsmerkmalen hin.

Zyklomatische Komplexität

Als Beispiel für ein Komplexitätsmaß zeigt die folgende Abbildung die von McCabe vorgeschlagene zyklomatische Komplexität für die elementaren Kontrollstrukturen (vgl. Kapitel 7). Die zyklomatische Zahl wird berechnet aus:

$$v(G) = e - n + 2p$$

e ist die Anzahl der Kanten, *n* die Anzahl der Knoten des Kontrollflußgraphen. *p* ist die Anzahl der verbundenen Komponenten. Eine verbundene Komponente ist ein einzelner Kontrollflußgraph, wobei bei einem Programm aus mehreren Prozeduren jede Prozedur als eigener Kontrollflußgraph dargestellt wird.

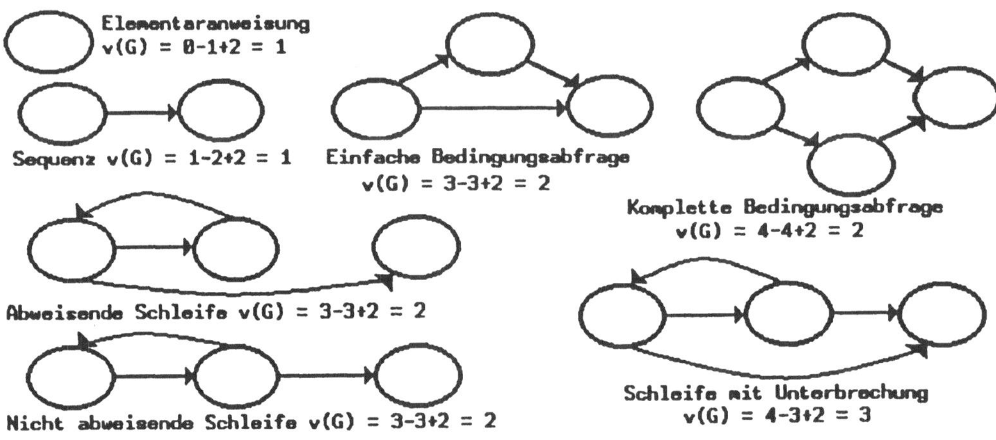

Abbildung 10-1: Zyklomatische Komplexität elementarer Kontrollstrukturen

Dynamische Tests:

Für den **dynamischen Test des Programmobjects** sind zwei Strategien für die Auswahl von Testfällen zu unterscheiden:

Blackbox Test

Blackbox-Tests testen die **Funktion** des Programms auf der Basis der **Moduldefinition**. Ihnen ist nur die **Schnittstelle** des Moduls bekannt. Die Testfälle werden also ohne Kenntnis der internen Struktur entworfen (Testen der **Eingaben**), um die Übereinstimmung mit der Spezifikation zu testen.

Whitebox Test

Whitebox-Tests testen die **Struktur** des Programms auf der Basis der **Modulimplementation.** Ihnen ist der **Algorithmus** des Moduls bekannt. Die Testfälle werden entworfen, um diese interne Struktur zu prüfen (Testen von **Daten und Anweisungen**).

ideale Testfallmenge

Eine Menge von Testfällen wäre dann ideal, wenn das Programm genau dann korrekt wäre, wenn es für jede Eingabe aus der Testmenge korrekte Ausgaben lieferte. Eine solche ideale Menge von Testfällen existiert für jedes Programm, es gibt jedoch keinen Weg, sie konstruktiv zu bestimmen. Daher werden Methoden verwandt, die dazu dienen sollen, annähernd ideale (insbesondere minimale) Mengen von Testfällen zu ermitteln.

Überdeckungsgrad

Für den Whitebox-Test sind das Konstruktionsmethoden, die eine bestimmte sogenannte Überdeckung (logic coverage) erzeugen, z. B.:

- Testdeckungsgrad oder Überdeckung "C0": statements = alle Anweisungen werden einmal ausgeführt.
- C1: decisions = alle Verzweigungen werden einmal ausgeführt
- C2: conditions = alle Bedingungen werden einmal getestet

Test aller Anweisungen reicht nicht aus!

Es kann gezeigt werden, daß diese Methoden insofern äquivalent sind, als mit jeder der Test aller Anweisungen erzwungen werden kann. Dies garantiert aber **nicht** die Fehlerfreiheit des Programms. Das könnte erst die Kombination aller möglichen Wege mit allen möglichen Werten der Eingabe - was eben unmöglich ist. Für kleine Module lassen sich zwar minimale (alle Strukturblöcke werden einmal durchlaufen) und maximale (alle multiplen Bedingungen/Verzweigungen werden einmal getestet) Testfallmengen ermitteln (Zimmermann 1987, S. 34-36, End u.a. 1984, S. 396-401). Bereits die Kombination einiger weniger Strukturblöcke erzeugt aber bereits Testfallmengen von astronomischem Umfang.

Whitebox-Tests müssen daher zur Reduzierung der Testfälle mit Methoden des Blackbox-Tests kombiniert werden (Äquivalenzklassenbildung, Grenzwertanalyse: Myers S. 44-75, Zimmermann S. 37-52).

Testaufzeichnung und Regressionstests

Sehr wichtig ist es, Testfälle aufzuzeichnen: Nach Programmänderungen muß genauso streng getestet werden, wie bei der Erstentwicklung. Es ist nicht nur zu prüfen ob korrigierte fehlerhafte oder geänderte Funktionen **jetzt** korrekt auf die Testeingaben reagieren; es muß auch geprüft werden, ob alle anderen Funktionen **noch** korrekt sind (Regressionstest). Für Dialogprogramme wird der Regressionstest erheblich vereinfacht, wenn sich die Benutzereingaben aufzeichnen und gegen die veränderte Programmversion abspielen lassen. Für PC's sind solche Programme als Public Domain Software verfügbar.

Endekriterien:

Da die Gesamtzahl der Fehler in einem Programm nicht bekannt sein kann, müssen für ein Testende-Kriterium (wann sind genügend Fehler gefunden?) Schätzverfahren eingesetzt werden.

Fehlerdeckungsgrad

Wenn laut Fehlerstatistik pro 1000 Zeilen bereits ausgetesteter Software 5 Fehler gefunden wurden, wird angenommen, daß ein neues 4000-Zeilen-Programm 20 Fehler enthält. Bei einem angestrebten Fehlerdeckungsgrad von 95 % müssen beim Testen also 19 Fehler gefunden werden.

Seeding

In Stichprobenverfahren können bekannte Fehler bewußt in ein Programm eingestreut werden ("seeding"). Wenn 10 Fehler eingebaut wurden und beim Test 9 davon gefunden wurden und 27 weitere, so läßt sich schließen, daß 90 % der Fehler gefunden wurden. Das Programm hat also 30 Fehler, von denen 3 noch nicht entdeckt sind.

Fehlersuche

Fehler sind neue Testfälle

Wenn ein Benutzer einen Fehler meldet, hat er einen "günstigen Testfall" entdeckt: einen, der einen Fehler angezeigt hätte, wenn er verwendet worden wäre! Das Vorgehen des Anwenders beim Auftreten des Fehlers sollte also unbedingt in die Liste der Testfälle für das betroffene Programm aufgenommen werden.

Empfehlungen zur Fehlersuche

Wenn die Existenz des Fehlers demonstriert ist, beginnt die "Kunst" (Yourdon), seinen Ort und seine Ursache herauszufinden. Myers und Yourdon haben einige Empfehlungen dafür zusammengestellt:

Schreibe kleine Module!	Definierte Schnittstellen schränken den Bereich dessen ein, was gleichzeitig bedacht werden muß (Dijkstra: "separation of concerns").
Bestimme die Art des Fehlers!	Daraus lassen sich Schlüsse auf den Ort des Fehlers ziehen.
Prüfe, ob der Fehler wiederholbar und konsistent ist!	Erst das erlaubt Hypothesen über die Fehlerursache und damit eine ursächliche Fehlerbehebung. In den seltenen Fälle, wo es gelingt, einen Fehler zu beheben, ohne daß man "weiß, wie man's gemacht hat", gibt es ja keine Sicherheit, daß der Fehler nicht morgen wieder auftritt.
Halte nichts für garantiert!	Bei manchen Programmen zeigt sich erst nach Jahren, daß sie noch einen Fehler enthalten.

Suche methodisch und logisch!	Stelle Hypothesen über die Fehlerursache auf und überprüfe sie mit Testfällen. Untersuche die offensichtlichen Möglichkeiten zuerst.
Programmierer, erkenne dich selbst!	Sei dir bewußt, welche Fehler du immer wieder machst. Führe ein Fehlertagebuch.
Sprich mit anderen!	Während ich gerade erkläre, daß das doch nun überhaupt nicht sein kann ... fällt mir ein: doch! genau das ist es!
Vergiß das Problem bis morgen!	Vielleicht der wichtigste Ratschlag: Oft fallen einem die Lösungen genau dann ein, wenn man **nicht** mehr an das Problem denkt.

Wartung

Programme verändern ihre Einsatzumgebung

Wartungsaufgaben beschränken sich nicht auf die Behebung von Fehlern, wie es üblicherweise assoziiert wird. Wartungsaufwand fällt auch an, weil sich sowohl die wirklichen Aufgaben, wie die subjektive Wahrnehmung der Benutzer ändert. Schon der Ersteinsatz eines Programmes selbst verändert seine Einsatzumgebung: Erst wenn Anwender Erfahrungen gesammelt haben, können sie Ideen entwickeln, was man noch, anders, besser, schneller, mehr machen könnte. Die Benutzeroberfläche des Komplettierungsprogramms für Wareneingänge wurde z. B. nach dem Ersteinsatz im Januar 1987 im Juni 1989 erheblich überarbeitet. Der Entwurf der Anwendungen war über ein Jahr lang mit den Fachabteilungen abgestimmt worden; die neuen Benutzeranforderungen ergaben sich aber erst im produktiven Einsatz der Programme. In diesem Sinne wird **keine** Anwendung zuerst "fertig" entwickelt und dann "gewartet" - nötig ist eine neue

Modellvorstellung von evolutionärer Entwicklung (Parnas). Damit verschwände auch die unsinnige Unterscheidung von Entwicklungs- und ("nur") Wartungsprogrammierer.

"Wartungsaufgaben" lassen sich somit mindestens vier Kategorien zuordnen:

Wartungskategorien:

- Korrigierende Wartung (Stabilisierung) dient der Beseitigung von Fehlern, die erst im laufenden Betrieb zutage getreten sind (oder die bei der Wartung entstanden sind!). *Korrektur*
- Perfektionierende Wartung (Optimierung) dient der Verbesserung des Systems in bezug auf Laufzeit, Benutzungsfreundlichkeit, Wartbarkeit (!) usw. *Perfektion*
- Adaptierende Wartung (Anpassung) ist erforderlich, um sich ändernden Umweltbedingungen gerecht zu werden. Dies können z. B. tarifliche Regelungen oder gesetzliche Bestimmungen (Gefahrengutverordnung Straße; Wegfall des 17. Juni) sein. *Adaption*
- Expandierende Wartung (Erweiterung) paßt existierende Software neuen Anforderungen der Benutzer an. *Expansion*

Der Anteil am Gesamtaufwand für die Softwarewartung beträgt nach einer amerikanischen Untersuchung von 1981 (zit. in Wix/Balzert 1988, S. 15):

Anteile am Wartungsaufwand

- Stabilisierung: 25 %
- Optimierung: 15 %
- Anpassung: 20 %
- Erweiterung: 40 %

Leider fehlen Angaben über den Anteil der Wartungskosten am gesamten Entwicklungsaufwand. Wenn man allerdings gerne von sich entwickelnden Software-Architekturen redet, sollte man anerkennen, daß "Gebäude" Aufwendungen für Pflege und Reparaturen verursachen.

Projektbeispiel

Eine Untersuchung unseres Programmbestandes für die dezentrale Datenverarbeitung hatte folgende Ergebnisse:

Die Programme wurden Mitte 1985 in die Wartung und Neuentwicklung übernommen. Für den Untersuchungszeitpunkt (Mitte 1989) wurde unter der Fiktion gerechnet, die Programme seien 4 Jahre alt. (Da auch ständig neu entwickelt wurde, ist das Durchschnittsalter der Segmente 3,5 Jahre.)

Programmbasis

Im produktiven Einsatz sind

- 319 Programme mit durchschnittlich 1031 Statements und
- 243 Copy-Teile mit durchschnittlich 127 Statements.

Änderungen

Änderungen wurden vorgenommen:

- 965 an Programmen (das sind durchschnittlich 3 je Programm oder 2,9 pro 1000 Statements oder ca. 1 Änderung pro Programm pro Jahr)
- 235 an Copy-Teilen (das sind durchschnittlich 1 je Copy-Teil oder 7,6 pro 1000 Statements oder 0,3 Änderungen pro Copy-Teil pro Jahr).

Die mehrfach eingesetzten Copy-Teile sind also um dreimal stabiler als eigenständige Programme.

Änderungsaufwand

Bei einem Gesamtaufwand von 11 Mannjahren (gerechnet zu 200 Manntagen) läßt sich aus diesen Zahlen folgender Änderungsaufwand ermitteln:

- bezogen auf Programme:
  Pro Mannjahr wurden 87,7 Änderungen mit einem durchschnittlichen Aufwand von 2,3 Manntagen durchgeführt.
- bezogen auf den Gesamtbestand von Programmen und Copy-Teilen:
  109,1 Änderungen pro Mannjahr mit einem durchschnittlichen Aufwand von 1,8 Manntagen.

Von den insgesamt 1200 Änderungen entfielen

- 400 auf eine umfangreiche Releaseumstellung mit einem Gesamtaufwand von 4,5 Mannjahren und einem Aufwand von 3 Manntagen je Programm
- 400 auf Programmerweiterungen.

Aufwand für Fehlerbehebung

Die restlichen 400 Änderungen dienten der Fehlerbehebung. Dies entspricht 0,2 Änderungen pro Programm pro Jahr - oder einem Fehler in einem Programm in fünf Jahren.

Diese Ergebnisse machen allerdings deutlich: Wenn für eine Programmänderung zwei Manntage benötigt werden und jedes Programm durchschnittlich einmal pro Jahr geändert werden muß, dann kann bei 600 zur Verfügung stehenden Manntagen in einem Jahr gerade das bestehende System gewartet werden. Die ermittelten Zahlen sind durch die sehr umfangreiche Releaseumstellung sicher etwas verfälscht. Sie machen jedoch klar, daß mit den gleichen Ressourcen nur neu entwickelt werden kann, wenn die Änderungsfrequenz oder der Änderungsaufwand für die vorhandene Software reduziert werden kann. Die manchmal unglaublichen Fehler in den übernommenen Programmen, die zum Teil in Auftragsarbeit von Subunternehmern geschrieben waren, haben das lange Zeit verhindert.

Um stabilere Software zu konstruieren und zu erhalten, ist Disziplin erforderlich - im Doppelsinn von lehrbarer Technik und Regeln, an die man sich halten sollte. Das nächste Kapitel dokumentiert in Auszügen einige dieser Programmierkonventionen.

LITERATURHINWEISE

TESTEN

Das Zitat von Dijkstra steht auf S. 6 von:

Dijkstra, E. W., 1972: "Notes on structured programming", in: Dahl, Dijkstra, Hoare: Structured Programming, New York

Das Zitat von Boehm steht in Englisch auf S. 343 des Nachdrucks seines Artikels:

Boehm, W. W., 1976: "Software Engineering", IEEE Transactions on Computers, C-25, 12, pp. 1226-1241; Nachdruck in: Yourdon, E. N. (ed.), 1979: Classics in Software Engineering, New York, pp. 325-361

Der Klassiker von 1979:

Myers, G. J., 1989 (3. Auflage): Methodisches Testen von Programmen, München

Umfassender systematischer Überblick mit ausführlichem Literaturverzeichnis:

Liggesmeyer, P., 1990: Modultest und Modulverifikation, State of the art, Mannheim, (Angewandte Informatik 4)

Check-Listen:

Zimmermann, P. A., 1987: Test-Techniken. Methodisches Testen von Systemen und Programmen, Vaterstetten

FEHLERSUCHE

Die Idee der Überprüfung durch Teams geht zurück auf:

Weinberg, G., M., 1971: The Psychology of Computer Programming, New York

Meines Wissens das einzige neuere Buch, das sich **nur** *mit Fehlersuche beschäftigt:*

Ward, R., 1988: Debugging C, Bonn

Kapitel zur Fehlersuche finden sich bei:

Myers 1989 (s. o.), S. 128-143

Yourdon, E. N., 1976: Techniques of Program Structure and Design, New York, pp. 279-297

Nützlich finde ich Listen der "klassischen" Programmfehler. Solche Zusammenstellungen habe ich gefunden bei:

Myers 1989 (s. o.), S. 21-31, 156-161 (mit weiterer Literatur)

Liggesmeyer 1990 (s. o.), S. 37 f., 297 f.

Fagan, M. E., 1976: "Design and code inspections to reduce errors in program developmen", IBM Systems Journal, 3, pp. 182-211, hier: 194 f.

Boehm, B. W., 1973: "Software and its impact: a quantitative assessment", Nachdruck in:
Yourdon, E. N. (ed.), 1982: Writings of the Revolution: Selected Readings on Software Engineering, New York, pp. 267-289, hier: 285

Yourdon, E. N.; Constantine, L. L., 1979: Structured Design. Fundamentals of a Discipline of Computer Programm and Systems Design, New York, pp. 292-294

DeMillo, R.; Lipton, R. J.; Sayward, F. G., 1978: "Hints on Test Data Selection: Help for the Practicing Programmer", IEEE Computer, 11, 4, pp. 34-41
(Bericht über eine Untersuchung von 1971 über 1258 Fehler u. a. in Cobol-Programmen)

WARTUNG

Ein Sammelband, der Maßnahmen zur Erhöhung der Wartbarkeit in den Vordergrund stellt:

Wix, B.; Balzert, H. (Hg.), 1988: Softwarewartung, Zürich (Angewandte Informatik 2)

Ein Aufsatz, der an der Entwicklung von IBM-Betriebssystemen zeigt, daß für produktive Anwendungen ständige Änderungen und wachsende Komplexität und damit steigende Wartungskosten unabdingbar sind:

Lehman, M. M., 1980: "Programs, Life Cycles and the Laws of Software Evolution", Proceedings of the IEEE, 68(9), pp. 1060-1076

Kapitel 11
Programmierrichtlinien

Kapitelübersicht

Programmierrichtlinien

Dokumentation....263
Checklisten....265
Gliederung für Programmierrichtlinien....267
Auszüge....268
(Feldnamen, Codelayout)
Literaturhinweise....270

Stichworte

- Programme werden öfter gelesen als geschrieben:
  - Objectcode muß zwangsläufig maschinenlesbar sein
  - Quellcode muß auch **"menschenlesbar"** sein.
- Ersatz für technische Unterstützung schaffen:
  - **Checklisten**
  - **Richtlinien**
- **Standards** schaffen eine gemeinsame Sprache.

11 PROGRAMMIERRICHTLINIEN

"Ein gutgeschriebenes Programm hat ein sauberes Layout, verwendet sinnvolle Namen, ist ausführlich kommentiert und verwendet die Konstrukte der Sprache derart, daß maximale Sicherheit und Lesbarkeit erreicht werden. Die Erstellung eines solchen Programms erfordert vom Programmierer Sorgfalt, Disziplin und ein gutes Stück handwerklichen Stolz."

Ian Sommerville, Software Engineering, Bonn 1987, S. 119

schöne Programme

Ich möchte Somervilles Bemerkung ergänzen: gute Programme haben auch eine ästhetische Komponente, intuitiv findet man Fehler oft dort, wo ein Programm "häßlich" ist - oft ohne daß man genau sagen könnte, was einem gestört hat.

Programme werden für Menschen geschrieben

Es kommt nicht darauf an, daß Programme einfach zu schreiben sind - das geschieht nur einmal. Es kommt darauf an, daß sie leicht zu lesen sind - das geschieht öfter, weil Programme oft geändert werden müssen. Übertrieben ausgedrückt: das Programm wird für den geschrieben, der die nächste Änderung machen muß. Weil evtl. ich das bin, mache ich mir das Leben einfacher, wenn ich zu vielleicht unverständlichen Befehlsfolgen dazuschreibe, was ich mir diesmal dabei gedacht habe.

Quellcode ist die aktuellste Dokumentation

Der Quelltext des Programms ist die beste Dokumentation - weil sie die einzige ist, die aktuell sein **muß**. Es ist leicht machbar, von einem Programm die reine Dokumentation ausgeben zu lassen (alle Kommentarzeilen, Kommentarzeilen mit einer bestimmten Kennung in Spalte 8 usw.). Den Quelltext und die wichtigste Dokumentation in getrennten Dateien zu halten ist nicht sinnvoll, wenn nicht über Werkzeuge einer Produktionsumgebung das Konsistenthalten der Dokumente erzwungen wird. Auch als EDV-Anwendung würde man nicht versuchen, zwei voneinander unabhängige Dateien synchron zu halten, ohne dies zu automatisieren.

Deshalb ist es wichtig, für das Verständnis von Programmen eine gemeinsame Sprachbasis der **Entwickler** zu schaffen. Unter anderem diesem Zweck dienen Programmierrichtlinien. Eine Übersicht und einige Auszüge folgen unten.

Benutzerhandbuch?

Für die Dokumentation von Anwendungen für die **Benutzer** zeigt die Erfahrung, daß es am besten ist, wenn keine benötigt wird. Lange Dokumentationen werden erfahrungsgemäß nie gelesen. Bevor ein Benutzer eine Information in einem Handbuch sucht, ruft er lieber die Benutzerunterstützung an. Kurze Erläuterung lassen sich aber leicht ebenfalls im Programm unterbringen:

- Erläuternde Texte auf der Dialogmaske
- Hinweise in Meldungen und Fehlertexten
- Hilfstextfenster zu Eingabefeldern.

Das Ideal zeigen PC-Programme, die nach der Installation von jedem Anwender fast ohne Blick ins Handbuch bedient werden können.

Check-Listen

Über die Programmquellen hinaus gibt es natürlich wesentlich mehr Dokumente (und Aktivitäten), die nötig sind, um Anwendungen in einer bestehenden komplexen Umgebung entwickeln zu können. Die meisten dieser Aktivitäten werden nicht in irgendeiner Form maschinell unterstützt. Wir benutzen deshalb Checklisten wie die folgende:

Checkliste Beispiel Teil 1

Dokumentation eines erledigten Entwicklungsauftrags
▪ letzten Compilerausdruck im Archiv ablegen ▪ Masken- und Feldbeschreibungen erfassen/ändern und im Maskenverzeichnis eintragen ▪ Programm/Maske in die Hilfstextverwaltungsdatei eintragen und Hilfstexte erfassen/ändern. ▪ Ausdruck von Maske, Feldbeschreibungen, Hilfstexten mit der Programmquelle ablegen. Bei Listausgaben: mit Listbild und Musterausdruck. ▪ Erfassen/ändern von Fehlertexten in der Fehlertextdatei ▪ den Quellprogrammnamen in das Inhaltsverzeichnis der Quellbibliothek mit Kurzkommentar eintragen ▪ In alle verwendeten Copy-Teile aus der Copy-Quellbibliothek: Programmname als Verwender eintragen ▪ neue Copyteile in das Inhaltsverzeichnis der Copy-Quellbibliothek mit Kurzkommentar eintragen ▪ Eintrag des Programms (Name, Adresse im Menu-System, Kurzbezeichnung, Einsatzort) in das Programmverzeichnis und auf einer Karteikarte (zur Verwendung auf Stecktafel) ▪ Eintrag der Dateiverwendung (Create, Read, Update, Delete) in die Programm/Datei-Crossreference (neue Zeile) ▪ ▪ ▪

Checkliste Beispiel Teil 2

■ ■ ■

- bei neuen/geänderten Dateien:
  - wenn in der Zentrale vorhanden: Eintragung in die Laufwerksbelegung der Anlage
  - Eintragung in die Programm/Datei-Crossreference (neue Spalte)
  - Eintrag in das Dateiverzeichnis
  - Eintrag in die Liste der benutzten Dateikennungen
  - Ablage der Dateibeschreibung (Copyteil FDxxDA) und der Initialwerte für die Working Storage (Copyteil WSxxDA)
- Erweitern/Ändern der Datenflußdiagramme (Systemdokumentation)
- Erstellen/ändern des Programmorganisationsplans
- Eintragung des Programms in die Benutzermenus
- Eintragung in die Dokumentation der Benutzermenus
- Eintragung in den Programmverteilplan für die Subsysteme (Dokumentation der aktuellen Systemkonfiguration)
- Ablage der erledigten Anforderung

PROGRAMMIERRICHTLINIEN

Programmierrichtlinien

...Übersicht

Inhalt:

- Namen
  - Code
    - Programme
    - Copy-Module
    - Sections
    - Label
  - Daten
  - Dateien
  - Abkürzungen
- Werte (in der Data Division)
- Layout
  - Daten
  - Code
    - Anwendung
    - Programm
    - Sections
    - Befehle
  - Überschriften, Kommentare, Leerzeilen, Vorschübe
  - Dokumentation
- Standards
  - Programmrahmen
  - Hierarchie; interne und externe Unterroutinen
  - Copy-Module
  - Assembler-Unterprogramme
  - verbotene Befehle
  - Strukturierung
- Codier-Ratschläge
  - Kriterien für die Bildung von
    - Sections
    - Copy-Modulen
  - Laufzeitverhalten und Speicherbedarf
  - einzelne Befehle
- Fehler-Checklisten

... Auszüge

Auszüge:

Namen.Daten.Vergabe von Feldnamen:

Feldnamen

Jeder Feldname besteht aus einer charakteristischen Vorsilbe und der eigentlichen Feldbezeichnung. Die Feldbezeichnung ist für gleiche Felder in allen Dateien identisch. Die Vorsilbe ist

- zweistellig bei programminternen Feldern oder wenn das Feld aus einer Datei mit einer Satzart stammt.
  Die Vorsilbe kennzeichnet die Herkunft des Feldes:
  TS = Tastatur
  BS = Bildschirm
  xx = beliebige Buchstaben für Dateifelder, jedoch gleich für alle Felder einer Datei, z. B. "KD" für die Kundendatei.
  Wn = Felder aus der Working Storage mit Klassifizierungskennzeichen:
  M erker
  R echenfelder
  K onstante
  G ruppenwechselfelder
  Z wischenspeicherfelder
  D ruckaufbereitungsfelder
  T abellenfelder
  S ubskripte

- vierstellig bei Feldern aus Dateien mit mehreren Satzarten. Die dritte und vierte Stelle geben dann die Satzart an. Beispiel: HB00-xxx für den Außenstellenkopfsatz der Hostbewegungsdaten HBDAT.

Der gesamte Feldname hat maximal 18 Stellen. Auf die Vorsilbe folgt ein Bindestrich, die Feldbezeichnung hat also maximal 13 bzw. 15 Stellen. Kennzeichenfelder beginnen mit

"-KZ-", z. B. AS-KZ-MWST für das Mehrwertsteuerkennzeichen im Artikelstamm.

Layout.Code.Befehle

Layout für Befehle

Die Tabulatoren für die Procedure Division werden auf 12, 24, 40, 45, 50, 55 und 72 gesetzt.

Befehle beginnen in Spalte 12, folgende Befehlswörter beginnen auf Spalte 24, 40 und 45. Braucht ein Befehl mehr als 4 Befehlswörter, so ist er in Folgezeilen zu erfassen, die frühestens in Spalte 24 beginnen.

Nach jedem IF wird zwei Stellen eingerückt, um die Abhängigkeit der folgenden Befehle zu verdeutlichen.

Logische Junktoren (AND und OR) stehen auf Spalte 20 vor den Bedingungen, die sie verknüpfen.

Beispiele:

```
          12      20  24              40   45   50   55
    ------!-------+---!---------------!----!----!----!---
          MOVE        KD-PREIS        TO   WS-GPREIS.
          COMPUTE     KD-PREIS        =
                      AS-EPREIS       *    BS-MENGE.
          IF          WS-FELDA        >    WS-FELDB
            MOVE      WS-FELDA        TO   WS-FELDC.
          IF          WS-FELDA        =    WK-MAXIMUM
                  AND WS-FELDB        =    WK-MINIMUM
            MOVE      WK-ENDE         TO   WM-MERKER.
```

LITERATURHINWEISE

Zum hier nicht behandelten Thema der Benutzerdokumentation vergleiche:

Rupietta, W., 1987: Benutzerdokumentation für Softwareprodukte, Zürich (Angewandte Informatik 3)

Kernighan und Plauger zeigen, daß es Eigenschaften "guter" Programme gibt, die von keiner Programmiersprache erzwungen werden können - sie lassen sich nur durch Konventionen und Disziplin erreichen. Die instruktiven Beispiele schlechten Stils sind Programmierlehrbüchern entnommen!

Kernighan, B. W.; Plauger, P. J., 1974: The Elements of Programming Style, New York

Weitere Anregungen zum Thema Programmierrichtlinien finden sich bei:

Poore, J. H., 1988: "Derivation of Local Software Quality Metrics (Software Quality Circles)", Software - Practice and Experience, 18, 11, pp. 1017-1027, hier: 1023

Shneiderman, B., 1980: Software psychology, Human factors in Computer and Information Systems, Cambridge, Mass., pp. 65-90

End, W.; Gotthard, H.; Winkelmann, R., 1990 (7. Auflage): Softwareentwicklung, Berlin, München
(Konventionen für die Programmierung und den Test von Cobol-Programmen - in der 4. Auflage von 1987 auf den Seiten: 225-227 und 355-372)

Ledgard, H. F.; Cave, W. C., 1976: "Cobol Under Control", Communications of the ACM, 19, 11, pp. 601-608

Schluß:
Historischer Überblick

Kapitelübersicht

Schluß: Historischer Überblick

Software Engineering:
Methoden, Kontrolle, Disziplin 273

Historisch-systematischer Überblick 274

Trends 276

Literaturhinweise 278

Stichworte

- **Methoden** geben einem Arbeitsgebiet eine **Struktur**.
- Ihre **kontrollierbare** und **disziplinierte Anwendung** ist notwendig, um **komplexe Anwendungen** beherrschbar zu halten.
- Trends in der EDV sind Spiegelbild aber auch Motor paralleler **gesellschaftlicher Entwicklungen**.

SCHLUSS: HISTORISCHER ÜBERBLICK

"Man hat mehr damit zu tun, die Interpretationen zu interpretieren als die Dinge; es gibt mehr Bücher über Bücher als über einen anderen Gegenstand; unsere einzige Beschäftigung ist es, uns zu glossieren."

Montaigne

"Unser Wissen hat sich derart vermehrt, daß wir alle zu Spezialisten geworden sind, und die einzelnen Spezialgebiete sind derart weit voneinander entfernt, daß jeder, der frei zwischen ihnen umherwandern möchte, auf Nähe zu seinen Mitmenschen fast ganz verzichten muß. Die Tischgespräche über Alltägliches sind auch ein Spezialgebiet."

Robert M. Pirsig, 1974

Methoden disziplinert verwenden ...

Wir haben gesehen, "Software Engineering" dreht sich um **Methoden,** die zu einer **kontrollierbaren Disziplin** führen.

- Methoden führen zur **Strukturierung** des Arbeitsgebiets
- Kontrollierbar muß das Vorgehen sein, um **dauerhaft Einheitlichkeit** zu erreichen.
- Disziplin ist zu verstehen in dem Doppelsinn von **"lehrbarer Technik"** und **"Regeln, an die man sich halten sollte".**

... um komplexe Anwendungssysteme beherrschen zu können

Diese Methoden sind unabhängig von Diskussionen über "COBOL versus 4GL" relevant. Und sie sind unabdingbar, wenn in Umfang, Komplexität und Schwierigkeitsgrad wachsende Anwendungssysteme durchschaubar und beherrschbar bleiben sollen.

Historischer Überblick Teil 1

Zeitraum	Hardware-entwicklung	Betriebssystem Benutzer-schnittstelle	soziale Organisation
bis 1960	1. Generation 1940-1950 2. Generation 1950-1965	Batch-Jobs Kartenleser	Schalttafel Maschinen-sprache Assembler
1965	3. Generation	Timesharing Multi-programming	69: Super-programmer-project
1970	Vergrößerung: - Kernspeicher - Ext. Speicher - Kommunika-tionsanschlüsse	Online Bildschirme parametrisierte Programm-aufrufe	72: Chief-programmer-team 74/76: Code-Inspections
1975	PCs intelligente Terminals Grafik-terminals	Dialogmasken grafische Benutzer-oberflächen	76: Softw. Engineering Economics UNIX Pro-grammers Workbench
1980	Parallel-verarbeitung Datenfern-übertragung Netzwerke	integrierte Endbenutzer-werkzeuge (Tabellenkal-kulation, Gra-fik,Datenbank)	einzelne Entwickler-werkzeuge
1985	verteilte Systeme Remote Pro-cedure Call	Arbeiten in (mehreren) Netzwerken an einem Platz	integrierte Werkzeug-systeme Bürokom-munikation

Historischer Überblick Teil 2

Datenmodelle	Codemodelle	Entwurfs-methoden	Darstellungs-techniken
Speicherzelle Datentyp Dateisystem	Entscheidungs-tabellen normierte Pro-grammierung		Flußdiagr. Ganttdiagr. 62: Petri-netze
hierarchische und Netzwerk-datenbanken	Techniken der Parallelprogr. 66: Böhm/Ja-copini 67: Floyd 68: Goto-Disk. 69: action clusters		Präzedenz-graphen 69: Parnas endliche Automaten
70: Codd 72: Hoare 74: ADTs Liskov/Zilles 75: Guttag	70: struktur. Programme 71: stepwise refinement 72: Parnas	70:Jackson Warnier 74:Constantine YourdonMyers Datenstr.Entw.	73: Strukto-gramme 74: HIPO 75: Water-man USE
76: Chen Entity-Relationship-Model	74 PDL/PSL /PSA Pseudocode-Entwurfs-sprachen	77: SADT 77: Ross/Schu-man SA Gane/Sarson SSA 78: de Marco	77: Denert Interaktions-diagramme Chen: Entity-Relationship-Diagramme
funktionale und semanti-tische Datenmodelle	81: HOS Higher Order Software	80: Jones VDM: Vienna Development Method	State Charts Hi-Graphs Prädikaten-Transitions-netze
verteilte Datenbanken erweiterbare Datentypen Objekte	ab 1970 Code-generatoren Datenbank-sprachen 4 GL	kommerzielle Entwicklungs-umgebungen	85: Martin action diagrams

Trend zur Strukturierung ...

Wenn man die Literatur aus nunmehr fast 30 Jahren "Software Engineering" unter thematischen Gesichtspunkten zu ordnen sucht, wird dieser Gesichtspunkt der Strukturierung deutlich:

- im Bereich der Daten in der Entwicklung der Konzepte der Datentypen, der abstrakten Datentypen und der Objekte
- im Bereich des Codes in der Entwicklung immer mächtigerer Kontrollstrukturen auf Hochsprachenebene (zuletzt die Integration von Logik- und Datenbanksprachen wie z. B. DATALOG)
- im Bereich des Designs und der Programmierung in der Entwicklung der verschiedenen Techniken strukturierter und modularer Vorgehensweise, sowie neuer Entwurfsparadigmen (Objektorientierung, ereignisorientierte Programmierung, service-request-Konzept der Server-Client-Architekturen).

... in allen Bereichen der EDV-Technik

Überblickt man die Entwicklung in verschiedenen Bereichen der EDV-Technik im zeitlichen Zusammenhang (vgl. die Tabelle auf den vorangegangen Seiten), so sind parallele Tendenzen erkennbar, die sich unter den gleichen Stichworten zusammenfassen lassen:

- vom "monolithischen" System zu einer Hierarchie von Modulen;
- von der Normierung von Abläufen über zulässige Ausdrücke für Strukturen zur Einordnung von Modulen/Komponenten in ein System;
- vom zentralen System zur Dezentralisierung und zur Verteilung von Ressourcen;
- von vielen unterschiedlichen Programmen zur Integration von Komponenten in eine einheitliche Oberfläche;
- von der uniformen Speicherzelle zur Strukturierung von Datenbereichen und zur verallgemeinernden Abstraktion von Datentypen.

Diese Zusammenstellung macht deutlich, daß es sich um **einen** ganz allgemeinen Entwicklungsstrang handelt:

Spezialisierung und Vereinheitlichung

zunehmende *Spezialisierung* bei **gleichzeitiger** *Vereinheitlichung* der Komponenten.

Zusammenhang mit gesellschaftlichen Entwicklungen

So formuliert ist der Zusammenhang mit parallelen gesellschaftlichen Entwicklungen unverkennbar: die zunehmende "Computerisierung" ist sowohl Ausdruck und Abbild als auch Teil und Mittel eines Prozesses der gesellschaftlichen Konformisierung bei gleichzeitiger Auflösung gewachsener Strukturen und Bindungen, die durch ein Netz "unabhängiger" "Einheiten" ersetzt werden.

LITERATURHINWEISE

Das Zitat von Pirsig steht in der deutschen Übersetzung auf Seite 140 f.

Pirsig, R. M., 1978: Zen und die Kunst ein Motorrad zu warten, Frankfurt, Fischer Bücherei 2020

Es handelt sich übrigens um die Erfahrung eines ehemaligen Verfassers von Programmierhandbüchern. Vgl. seine Ausführungen über Qualität zitiert bei:

Shneiderman, B., 1980: Software Psychology, Human Factors in Computer and Information Systems, Cambridge, Mass., pp. 278-280

Zu Warnungen über nicht mehr beherrschbare Systeme siehe:

Weizenbaum, J., 1982 (3. Aufl.): Die Macht der Computer und die Ohnmacht der Vernunft, Frankfurt (stw 274)
Weizenbaum, J. 1984: kurs auf den eisberg oder nur das Wunder wird uns retten, sagt der Computerexperte, Zürich

Für detaillierte Überblicke der historischen Entwicklung von Techniken siehe für die Zeit bis 1970:

Couger, J. D., 1973: "Evolution of Business System Analysis Techniques", ACM Computing Surveys, Vol. 5, No. 3, pp. 167-198
nachgedruckt in: Yourdon, E. N. (ed.), 1982: Writings of the Revolution: Selected Readings on Software Engineering, New York, pp. 51-84 (vgl. dort besonders S. 54, S. 80 ff.)

Ein Zeichen für den oft modischen Charakter der Methoden ist, daß außer Netzplantechniken - PERT und CPM - fast keine der besprochenen Methoden mehr eingesetzt wird.

Für die Zeit bis 1985 siehe:

Martin, J., 1985: Recommended Diagramming Standards for Analysts and Programmers, A Basis for Automation, Englewood Cliffs, p. 20 f.

Für die 70er und 80er Jahre siehe auch:

Denert, E., 1991: Software-Engineering, Methodische Projektabwicklung, unter Mitwirkung von Johannes Siedersleben, Berlin, Heidelberg, New York, S. 435-438

Anhang

Übersicht

Anhang

Abbildungsverzeichnis....281

Autorenverzeichnis....284

Sachwortverzeichnis....291

Stichworte

- Zu welchen Themen gibt es **Abbildungen** in welchen Kapiteln?
- Welche **Autoren** werden in den Literaturhinweisen genannt?
- Zu welchen **Sachworten** gibt es Informationen?

ABBILDUNGSVERZEICHNIS

Die Abbildungen sind nach Haupt- bzw. Unterkapiteln numeriert: Abbildung 2.2-3 bezeichnet also in Kapitel 2, Unterkapitel 2.2 die dritte Abbildung.

0-1 Qualitätskriterien für Software 6
0-2 Bestimmungsfaktoren von Verfahren 7
0-3 Entwurfsziele und Prinzipien 11

1-1 Systembegriff 18
1-2 Hierarchische Strukturen 20

2.1-1 Elemente strukturierter Analyse 28
2.1-2 EVA-Modell in strukturierter Analyse 29
2.1-3 Ablauf "alter Wareneingang" 31
2.1-4 Ablauf "neuer Wareneingang" 33

2.2-1 Entity-Relationship-Diagramm 37
2.2-2 Relationen 38
2.2-3 Erste Normalform 40
2.2-4 Zweite Normalform 41
2.2-5 Dritte Normalform 42

3-1 Zum Modulbegriff 48

4-1 Entwicklungsphasen 65

5.2-1 Anordnungen von Informationsklassen auf einer Maske 80

5.4-1 Standard 3270-Tastatur 90

5.5-1 Entscheidungsbaum 97
5.5-2 Zustandspläne 98
5.5-3 Standarddialogsteuerung 98

6.1-1 Dialogmaske Komplettierung 1. Teil 107

6.2-1 Programmstrukturen und Organisationsstrukturen 113
6.2-2 Struktur der Programmpakete 118
6.2-3 Struktur eines Programms 119

7-1 Datenabstraktion 134
7-2 Kontrollstruktur als gerichteter Graph aus drei Knotentypen 137
7-3 Elementare Kontrollstrukturen 138
7-4 Analogie von Datentypen und Kontrollstrukturen 141
7-5 Kontrollstrukturen auf Programmebene 145

7A-1 Elementaranweisung 152
7A-2 Anweisungssequenz 153
7A-3 Zweiseitige Auswahl 154
7A-4 Einseitige Auswahl 155
7A-5 Fallunterscheidung 156
7A-6 Fallunterscheidung mit Fehlerausgang 157
7A-7 Abweisende Schleife und Zählschleife 158
7A-8 Nicht-Abweisende Schleife 159
7A-9 Abbrechende Endlosschleife 160
7A-10 Abweisend-abbrechende Schleife 161
7A-11 Rekursion 162
7A-12 Iteration mit Backtracking 163
7A-13 Selektion mit Backtracking 164

8-1 Klassifikation von Entwurfsmethoden 167

8.2-1 Datenflußorientierter Entwurf 178

8.3-1 Venn- und Baumdiagramm einer Mengenunterteilung 181
8.3-2 Entwicklungsschritte der Jackson-Methode 184

8.4-1 Konstruktion stabiler Schnittstellen 193

9.1-1 Allgemeine Form der Entscheidungstabelle 202
9.1-2 Entscheidungstabelle Beispiel 203
9.1-3 Vereinfachte Entscheidungstabelle 204
9.1-4 Baumstruktur einer Entscheidungstabelle 205
9.1-5 Komplexe Alternativstruktur 206
9.1-6 KV-Diagramm einer Entscheidungstabelle 208
9.1-7 Begriffe der Mengenlehre 210
9.1-8 Typen von Entscheidungstabellen 211

9.2-1 Begriffe der Parallelprogrammierung in
Petrinetzdarstellung 218

9.3-1 DFÜ-Steuerung als Petrinetz 223
9.3-2 DFÜ-Steuerung als endlicher Automat 225

9.4-1 Syntaxgraph für gültige Satzreihenfolgen 229
9.4-2 Satzreihenfolgeprüfung als endlicher Automat 230
9.4-3 Backtracking 234

9.5-1 Baumstruktur 236
9.5-2 Ein Stapel (von Tellern) 238

10-1 Zyklomatische Komplexität elementarer
Kontrollstrukturen 250

AUTORENVERZEICHNIS

Die Seitenzahlen beziehen sich auf die Literaturhinweise bei den Kapiteln.

A

Alagic, S. ... 198
Andrews, G. R. ... 242
Arbib, M. A. ... 198
Armstrong, R. M ... 126

B

Backhouse, R. C. ... 198
Balke, K. G. ... 196
Balzert, H ... 13, 22, 100, 260
Benz, C. ... 100
Bergland, G. D. ... 194
Boehm, B. W. ... 13, 258, 259
Böhm, C. ... 195
Booch, G. ... 194
Borgers, M. ... 197
Brown, J. R. ... 13
Burgholzer, P ... 43

C

Cameron, J. R. ... 197
Cave, W. C ... 269
Chen, P. P. ... 44, 194
Clements, P. C ... 70, 125
Constantine, L. L. ... 62, 126, 194, 196, 259
Couger, J. D ... 278
Cox, B. J. ... 194
Cube, F. v. ... 22

D

Daenzer, W. F. 22
Davis, P. J. 198
DeMarco, T. 44
DeMillo, R. 198, 259
Denert, E. 13, 70, 102, 278
DeRemer, F. 70
Dijkstra, E. W. 150, 198, 258
Dirlam, D. K. 22
Dotter, E. 100

E

End, W. 43, 125, 269
Engesser, H. 243

F

Fagan, M. E. 259
Fetzer, J. H. 198
Floyd, R. W. 198

G

Gane, C. 194
Gotthardt, H. 43, 125, 269
Grill, E. 44
Guttag, J. 126

H

Harel, D. 102
Haubner, P. 100
Heinrich, L. J 43
Hersch, R. 198
Herzog, O. 243

Hesse, W. 194
Hoare, C. A. R. 150, 198
Hoppe, H. U. 100
Horowitz, E. 244

I

IBM 101
Ingevaldson, L. 197

J

Jackson, M. A. 197
Jacopini, G. 195
Johnson, G. 99
Jókathy, B. v. 242
Jokela, T. 102

K

Keil-Slawik, R. 102
Kelly, J. R. 126
Kent, W. 44
Kernighan, B. W. 269
Kilbert, K. 197
Kopp, H. 244
Kron, H. H. 70

L

Lammers, S. 150
Lampson, B. W. 62
Lauter, B. 100
Ledgard, H. F. 269
Lehmann, M. M. 260
Liggesmeyer, P. 258
Lindberg, K. 102

Linger, R. C. 150
Lins, C. 126, 150
Lipow, M. 13
Lipschutz, S. 244
Lipton, R. .... 198 , 259
Liskov, B. H. 126
Loczewski, P. G. 197, 242
Loeckx, J. 198

M

Martin, J., ... 102, 278
Maynard, J. 196
McGowan, C. L. 126
McMenamin, S. M. 43
Meyer, B. 62, 194
Miller, G. A. 22
Mills, H. D. 150
Mössenböck, H. 243
Murphy, J. S. 196
Myers, G. J. 62, 196, 258

N

Nagl, M. 62, 70
Naake, F. 99
Neisser, U. 99
Noltemeier, H. 243
Nullmeier, E. 99

O

Oppermann, R. 100
Orr, K. 194, 197

P

Palmer, J. F. 43
Parnas, D. L. 62, 70, 102, 125
Perlis, A. 198
Peschke, H. 100
Pirsig, R. M. 278
Platz, G. 100, 125
Plauger, P. J. 269
Poore, J. H. 269

R

Raasch, J. 196
Rajlich, V. 195
Rechenberg, P. 243
Reisig, W. 243
Rochkind, M. J. 101
Rödiger, K.-H. 99
Rogers, G. R. 126
Rohr, G. 100
Rompel, H. 13

S

Sahni, S. 244
Sale, A. 150
Sayward, F. G. 259
Schach, S. R. 13
Schmitt, A. A. 99
Schneider, F. B. 242
Schupp, W. 242
Shneiderman, B. 101, 269, 278
Sieber, K. 198
Steitz, N. A. 100
Stetter, F. 195
Stevens, W. P. 62, 196

Straub, P. 44
Spitta, T. 13, 70
Suttcliffe, A. G. 194, 197

T

Tracz, W. J. 100
Truöl, K. 197
Tschampel, L. 13

V

Valk, R. 243
Vester, F. 100
Vetter, M. 43, 44, 242
Viebeg, U. 197

W

Ward, P. T. 43
Ward, R. 259
Weber, E. 195, 196
Weck, G. 242
Weinberg, G. M. 259
Weingarten, R. 99
Weiss, D. M. 70
Weizenbaum, J. 278
Willmer, H. 13
Winkelmann, R. 43, 125, 269
Wirth, N. 195, 243
Witt, B. I. 150
Wix, B. 260

Y

Yourdon, E. N. 125, 126, 194, 196, 259, 278

Z

Zimmermann, P. A. 126, 258
Zwerina, H. 100

SACHWORTVERZEICHNIS

A

Abstrakte Maschine 169
Abstrakter Datentyp .... 51, 132 f.
Abstraktion 48, 172
Adressübergabe 147
Änderbarkeit 49, 60, 67
Anweisung 170
Anwendungspaket 17
Architektur 65
Attributierte Grammatik 231
Ausdruck 170

B

Backtracking 234
Batchverarbeitung 226
Baumstruktur .... 20 f., 115, 181, 205, 209, 211, 236
Befehlsabstraktion 136
Behinderung 217
Bildschirm 75
Bindung .... 9, 52, 54 f., 112
Blackbox-Test 250
Blockstruktur 145

C

COBOL .... 135, 138-140, 152-164, 174, 201, 212 f., 238-240
CRUD-Tabelle 35
Checklisten 264
Copy-Module in COBOL .... 58 f.
Coroutine 142, 144, 186

D

DIN 33400 77
DIN 66234 .... 78, 85 f.
DIN 66290 78
Dateimodul 50
Dateizugriffe 35
Datenabstraktion .... 130, 133 f.
Datenbankschema 38
Datenflußanomalien 249
Datenflußdiagramm 27, 177
Datenkapsel 50, 132, 179
Datenmodul 50, 54
Datennamen 10, 59, 136
Datentyp 129-131, 134, 141, 152-164
Defensives Programmieren 121
Determiniertheit 216
Dialog .... 73 f., 107, 171
Disjunkte Prozesse 214
Dokumentation .... 8, 263 f.
Dualcode 207
Dynamische Anordnung 112, 173
Dynamische Tests 250

E

EVA-Modell 29
Endlicher Automat .... 96, 224 f., 230
Entity-Relationship-Diagramm .... 37 f.
Entscheidungsbaum 96
Entscheidungstabelle 96, 201-213
Entwicklungsziele 5, 11, 26
Entwurf 65, 167
Ergebnisübergabe 147
Ergonomie 74
Erkennungsprobleme 232

Erweiterbarkeit 60
Erweiterte Backus-Naur-Form 227

F

Fehlerdeckungsgrad 252
Fehlersuche 253 f.
Feldsprung 87 f., 91
Feldverarbeitung 86
Festigkeit 52-54, 112
Funktion 142 f., 148 f., 170
Funktionsmodul 50, 54
Funktionstasten 90-93

G

GOTO 173 f.
Geheimnisprinzip 10, 47, 175
Generischer Datentyp 51, 133
Gestaltgesetze 76
Graycode 207

H

Hierarchie 19 f., 112 f., 119
Hilfesystem 81, 94, 110
Hypergraph 97

I

Ideale 3, 105 f.
Instanzennetz 27
Iteration 179, 209, 233, 236

J

Jackson 152-164, 182

K

Karnaugh-Veitch-Diagramm 206, 208
Kompatibilität 49, 60
Komponenten 19, 112, 276
Konstruktive Voraussicht 7, 193
Kontextabhängigkeit 229, 231
Kontrollstruktur 10, 130, 136-138, 141, 145, 152-164, 173
Konventionen 57, 173 f., 266-268
Kopplung 9, 56
Korrektheit 60, 216
Kritischer Abschnitt 215

L

Lauffähigkeit 216
Lebendigkeit 217
Lebensdauer 146
Lesbarkeit 60
Listbild 110 f.
Lokalität 8, 49, 116

M

Maske 73, 107
Maskengliederung 79-83
Maskenwechsel 92-95
Mehrfachverwendung 49, 67, 69, 94, 172
Meldungen 79, 83 f.
Mengenbegriffe 180, 209-211
Methoden 274 f.
Metriken 249
Modul 47, 56, 66, 69, 114, 120, 175
Modula-2 152-164

N

Namensübergabe 147
Nassi-Shneiderman-Diagramm 152-164
Nebenwirkung 48, 148
Normalformen 39-42
Normalisierung 39

O

Organisationsstrukturen 113-115

P

Parallelität .... 142, 144, 214 f., 219
Parameter 133
Parameterübergabe 146
Petrinetz .... 96, 217 f., 223
Portabilität 49, 67, 179
Postcondition 189
Präzedenzgraph 223
Precondition 189
Prinzipien 7, 11
Programmablaufplan (PAP) 117, 152-164
Programmierrichtlinien 266-268
Programmierung im Großen 65
Programminversion .... 187 f.
Programmorganisationsplan (POP) 117-119
Projektbeispiel ....
4, 25 f., 29, 30-34, 36, 61, 68, 79-84, 87-95, 107-109, 117-119, 121-124, 177 f., 183 f., 219-224, 226-230, 256 f., 266-268
Prozedur .... 142 f., 149, 170

Q

Qualitätskriterien 6, 52, 56

R

Rapid Prototyping 110
Regressionstest 252
Rekursion 142, 144, 236
Relationen .... 37 f.

S

Schicht .... 21, 38, 67 f., 117, 179
Schleife .... 139 f., 190
Schnittstelle 10, 47, 59, 66, 118, 120, 192, 193, 250
Schrittweise Verfeinerung .... 17 f., 169
Seiteneffekt 48, 148
Selektion 179, 209, 232
Semantik .... 19 f., 51
Semantische Aktionen 231
Semaphor 219
Separierung 57, 68
Sicherheit 216
Sichtbarkeit 146
Spezifikation 59, 65, 120, 122
Stack 238
Standards .... 8, 110 f.
Statische Analyse 249
Statische Anordnung 115, 173
Structure Chart .... 177 f.
Struktogramm 152-164
Struktur .... 19 f., 112, 276 f.
Strukturierte Analyse .... 27 f.
Strukturierter Entwurf 176
Strukturkonflikt .... 185 f.
Superzeichen 21, 76
Synchronisation 214
Syntax 228
Syntaxgraph 229
System .... 17 f.

T

Tastatur ... 75, 93
Testaufzeichnung ... 252
Testen ... 247

U

Überdeckungsgrad ... 251

V

Venndiagramm ... 181
Verifikation ... 191 f., 248
Verständlichkeit ... 67
Vorgabewerte ... 89

W

Warnier ... 152-164, 180-182
Wartung ... 255
Wartungsaufwand ... 255
Wechselseitiger Ausschluß ... 215
Wertübergabe ... 146
Whitebox-Test ... 251

Z

Zeiger ... 51, 131
Zerlegung ... 19
Zustandsplan ... 97 f.
Zustandsübergangstabelle ... 224 f., 229 f.
Zyklomatische Komplexität ... 250

Modernes Projektmanagement

Eine Anleitung zur effektiven Unterstützung der Planung, Durchführung und Steuerung von Projekten

von Erik Wischnewski

1991. X, 275 Seiten. Gebunden.
ISBN 3-528-05148-5

Dieses Buch hilft, Termin- und Kostenüberschreitungen bei Projekten zukünftig in Grenzen zu halten, wenn nicht gar zu vermeiden. Der Ansatz ist dabei ein umfassender – auch die Projektkontrolle ist Bestandteil eines erfolgreichen Projektmanagements. Das Buch zeigt auch, wie über die oben genannten Planungsaufgaben hinaus auch die Projektverfolgung und Projektsteuerung effektiv unterstützt werden kann. Es werden die theoretischen Grundlagen für eine solche Unterstützung praxisnah vorgestellt. Eingegangen wird insbesondere auch auf die Möglichkeiten des Programmpaketes PROAB, um die Umsetzung der vorgestellten Konzepte am Beispiel aufzeigen zu können.

Vieweg Verlag · Postfach 58 29 · D-6200 Wiesbaden 1